U0101735

陈 贞 寿

图说中国海军史

古代~1955

下

福建教育出版社

2002 年 10 月

◉第二十一章
八年抗战中的海军

●第一节 "七·七"事变

　　日本步步侵略,中国共产党高瞻远瞩发出了建立抗日民族统一战线的号召,又提出了和平解决西安事变的方针,促使蒋介石答应停止"剿共",联合红军抗日,推动国共两党再次合作,团结抗日。日本军国主义者不愿国共合作,不愿中国统一强大,他们趁中国未准备就绪,团结尚未巩固,迫不及待地于1937年7月7日深夜,借口演习士兵失踪,向我芦沟桥驻军发动突然袭击,遭我驻军浴血抵抗。"七·七"事变的爆发,标志着日本帝国主义全面侵华战争的开始,也是中国军民继"九·一八"以后八年神圣抗战的开端。

抗日战争重要战役图

（采自《中国近百年历史图集》(1840~1979)p399,香港天地图书有限公司1997年6月出版)

中国共產黨中央委員會於蘆溝橋事變[1]的第二日,七月八日,向全國發表了號召抗戰的宣言。宣言中説:

　"全國同胞們！平津危急！華北危急！中華民族危急！只有全民族實行抗戰,才是我們的出路。我們要求立刻給進攻的日軍以堅決的抵抗,並立刻準備付新的大事變。全國上下應立刻放棄任何與日寇和平苟安的打算。全中國同胞們！我們應該讚揚和擁護馮治安部的英勇抗戰。我們應該讚揚和擁護華北當局與國土共存亡的宣言。我們要求宋哲元將軍立刻動員全部第二十九軍[3]開赴前綫應戰。我們要求南京中央政府立即實授援助第二十九軍,並立即開放全國民衆的愛國運動,發揚抗戰的民氣,鞏固後方。立即肅清潛藏在中國境內的漢奸賣國賊分子和一切日寇的偵探,鞏固國內的團結。我們要求全國人民用全力援助神聖的抗日自衛戰爭。我們的口號是:武裝保衛平津華北！為保衛國土流盡最後一滴血！全中國人民,政府和軍隊團結起來,築成民族統一戰綫的堅固長城,抵抗日寇的侵略！國共兩黨親密合作抵抗日寇的新進攻！驅逐日寇出中國！"

　反對日本進攻的方針、辦法和前途

三二九

"七·七"事变的第二日,中共中央向全国发表了号召抗战的宣言。图为宣言的首页书影。

　　1937年7月7日23时,日军在北平西南15公里的芦沟桥演习夜战,借口一名日兵失踪,要求进入宛平县搜查,继称失踪日兵虽已归队,但仍需明了经过情形,中国答应同调查。日军突然进攻,为我驻军拒退,"七·七"事变于是爆发。图为全面抗战的起点——芦沟桥。

"七·七"事变爆发后,中共派周恩来等代表与蒋介石在庐山谈判两党合作抗日问题,达成了承认共产党合法地位等协议。图为1937年7月17日蒋介石在庐山发表关于抗日的谈话,宣布对日抗战,全国出现了以国共合作为核心的抗日局面。

第二次国共合作时期,毛泽东与蒋介石在重庆合影。

抗日民主圣地延安。

中共中央所在地杨家岭。

1937年南京国防会议召开时,朱德、周恩来等被邀参加。图为国共两党部分代表合影。

中共领导的中国工农红军和南方各省游击队改编为八路军、新四军。图为八路军在举行抗日誓师大会。

八路军总部所在地——王家坪。

延安八路军总部大门。

中共没有近代化海军舰艇,但有一支活跃在敌后的水上游击队——白洋淀雁翎队。

这支中共领导的水上游击队在北平、天津、保定三角地带的白洋淀上出没，到处袭击日军。

抗战时期的海军部长陈绍宽。

抗日战争中的中国海军战士。

这是活跃在洪泽湖上的新四军抗日战船。

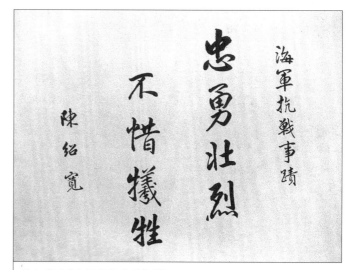

陈绍宽为《海军抗战事迹》题词。

海军元老萨镇冰为《海军抗战事迹》题词。

● 第二节　战前敌我海军实力

一、日本海军的实力

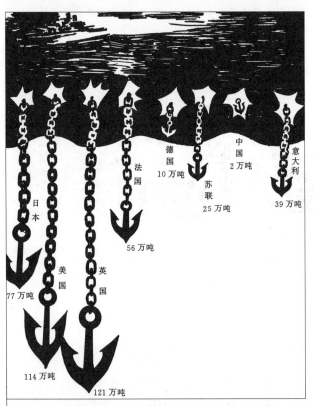

德国 10 万吨

中国 2 万吨

意大利 39 万吨

法国 56 万吨

苏联 25 万吨

日本 77 万吨

美国 114 万吨

英国 121 万吨

日本明治五年(1872年)创设海军部时只有舰船17艘,共1.3832万吨。甲午战时增至55艘,6.137万吨。日俄战争时有152艘,26.468万吨。1922年扩充海军,定为总排水量须实现100万吨以上。华盛顿、伦敦会议时,日本海军力量已略次于英美,占世界第三位。

伦敦海军会议之成绩

种类	美国		英国		日本	
主力舰 保留	15艘	453.000 吨	15艘	472.000 吨	9艘	266.000 吨
作废	3艘	70.000 吨	5艘	134.000 吨	1艘	27.000 吨
飞机母舰 保留	3艘	76.286 吨	6艘	115.000 吨	3艘	61.000 吨
在建造中	4艘	58.714 吨	3艘	20.000 吨	3艘	20.000 吨
装八时炮 保留	2艘	20.000 吨	11艘	110.000 吨	8艘	68.000 吨
在建造中	16艘	160.000 吨	4艘	37.000 吨	4艘	40.000 吨
装六时舰 巡洋舰 保留	10艘	70.500 吨	35艘	192.000 吨	20艘	94.000 吨
在建造中	10艘	73.000 吨			1艘	7.000 吨
驱逐舰 保留	143艘	150.000 吨	132艘	150.000 吨	87艘	105.000 吨
作废	80艘	76.000 吨	38艘	34.000 吨	24艘	17.000 吨
潜艇 保留	55艘	52.500 吨	44艘	52.500 吨	38艘	52.500 吨
作废	24艘	12.000 吨	19艘	11.000 吨	33艘	26.000 吨

华盛顿、伦敦海军会议规定日本海军力量与英美之比为3:5:5。第二次会议时,日本欲打破这个比例,但得不到各国同意,遂宣布脱离会议,宣告废除华盛顿、伦敦两个条约,扩张海军遂不受条约限制。

日本佐世保海军基地。"北上"军舰及第22驱逐队等驻泊此军港内。

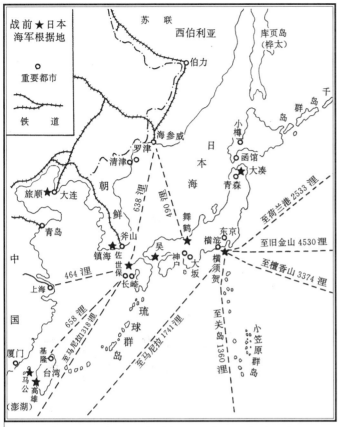

战前日本海军根据地。(据《中国海军》6、7期合刊p34重绘,民国三十七年四月出版。)

日本吴镇守府海军基地,军舰"长鲸"及第十二驱逐队等驻此。

日本舞鹤海军基地,军舰"多摩"及第二十一水雷队等驻泊于此。

日本海军实力表

舰　　型	艘　数	吨　位	备　　注
战舰(主力舰)	9	272070	
练习战舰	1	19500	
航空母舰	6	78420	内1艘未成已成5艘
一等巡洋舰	12	107800	
二等巡洋舰	25	124255	内2艘未成未计
水上机母舰	5	40050	内2艘未成未计
潜水母舰	7	3015	内2艘未成未计
敷设舰	6	19630	
海防舰	7	55450	
炮舰	10	4505	
一等驱逐舰	85	118423	内2艘未成未计
二等驱逐舰	29	22635	
一等潜水舰	37	55307	内2艘未成未计
二等潜水舰	25	21627	
水雷艇	12	6868	
扫雷艇	12	6642	
特务舰	20	219935	内1艘未成未计
合　计	296艘	12040132	内未成未计

日本横滨贺海军基地,军舰"木曾"及第三驱逐队等驻地。

据日本海军有终会编的《海军要览》记载,日本各型舰艇合计296艘,总排水量为1204132吨。

日本空军实力可以用于中国战场的空军前线轰炸机有500架,驱逐机300架,侦察及运输机80架,陆上攻击机100架,至于海上各种飞机约有1000架。用于中国战场上的海军航空力量有航空母舰3艘,水上机母舰3艘及特别海军航空队3队。指挥官为少野少将,设司令部于"神威"舰上。

日本主力舰之一"长门"号,排水量32720吨,仅此一舰就超过中国所有舰队总吨位一半,比中国最大的军舰"宁海"号大过10倍,说明日本拥有制海权。

日本"神威"航空母舰,配有轻轰炸机16架。

日本驻泊在长江口外有航空母舰"龙骧"、"加贺"。图为"加贺"号,配有重轰炸机40架。

驻泊在长江口外另一艘航空母舰"凤翔"号,配有重轰炸机23架,说明日本不仅有制海权而且有制空权。

二、中国海军实力

　　抗战前夕,中国海军舰船共计57艘,总吨位5.6239万吨,连小艇在内也不过6万吨,不及日本的1/25,且多半是逾龄旧舰。最大的"宁海"、"平海"、"逸仙"、"应瑞"4舰,总共9 063吨,不如日寇一艘万吨巡洋舰。从舰艇数量、吨位大小、装甲优劣、火力强弱、射程远近、速度快慢、舰龄长短等等来比较,当时海军实力远逊于日本,失去制海权,根本不能御敌于国门之外。

中国海军舰队

1.第一舰队
　　司令官　海军中将陈季良
　　辖　舰："海容"、"海筹"、"宁海"、"平海"、"逸仙"、"大同"、"自强"、"永健"、"永绩"、"中山"、"建康"、"定安"、"克安"等13舰以及"海鸥"、"海凫"、"海鸿"、"海鹄"等4炮艇,共计20532吨。

2.第二舰队
　　司令官　海军少将曾以鼎
　　辖　舰："楚有"、"楚泰"、"楚同"、"楚谦"、"楚观"、"江元"、"江贞"、"永绥"、"咸宁"、"民权"、"民生"、"江鲲"、"江犀"、"德胜"、"威胜"、"湖鹏"、"湖鹰"、"湖鹗"、"湖隼"等19艘舰艇,共计9759吨。

3.练习舰队
　　司令官　海军少将王寿廷
　　辖　舰："应瑞"、"通济"、"靖安"3舰,计5375吨。

4.巡防队
　　辖　艇："顺胜"、"义胜"、"勇胜"、"仁胜"、"海宁"、"江宁"、"抚宁"、"绥宁"、"肃宁"、"威宁"、"崇宁"、"义宁"、"正宁"、"长宁"等14艘,计4270吨。

5.测量队
　　辖　舰："甘露"、"皦日"、"青天"、"诚胜"、"公胜"、"景星"、"庆云"等7艘,约3000吨。
　　以上由海军部直辖,以下各自为政:

6.第三舰队
　　司令官　海军少将谢刚哲
　　辖　舰："定海"、"永翔"、"楚豫"、"江利"、"镇海"、"同安"、"海鸥"、"海鹤"、"海清"、"海燕"、"海骏"、"海蓬"及驻泊南京的"海圻"、"海琛"等14艘,约14717吨。

7.广东江防舰队(原第四舰队)
　　司令官　冯焯勋
　　辖　　舰："肇和"、"福安"、"海瑞"、"海虎"、"海强"、"江大"、"坚如"、"福游"、"仲坚"、"仲凯"、"执信"等20余艘,多河用炮舰,此外尚有鱼雷艇4艘,合约7880吨。

8.电雷学校
　　教育长:欧阳格
　　辖　舰："同心"、"同德"(各约500吨)、"自由中国号"(约千吨),另快艇大队共有英式快艇12艘,德式快艇2艘,合计不足2000吨。

中国最大的军舰之一"宁海"号。

中国最大的军舰之一"平海"号。

"应瑞"舰。

"逸仙"舰。

三、中日海军差距的主要原因

1. 日本重视扩充海军,表现在海军经费支出高于陆军经费支出,如:
   1935年度海军经费支出占总支出6.73%,陆军占6.26%。
   1936年~1937年海军经费预算为6亿元。
   1937年~1938年提高至7亿元。
2. 中国南京政府由于政治腐败,政局不稳,濒年忙于内战,海军连官兵饷粮都经常拖欠,更谈不上海军建设。
3. 中国传统重陆轻海,认为陆军力量可以守卫海口,殊不知中国陆炮射程不及日舰之炮,敌舰可在我射程之外恣意攻击,俟我扼守不住,渐渐迫近,实行登陆,中国已失防守能力。
   国民党当局战前忽略了积极防守的准备,所以战争一爆发只能被动挨打,只有采取消极防御的办法。

四、专为侵华而设的日本第三舰队炮口指向中国

　　日本联合舰队中的第三舰队,原于明治四十一年(1908年)十二月建成,至大正十一年(1922年)十二月撤消。1932年"一·二八"淞沪抗战爆发,2月2日舰队恢复建制,是专为侵华而设,常年驻泊上海。司令长官为海军中将长谷川清,下辖第十、第十一战队,第五水雷战队等。"八·一三"沪战前夕,日本集中了30艘舰艇到淞沪地区。

"八·一三"沪战前夕,日本海军集中30艘舰艇到淞沪地区,把炮口指向中国。

统领日本侵华海军的日本第三舰队司令官长谷川清到了上海。

负责进攻上海的日本海军陆战队司令大川内少将也到了上海。

长谷川清中将的旗舰"出云"号(9180吨)泊在黄浦江上。

"八·一三"前夕,日舰纷纷抵沪。图为日本海军陆战队在杨树浦附近登陆。

日本不断增派海军陆战队来华。

日本来华的二等巡洋舰"龙田"号,与"天龙"同级,3230吨,单座5.5英寸(14厘米)炮4门,高角12磅弹炮1门,机枪4挺,三联21吋(53.34厘米)鱼雷发射管6个。

　　日本剑拔弩张,摆出攻占上海,进而以陆军沿沪宁线西犯,海军溯长江而上,形成水陆并进,合攻南京态势,妄图一举摧毁中国的政治中心,逼作城下之盟,达到"三个月灭亡中国"之目的。

云集在黄埔江上的日本军舰

五、中国的塞江布防

中国海军无法拒敌于海外，南京政府最高国防会议作出了封锁长江的决定，在长江流域进行塞江布防、水道堵塞战、岸防要塞战、布雷游击战等，粉碎敌之速战速决计划，消耗敌之人力、物力，以达到"持久战胜"之目的，由刚从欧洲回国的陈绍宽执行封锁长江的任务。

(1)破除沿江灯塔、灯桩、灯船等航行标志。

派"皦日"、"甘露"、"青天"3舰分别担任破除航路标志任务。8月26日"皦日"驶经通州，遭敌舰、敌机追袭，卒被击沉。图为第一艘被日军击沉的中国舰只"皦日"(舰长谢为良)。

(2)组建江阴堵塞线。

8月11日晚开始，由海军部长陈绍宽亲自指挥，在江阴江面福姜沙上游6公里，南岸长山和北岸罗家桥港之间建立一道堵塞线，抛下首尾双锚，排成一道拦江的横线，将征用的海军舰船和商船同时打开舱底阀门，灌水下沉，加设水雷，加强封锁，12日完成，总计共沉舰艇12艘、商轮23艘，共约6.4万吨；另趸船8艘、民船185艘，尚不计盐船在内。此外用石子3094英方，又6.5万吨，又2354吨堵江。

自 沉 舰 船 及 编 号 表

1	同华商船	10	● 通济练舰	19	茂利二号商船	28	● 宿字鱼雷艇	37	永清码头船
2	● 大同炮舰	11	通利商船	20	宁静商船	29	泳吉商船	38	德安码头船
3	新铭商船	12	醒狮商船	21	遇顺商船	30	公平商船	39	沙市码头船
4	新平安商船	13	鲲兴商船	22	● 德胜炮舰	31	万寀商船	40	● 海筹巡洋舰
5	泰顺商船	14	廻安商船	23	● 威胜炮舰	32	吉安码头船	41	● 海圻巡洋舰
6	华新商船	15	通和商船	24	● 武胜炮舰	33	贞安码头船	42	● 海琛巡洋舰
7	母佑商船	16	源长商船	25	广利商船	34	福安码头船	43	● 海容巡洋舰
8	嘉禾商船	17	大赉商船	26	华富商船	35	汉安码头船		
9	● 自强炮舰	18	瑞康商船	27	● 辰字鱼雷艇	36	泰安码头船	注:●点为舰艇	

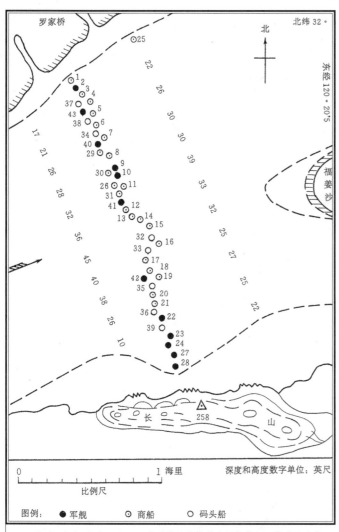

江阴堵塞线图，40～43号为"海筹"、"海圻"、"海琛"、"海容"
4舰，系中国当时最大的军舰，于9月21日后在江阴堵塞线后另行
构成辅助阻塞线。

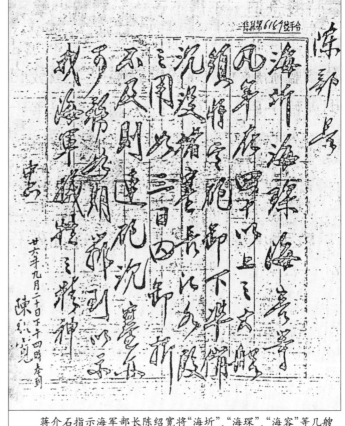

蒋介石指示海军部长陈绍宽将"海圻"、"海琛"、"海容"等几艘
舰龄在40年以上之军舰准备堵塞长江的手谕。

即将凿沉的"海圻"军舰，远处为"海琛"舰。

沉入江阴堵塞线舰船露出水面的桅杆。

(3)黄埔江构筑三道堵塞线。

由国民党淞沪警备司令部执行,8月12日晚开始在十六铺、董家渡和江南造船所附近沉船阻塞河道,同时在黄埔江口构成三道防线,在沪设厂制雷,分段布雷,实行封锁各港汊,由练习舰队司令王寿廷驻沪指挥。

黄埔江三道堵塞线说明图

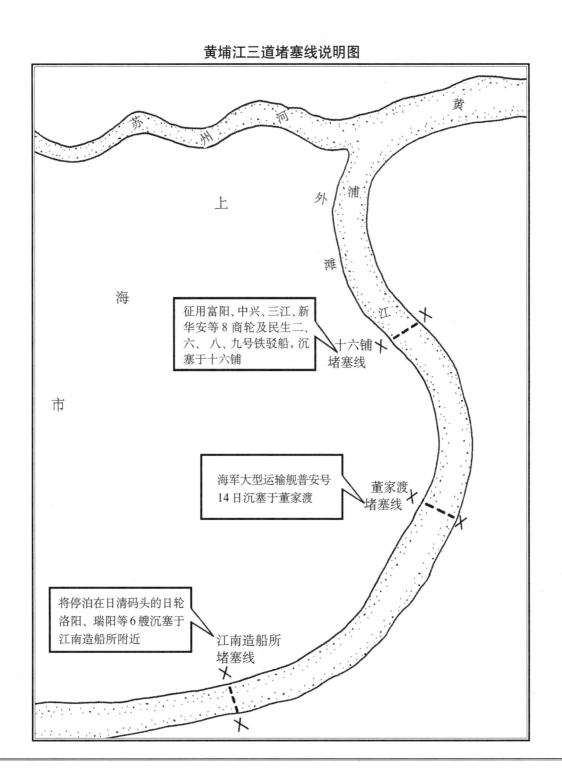

(4)汉奸黄睿的告密。

芦沟桥事变发生时,长江内的日舰共10艘,另有撤侨用的大商船"长阳丸"等10余艘。陈绍宽适参加英皇加冕典礼并在欧洲考察,闻讯后兼程赶回,于8月4日返京布置应策,南京当局6日决定封江,行政院机要秘书黄睿向日方告密,日人遂加速自长江撤退,在堵塞前悉已退至上海。论者以为若南京当局早有抗战决心,早下开战令,这些日舰应不难被歼,因封江距"七·七"事变已一个多月,即使无汉奸告密,日舰日船也有足够时间撤退。

芦沟桥事变时在长江内的日本舰船

南京:"梅"	长江:"势多"
汉口:"八重山"、"二见"、"小鹰"(后赴大冶)、"保津"(后到)	
九江:"热海"	宜昌:"鸟羽"
芜湖:"莲"	重庆:"比良"
日本商船:"长阳丸"、"宜阳丸"、"洛阳丸"、"襄阳丸"、"信阳丸"、"沅江丸"、"太贞丸"、"岳阳丸"、"端阳丸"、"凤阳丸"等"日清汽船"的商船。	

驻泊在重庆的日舰"比良"。

驻泊在汉口的日舰"小鹰"。

这是驻泊南京的日舰"梅"号(二等驱逐舰)。

●第三节　"八·一三"淞沪战役

　　芦沟桥事变后，日军一再挑衅未果，最后借口日水兵宫崎贞夫失踪，要求我机停飞上海，继而日陆战队大山勇夫率斋藤与藏水兵乘车冲入虹桥机场示威，并击毙我方卫兵1人，我保安队激于义愤，奋勇反击，将其当场击毙之。日军更借口挑起战端，于8月13日越界占领八字桥持志大学，同时海军舰炮轰击上海市区中心，我军毅然还击，上海"八·一三"事变爆发。

日本借口水兵宫崎贞夫失踪，要求我机停飞上海市区，并设卡检查，使市内呈现混乱。实则宫崎涉足妓院，被宪兵查获逃亡后企图在长江自尽，后被中国船民救起归队。图为宫崎失踪的现场。

率水兵乘车冲入虹口机场的日本海军陆战队大山勇夫中尉。

敌机在上海狂轰滥炸。

　　8月13日晨,日军在重炮掩护下,突然对上海闸北、虹口、江湾地区的中国驻军发动进攻,日机也对上海居民狂轰滥炸,上海顿时一片火海。

日本海军陆战队在其司令部屋顶发炮轰击我军。

驶入黄浦江的敌舰向上海进行炮轰。

战火笼罩下的上海市区。

劫后余生。

日机轰炸上海南站,炸死候车妇孺200余人。

一个在南站被炸得浑身是血的幼儿在嚎啕大哭。

8月14日我空军出动飞机轰炸停泊在上海的日本第三舰队。

我空军重创敌海军主力战舰"出云"号，但未将之炸沉。

16日晚，江阴区江防司令部派安其邦率史102鱼雷快艇（艇长胡敬端）等2艇，绕过三道沉船封锁线至外滩，距敌"出云"舰300米处连放鱼雷两枚。史102号卒于外滩浦口码头被"出云"击沉，另一艇未详。

敌机为报复派12架飞机轰炸电雷学校，被我击落1架。图为敌机飞往轰炸电雷学校。

当时报纸盛传"出云"号被鱼雷击中沉没，实则未受伤。这是史102鱼雷艇夸大战果。

被日机空袭的
电雷学校校区。

被江阴区江防防空部队击落的日机残骸。

向吴淞外海登陆的日本海军炮舰。

1937年8月23日,到上海参战的日军无法在码头登陆,只好在黄埔江下游的川沙镇外海与吴淞外海坐登陆艇登陆。

8月25日,敌机轰炸我高昌庙海军江南造船所,在所修理的"永健"号军舰奋勇应战,被炸搁浅,后为日军所获,改为鱼雷母舰"明日香"号。

8月28日,我再派特务兵携带水雷潜至泊在春江码头的"出云"舰附近,将该舰炸伤,并炸毁敌铁驳船4艘,小轮2艘。

11月5日日军正面攻不上海,遂在杭州湾金山卫、全公亭登陆,迂回松江,包抄上海,此次登陆集结军舰80余艘。

在杭州湾登陆作战的日本轻巡洋舰"名取"号在施放烟幕掩护日军登陆。

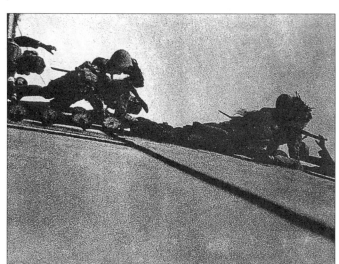

正在登陆的日军。

登陆日军正在集结准备向淞沪我军主力右侧攻击。

从金山卫、全公亭登陆的日军,迂回松江,包抄上海。在这要冲之地,国民党政府竟无重兵把守,说明没有作战准备和抗战的决心。

11月9日，上海南市守军奉命撤退。800壮士孤军扼守，掩护大军撤退，与日寇血战4昼夜，誓死不退，完成掩护任务后，光荣转移。12日上海沦陷。图为一战成名的800壮士。

谢晋元与800壮士坚守上海四行仓库，粉碎了日寇三个月亡华的迷梦。

1937年11月12日，日军占领了上海市政府。

上海沦陷之日，电雷学校还派出总训练官马步祥率快艇"史181"号趁夜向下游谋袭敌舰，次晨4时半，在金鸡港江面发现敌舰，遂即施放鱼雷，但未击中，反遭敌舰炮轰，马步祥及轮机兵叶永祥随艇壮烈牺牲。

注：日寇以死伤5万多人的代价(战死9115人，受伤31257人)，用3个月的时间，于1937年11月12日占领了上海。淞沪沦陷后的次日，日寇就用两艘拖轮把一艘横挡在航路上的"普安"沉舰拖直，形成了一个可航的通道，董家渡堵塞线宣告失效。

鱼雷快艇殉难烈士名单

姓 名	年龄	职务	毕业学校	牺牲时间、地点
马步祥	39	鱼雷快艇中校大队长	烟台海校15期	1937年8月26日在南通江面袭击敌"八重山"舰时被击沉
姜翔高	23	史"34"号鱼雷艇中尉艇长	电雷学校1期	1937年8月23日在江阴海空战时被击沉
叶君蓉	22	史"34"号鱼雷艇中尉副艇长	电雷学校1期	1937年8月23日在江阴海空战时被击沉
江平光	23	史"34"号鱼雷艇中尉轮机长	电雷学校1期原马尾海校轮4	1937年8月23日在江阴海空战时被击沉

注：不完全统计

日军炮弹在上海外滩爆炸，死伤1694人，其中外侨15人。

把中国人当活靶杀害。

日本军刀下的中国人民。

在上海中国海军总司令部附近一头无主的牛，主人已惨死。

●第四节 江阴海空战

　　江阴是长江要塞之一,在战略上是兵家必争之地,欲拱卫首都,御敌舰溯江进犯,必先巩固江阴的防线。"八·一三"沪战前夕,海军负责筑成江阴堵塞线,9月21日后又将当时吨位最大的"海圻"等4舰沉塞在堵塞线之后,另行构成一辅助阻塞线,并以"平海"、"宁海"、"应瑞"、"逸仙"等主力舰列于最前线,严阵以待。8月中下旬,敌机曾来侦察、轰炸,被我击落击伤各一架。9月22日开始,敌机乃倾巢而攻,我奋勇还击,击落敌机多架、因伤亡惨重,将舰炮拆卸,组成炮队进行要塞战,12月3日江阴陷落。

一、江阴海空战中海军坚守的防线

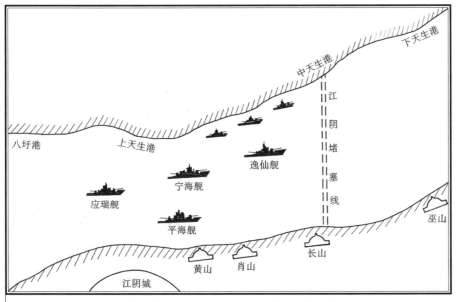

江阴堵塞线由陈绍宽亲自组建,并派第一舰队司令陈季良、第二舰队司令曾以鼎先后率舰驻守江阴。

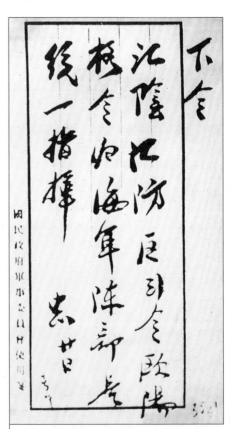

抗日战争爆发后,成立了江阴区江防司令部,蒋介石下令司令欧阳格要听从海军陈绍宽部长统一指挥。

江阴炮台的大炮。

日本海军航空机"九五式水上侦察机"在当时是独霸全球的，携有炸弹2枚，8月16日，此式侦察机7架来袭，被我各舰高射炮集射合击，敌机急投弹北逸。

8月19日晨7时，敌机1架自东方而来高飞侦察，近午又来数架，向我舰投弹，均落水中，其中有1架敌机被我击伤落水。

二、"平海"、"宁海"、"逸仙"、"应瑞"等舰血溅江阴

9月22日上午8时，敌机30余架分批环攻我"平海"舰，中午又来10余架，至下午5时半又来9架，纷投大量炸弹。"平海"舰官兵冒着弹雨，用高射炮和高射机枪猛烈还击，激战竟日，击落敌机5架，"平海"舰受伤，阵亡5人，伤20余人。图为江阴海空战中敌机被我击落情景。

击落敌机的"平海"舰，舰长高宽申，腰部中弹受伤。

9月23日上午11时,敌机先来2架在"平海"上空窥视,下午2时敌机60余架分批向我舰队四周投弹。

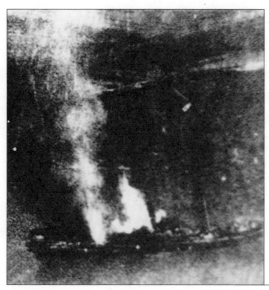

我舰在江阴堵塞线上被日机空袭的情形。

"平海"舰辛因伤重倾斜,遂向岸边搁浅,拆下炮械运往南京。后该舰被日本俘获,修理后成为日本轻巡洋舰"八十岛"号,1944年11月25日在菲律宾吕宋岛圣地库兹湾被美机炸沉。

"平海"舰殉难烈士11人:

平海军舰航海见习生孟汉霖,江苏江宁人。

平海军舰航海见习生高昌衢,福建闽侯人。

平海军舰二等兵郑礼湘,福建闽侯人,23岁。

注:枪炮上士陈得贵、中士张朗惠、下士谢道章、列兵王允吉、黄顺忆照片缺。

平海军舰帆缆中士严祖冠,福建闽侯人,29岁。

平海军舰一等兵周兆发,福建闽侯人,24岁。

"宁海"舰高射炮官兵猛烈反击,击中敌机2架,舰身虽进水,仍誓死力战,复击中敌机3架落水,敌投弹150余枚,"宁海"发炮700余发,高射机枪15000余发,又击落敌机4架,我伤亡官兵62人,"宁海"终被炸搁浅六圩港。

9月22日上午10时,敌机15架,11时又来6架,下午4时12架向"宁海"袭击,经我猛烈还击,迄未得逞。23日下午2时,敌机在"宁海"后方12架、左舷12架、左后方20架、舰尾9架向"宁海"投弹。

被炸搁浅的"宁海"舰,舰长陈宏泰被弹片炸伤腿部,航海员林人骥等13人壮烈阵亡。"宁海"舰后成为日本海防舰"五百岛"号,1944年9月10日在日本本洲御前崎以南被美国潜水艇"鲦鱼"号击沉。

"宁海"舰殉难烈士15人:

宁海军舰中尉航海员林人骥,福建闽侯人,24岁。

宁海军舰枪炮副军士长陈耕炳,福建闽侯人,40岁。

大同军舰轮机下士派"宁海"军舰遣用任积兴,福建闽侯人,27岁。

宁海军舰一等轮机兵郑迪柏,福建闽侯人,26岁。

宁海军舰一等兵梁意和,福建闽侯人,27岁。

宁海军舰一等看护兵韩亨端,福建闽侯人,25岁。

宁海军舰二等兵董小文,江苏盐城人,23岁。

宁海军舰二等轮机兵何体育,福建闽侯人,24岁。

宁海军舰二等信号兵张再裕,福建闽侯人,23岁。

宁海军舰三等轮机兵郑守钰,福建长乐人,25岁。

宁海军舰三等兵刘志成,湖南岳阳人,24岁。

注:军需官叶宗亮、上士陈金魁、下士任积兴、二等兵沈长雨、三等兵陈芝生、江元桂照片缺。

江阴海空战情形。

"逸仙"舰,"平海"、"宁海"被炸后,"逸仙"舰作为第一舰队旗舰,陈季良司令移驻此舰指挥。

25日上午9时，敌机16架，轮番猛扑"逸仙"，掷弹20余枚，官兵沉着应战，因连日大量射击，该舰弹药消耗殆尽，无力还击，仅存碰炸炮弹99颗，因敌机围攻，乃突发舰首15生炮两发，击落敌机两架，该舰亦被炸中，卒至搁浅。图为"逸仙"舰官兵用舰首炮击落敌机。阵亡14人，重伤6人，陈季良亦摔倒受伤，不得不迁驻于"定安"号。

"逸仙"舰后被日本改建为"阿多田"号练习舰，战后归还中国，复用原名。

"逸仙"舰殉难烈士14人：
枪炮上士蔡国桢
勤务兵郑云梅
炊事兵潘小喜
另有中士董承发、郑美榕，列兵曹得志、林永春、孙顺发、胡冠军、欧阳懿、刘得洪、林友云、杨树林、王文元照片缺。

9月20日上午11时，敌机两架，22日上午10时，敌机15架，11时半敌机6架，下午4时敌机9架先后来袭"应瑞"舰，落弹舰尾、左右舷附近，"应瑞"猛烈还击；23日下午2时，敌机12架飞向舰首袭击，左右舷各12架及左后方20余架复来围攻，弹落舰侧，伤员兵5人，25日运员兵赴京，沿途遇敌机拦击，且战且行，当晚抵南京。10月23日在采石矶与7架敌机奋战，卒被击毁，阵亡官兵18人，伤重殉难2人，受伤者59人，场面极为壮烈。图为被敌机在采石矶击毁的"应瑞"舰。

"应瑞"舰官兵猛烈反击敌机。

"应瑞"舰殉难烈士20人：

应瑞军舰上尉枪炮官赵秉献，福建闽侯人，37岁。烟台海军学校航海毕业。历任各艇舰军需副、枪炮鱼雷副、副长、枪炮官等职。

应瑞军舰上尉鱼雷官许仁镐，福建闽侯人，36岁。烟台海军学校航海毕业。历任各舰艇炮副、航海副、枪炮官、副长、鱼雷官等职。

应瑞军舰帆缆军士长谢如藻，福建闽侯人，56岁。通济练习舰练兵出身。

应瑞军舰轮机下士江依三，福建闽侯人，36岁。

应瑞军舰帆缆下士沈良科，安徽芦江人，48岁。

应瑞军舰信号下士柳瑞波，福建闽侯人，年25岁。

应瑞军舰一等兵郑济禄，福建闽侯人，26岁。

应瑞军舰二等兵郑能通，福建闽侯人，24岁。

应瑞军舰二等兵廖得云，福建闽侯人，22岁。

应瑞军舰二等兵王贤，福建闽侯人，21岁。

应瑞军舰三等兵陈幼昌，福建闽侯人，23岁。

应瑞军舰三等兵林良平，福建闽侯人，23岁。

应瑞军舰轮机练兵李永庆，浙江象山人，23岁。

应瑞军舰轮机练兵董依祺，福建闽侯人，25岁。

另有"应瑞"舰枪炮上士郑一新，轮机簿记中士林鸿雄，三等兵梁国斌，炊事兵江共淦，列兵陈依田、林依奴烈士照片缺。

"建康"舰于9月25日由龙梢港前往救护"逸仙"，遭敌机轰炸，虽奋勇反击，但进水甚急，终搁浅于龙梢港堤边。后被日军修复改名为"翠"。总计阵亡员兵7人，被炸落水失踪2人，受伤27人。

"建康"舰殉难7人：

建康军舰枪炮副军士长钱维鉴，福建闽侯人，49岁。通济练习舰练兵出身。

建康军舰一等轮机兵陈贞铭，福建闽侯人，39岁。

建康军舰雷机副军士长张铸黄，福建闽侯人，30岁。

建康军舰帆缆中士徐孝发，安徽桐城人，44岁。

建康军舰一等轮机兵陈森应，福建闽侯人，25岁。

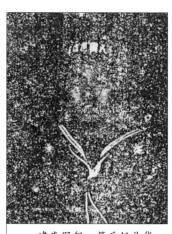

建康军舰一等兵任礼华，福建闽侯人，23岁。

建康军舰二等兵林森深，福建闽侯人，24岁。

"楚有"被炸沉于六圩港：

　　"楚有"舰于9月25日驰往江阴接防，28日被敌机4架轰炸，高射炮反击两发后即生故障，舰被炸穿了洞，舱底进水，卒卧沉于六圩港，伤18人。

"湖鹏"、"湖鹗"分沉于龙梢港和鲥鱼港：

　　"湖鹏""湖鹗"同型雷艇。10月2日前者被敌机炸沉于龙梢港，后者于10月8日被炸下沉于鲥鱼港，"湖鹏"上士张依发阵亡，两艇还受伤多人。

"青天"被炸焚毁于目鱼沙：

　　"青天"奉令驰援"逸仙"，开泊目鱼沙，10月2日敌机4次来袭，仅有12支步枪奋勇抵抗，卒被炸焚毁，伤3人。

"江宁"被炸沉于大沙圩：

　　"江宁"炮舰，10月5日被敌机炸沉于炮子洲内港大沙江边。

　　另有"崇宁"列兵杨思昌、林吉官、黄邦正、曹池元及"海宁"炮舰列兵任奉祥、潘依佑、王学官烈士照片缺。

　　至此，海军舰艇已甚薄弱，遂将舰艇的重炮拆卸，编组炮队，进行要塞战。12月1日海军炮队奉令后撤，3日江阴陷落。后日军动用潜水、打捞人员1000多人，打开一个缺口，可让舰船通航。国民党当局鼓吹的所谓"固若金汤"江阴伟大堵塞线彻底崩溃。在江阴陷落之日，日军早已迂回广德抄南京后路，12月12日日军突入中华门，13日南京沦陷。

　　"绥宁"炮舰于10月13日在十二圩被敌机连炸数弹，官兵奋勇还击，列兵郑新民阵亡，轻重伤者10人，该舰伤后拖汉修理。

● 第五节　南京陷落与日军惨绝人寰的暴行

　　1937年10月30日南京国民政府决定迁都重庆,12月6日,日寇分4路进攻南京,9日发动总攻,13日国军退出南京。日军进入南京后,采用恐怖镇压手段,大肆劫掠、强奸、屠杀,野蛮行动持续3个月,受害者共计30~40万人。

江阴陷落后,日舰沿江西上,入侵南京。

南京城十六门中最坚固的中华门,从9日至12日受日军长久炮击之后,才被攻下。

日军进入南京后,司令官谷寿夫下令"解放军纪"3天,犯下了人类历史上最残忍的暴行。图为正准备宣布"解放军纪"的日军。

固守南京光华门的5个团守军,血战4昼夜,弹尽援绝,全体官兵壮烈殉国。

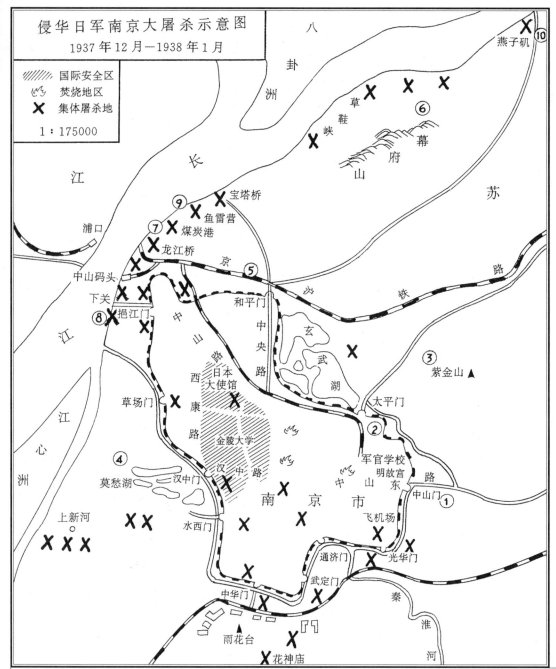

侵华日军南京大屠杀示意图
1937年12月—1938年1月

///// 国际安全区
🔥 焚烧地区
✕ 集体屠杀地
1 : 175000

根据(台湾)《中国近百年历史图集》(1840~1978)p369及武月星《中国抗日战争史地图集》p95以及《中国抗日战争图志》p370重制。

说 明
一、12月13日下午4时30分,日军分4路进攻,共约5万人:
　　日军第6师团从光华门进攻;
　　日军派遣军及海军陆战队(第十一)从中华门进攻;
　　日军第13师团及第30旅从北面进攻;
　　日军第16师团从东面进攻。
二、12月13日4时零5分至4时25分,国民党防备队18师、34师、88师和军官学校教职员共10万人及官员数千人紧急逃亡。
三、13日下午4时40分日军开始大屠杀,图中:
　　①②两处3万多逃难中市民遭日军枪杀或手榴弹袭击身亡。
　　③④两处有2.2万人被活埋。
四、13日下午5时过后,中山东路、同北路、汉西路等街道上出现大屠杀,尸体遍地数约12000人。

五、13日深夜至14日晨,幕府山麓(图中⑥)有4~5万避难市民被监禁。
六、14日,金陵大学有240人被刺杀,在西门外有300名警官被枪毙。
七、14日夜,在中山路、汉西路有2000人被捆绑后浇上汽油活活烧死,同样的残暴手段亦在图中⑥处出现,遇难者共达4万人。
八、15日,煤炭港(图中⑦)、下关(图中⑧)及草鞋峡(图中⑨)等发生大屠杀,有2~3万人被枪杀或被汽油烧死。
九、16日至17日,在紫金山(图中③)、莫愁湖(图中④)、燕子矶(图中⑩)等处饿死、冻死或被杀死者达6万人之多。
十、从14日开始,强奸、抢掠、放火事件已遍及全市,暴行持续3个月,受害者共计30余万人。

这是被日军用卡车运到雨花台刺杀的中国青壮年人。

日军见到容貌像军人的壮丁,多用卡车运到雨花台,以刀刺或机枪射杀。

南京民众遭日军砍头的惨状。

日军活埋我军民。

被日军杀害的中国抗日战士头颅孤悬于南京城外铁丝网上。

日军惨杀南京市民之现场。

日军斩杀我同胞。

日军斩杀我同胞。

日军屠杀中国善良人民。

这是1937年12月《东京日日新闻》对两个日军尉官野田、向井在南京进行杀百人比赛的报道。

这3个日本剑子手,在杀人"竞赛"后拭去刀上的血迹。

日军正在杀害我战士,图片中"不许可"印,乃当时日本不准发表新闻。这些都是被侵略者作为纪念物拍下的照片,岂能虚构。

毫无人性的日军剑子手,手提我同胞之头,欣喜微笑。这血海深仇,千万不能忘记。

又一人被日军当活靶刺杀。

日本兽兵侵占南京后任意强奸我妇女。

无辜的妇女孩童及婴儿也被日军屠杀。

日军将抢劫得来的行李放在婴儿车上，将抢来财物放在骡子上，暴行层出不穷。

日军放狼狗活活咬死我同胞。

南京城内外水塘里多处可见被日军屠杀的我军民尸体，四处漂流，血水满地。

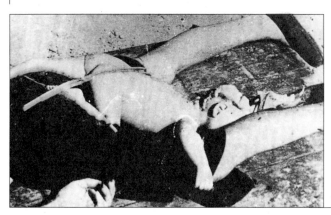

被屠杀的母与子。

日军将我百姓残
酷折磨而死。

惨遭杀戮的我军民尸体堆叠在码头上等待丢弃江流。

日本兽兵玩弄、侮辱我妇女。

日本兽兵强奸我妇女。

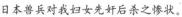

日本兽兵凌辱我老妇。

日本兽兵对我妇女先奸后杀之惨状。

● 第六节　青岛海军的撤守

日寇原拟战争一开始便夺取青岛,切断华北与华东的联系,后因淞沪战事拖延,兵力难以分散,暂缓占领。12月28日青岛市长沈鸿烈炸毁日人纺织厂,日寇遂又指向青岛。青岛海军原是张作霖父子经营的东北海军,后虽改组为第三舰队,但仍不听命于海军部,又因东北财源已失,内部矛盾重重,三大舰南下投粤后,实力已大不如前,沈鸿烈只得以沉舰、堵港、布雷、移舰炮岸用等办法于29日全部撤出青岛。第三舰队不战自沉。

入侵青岛的敌舰

航空母舰:"龙骧"
重巡洋舰:"足柄"
轻巡洋舰:"球磨"
水上机母舰:"能登吕"(侦察机16架)、"衣笠丸"(侦察机
　　　　　 12架)
驱逐舰:"狭雾"、"涟"、"响"、"雷"、"电"、"如月"、"弥生"、"藤"、
　　　　"薄"、"茑"、"蓼"、"莲"、"菱"
潜水艇:"伊21"、"伊22"、"伊23"、"伊24"
布雷艇:"冲岛"、"严岛"
运煤舰:"室户"
特种商船:9艘
扫雷艇:数队

入侵青岛的日本航空母舰"龙骧"号,排水量7600吨,航速25节。

进攻青岛的日本第四舰队旗舰"足柄"号,排水量10940吨,双联8英寸(20.3厘米)主炮10门,水上侦察机2架。

进攻青岛的轻巡洋舰"球磨"号,排水量5100吨,单座5.5英寸(13.8厘米)主炮7门,双联21英寸(53.3厘米)鱼雷发射管8个,水上侦察机1架。

留守青岛的我海军第三舰队舰艇

水上机母舰:"镇海"
炮舰:"永翔"、"楚豫"、"江利"
驱逐舰:"同安"
运输舰:"定海"
炮　艇:"海鸥"、"海清"、"海鹤"、"海燕"、"海骏"、"海蓬"

1937年12月12日将"镇海"、"永翔"、"楚豫"、"江利"、"同安"、"定海"、"海鹤"、"海燕"和商船2艘沉于青岛港诸湾道,余下"海鸥"、"海清"、"海骏"、"海蓬"沉于刘公岛,第三舰队不战自沉,至此全军瓦解。

自沉于青岛港的"永翔"舰,其姊妹舰"永丰"(即中山)舰在长江金口血战中异常壮烈,沉舰堵江与沉舰堵港貌似而实不同,堵港起不了什么阻敌作用。

自沉于青岛港的"楚豫"舰(与"楚同"同型)。第三舰队若能听命于中央海军部,会合于长江,也许最后能撤守入川,与"楚同"同存,可见派系相轧之危害。

自沉于青岛小港的"同安"舰。

江防要塞司令部

司令:谢刚哲(原第三舰队司令)
参谋长:孟宪愚
副官长:马崇贤
军需长:汪于洋(后马云龙)
第一守备总队
  总队长:唐静海(原"海圻"舰长)
  驻湖北田家镇、富池口一线,成员由原"海圻"、"海深"人员改编
第二守备总队
  总队长:鲍传文(原青岛市公安局督察长)
  驻江西湖口,成员多由教导总队整编
第三守备总队
  总队长:康肇祥(原"镇海"舰副长、大港炮台台长)
  驻防马当,成员多由原舰炮总队改编

青岛舰炮总队部

总队长:张楚材(原海军教导总队长兼)
第一总队副:曹树芝(原"镇海"舰长)
第二总队副:李信候(原"永翔"舰长)
第三总队副:孟宪愚(原"江利"舰长)
第四总队副:晏治平(原"楚豫"舰长)
第五总队副:谢渭清(原"定海"舰长)
第六总队副:范 杰(原参事)

注:各舰艇武器、舰炮拆卸后组成舰炮总队部,设在青岛东镇原青岛海校旧址。

注:司令部地址设在武昌,1938年10月裁撤,谢刚哲调任军事参议院参议。

● 第七节　日军重组侵华海军，准备入侵武汉

　　南京沦陷前，国民党军政机构迁入武汉，武汉成为中国新的军事政治中心。为适应长江地势，日本重组侵华海军，成立了"支那方面舰队"，由及川吉志郎中将担任这支舰队和第三舰队司令，而专责长江内河水道的海军第十一战队也换了近藤英次郎少将，准备入侵武汉。

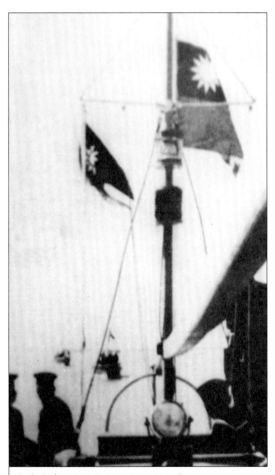

南京失守，国民党海军溯江进入武汉。

日本重组侵华海军，准备入侵武汉。

入侵长江中游的日本主要舰艇

水上机母舰："能登吕"、"香久丸"、"神川丸"

布雷舰："八重山"、"夏岛"、"猿岛"、"燕"、"鸥"

驱逐舰："泉月"、"如月"、"弥生"、"水无月"、"长月"、"江风"、"海风"、"凉风"、"山风"、"莲"、"栂"、"栗"

护航舰："初雁"、"鸿"、"鹊"、"鹩"、"隼"、"雁"、"鹭"、"雉"、"鸽"、"千岛"、"真鹤"、"友鹤"

河用炮舰："安宅"、"嵯峨"、"比良"、"鸟羽"、"保津"、"势多"、"二见"、"坚田"

另外尚有测量舰、修理舰、河用炮艇、扫雷艇、特种舰等等

日本第三舰队第十一战队旗舰"八重山"号,1135吨,单座120毫米炮2门,机枪2挺,水雷185个。

日本"鸿"号护卫舰,同型的有"鹊"、"隼"、"雁"、"雉"、"鸠"等,840吨,单座120毫米主炮3门,三联21英寸(53.3厘米)鱼雷发射管3个。

日本海军常驻长江者为浅水河用炮舰"势多"号,305吨,高角12磅炮2门,机枪6挺。

河用炮舰"安宅"号,725吨,单座120毫米炮2门,高角12磅弹炮2门,机枪6挺。

河用炮舰"鸟羽"号,215吨,高角12磅弹炮2门,机枪6挺。

●第八节　海军改组与武汉保卫战

　　1938年初,中国新的政治军事中心在武汉建立起来了,国共合作进一步加强,在长江南北、平汉路东西划分4个战区,第四战区司令长官陈诚负责保卫大武汉任务,海军负责长江流域防务,但海军各舰艇大部已被炸沉或自毁于江阴堵塞线上,1月海军部裁撤,改设海军战时总司令部,隶属军政部,参加长江流域保卫武汉的防务。

一、海军部改组为海军总司令部

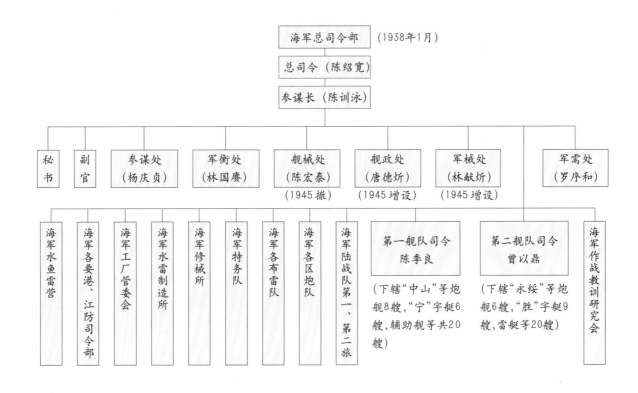

海军总司令部 (1938年1月)

总司令 (陈绍宽)

参谋长 (陈训泳)

| 秘书 | 副官 | 参谋处 (杨庆贞) | 军衡处 (林国赓) | 舰械处 (陈宏泰) (1945撤) | 舰政处 (唐德炘) (1945增设) | 军械处 (林献炘) (1945增设) | 军需处 (罗序和) |

海军水鱼雷营

海军各要港、江防司令部

海军工厂管委会

海军水雷制造所

海军修械所

海军特务队

海军各布雷队

海军各区炮队

海军陆战队第一、第二旅

第一舰队司令陈季良 (下辖"中山"等炮舰8艘,"宁"字艇6艘,辅助舰等共20艘)

第二舰队司令曾以鼎 (下辖"永绥"等炮舰6艘,"胜"字艇9艘,雷艇等20艘)

海军作战教训研究会

海军总司令陈绍宽

参谋长陈训泳

第一舰队司令陈季良

第二舰队司令曾以鼎

二、海军改组后人事变迁(1938年1月~1945年12月)

总司令：陈绍宽　　　　高等顾问：萨镇冰
　　　1938年1月任　　　　顾问：刘传绶
　　　1945年12月免　　　　　　陈兆锵
　　　　　　　　　　　　　　　周兆瑞
参谋长：陈训泳　　　陈季良　　　曾以鼎
　　　1938年1月任　1944年6月兼任　1945年4月任
　　　1945年4月卒　1945年4月卒　1945年12月免
秘　书：陈培源
副　官：张仁民　　　梁序昭
　　　1943年1月免　1943年1月任
参谋处：　　　　　　　　总务处（1945年后增设）
　　处长：杨庆贞　　　处长：陈景芗
　　　　　　　　　　　　　1945年底任
　军务科长：孟慕超　　舰政处（原舰械处1945年后分出）
　文书科长：唐擎霄　　处长：唐德炘
　　　　　　　　　　　　　1945年底任
　训练科长：邵　新　　军械处（原舰械处1945年后分出）
　　　1941年1月任
军衡处：　　　　　　　处长：林献炘
　　　　　　　　　　　　1945年底任
　　处长：林国赓　　蔡世滢
　　　　　　　　　1941年10月任
　铨叙科长：蔡世滢
　恤赏科长：林培坤
舰械处：
　　处长：陈宏泰　杨庆贞　　　林国赓
　　　　1939年2月兼　1941年10月任
　　　　　　　　　　　　1943年9月卒
　　　　陈宏泰
　　　　1943年9月任
　轮电科长：张嘉燨
　兵器科长：汪肇元
　雷务科长：曾国晟
　　　1941年1月任
军需处：
　　处长：罗序和　　　张承愈
　　　1943年1月辞　1943年1月任
　会计科长：张承愈　陈景芗　　薛家声
　　　1943年1月免　1943年1月任　1944年2月任
　　　　　　　　　　　　　　1945年底调
　储备科长：陈景芗　　张仁民
　　　1943年1月免　1943年1月任
海军作战教训研究会
　主任委员：陈训泳
　　　1938年1月任
　研究员：杨庆贞　　林国赓　　陈宏泰
　　　1938年1月任　1938年1月任　1938年1月任
　　　王寿廷 1938年1月任

海军修械所所长：林元铨　　　任光海
　　　1938年12月兼　1939年2月兼代
　　　郑耀枢
　　　1941年12月任
海军布雷队队长：叶可钰　　韩廷杰
洞庭湖警备副司令：方莹　　　陈宏泰
　　　1939年2月调　1939年2月兼任
海军川江要塞第一总台台长：方莹（上校）　副：邓则勋
　　　　　　　　　　1939年3月任　1939年3月任
　　第二总台台长：曾冠瀛（上校）副：甘礼经
　　　　　　　　　　1939年3月任　　1939年3月任
海军宜万区要塞第一总台总台长：方莹　副：戴熙经　陈赞汤
　　　　　　　　　　　　1939年5月任
海军宜万区要塞第二总台台长：曾冠瀛　副：甘礼经　王廷棋
海军第一舰队司令：陈季良　　　方莹
　　　1945年4月卒　1945年4月任
　　　　　　　　　　　1945年8月免

　　　　　　　　陈宏泰
　　　　　　　　1945年8月任
　　　　　　　　1946年9月裁
海军第二舰队司令：曾以鼎　　　方莹
　　　1945年4月免　1945年4月兼任
　　　　　　　　　　（未就）

　　　　　　　　李世甲　　　方莹
　　　　　　　　1945年5月任　1945年8月任
　　　　　　　　　　　　　1946年9月裁
海军特务队总队：总队长：林元铨　　正：任光海
　　　　　　1938年12月任　1939年兼任
　　　　　　1939年2月辞　1939年3月调
　　　　　副：邓则勋
　　　　　1939年2月任
　　　　　1939年3月调
海军岳州特务队队长：萨师俊
　　　1938年2月任
　　　副队长：姚玛
　　　1938年2月任
海军武汉区炮队队长：方莹
　　　1938年2月任
　　　副队长：程嵋贤
　　　1938年2月任
海军特务队队长：程嵋贤　　　任光海
　　　1939年6月任　1939年9月兼任
　　　1939年9月调
　第一分队队长：郑翊汉　　第六分队队长：郑震谦
　　　1939年6月任　　　　　1939年6月任
　　　　　　　　　　　　　1940年1月免
　第二分队队长：何传永　　第七分队队长：何乃诚
　　　1939年6月任　　　　　1939年9月任

第三分队队长：郑畴芳　　　第八分队队长：郑体愍
1940年1月免　　　　　　　1940年4月免
1939年6月任　　　　　　　1939年6月任
第四分队队长：蒋元福
1939年6月任
第五分队队长：何天宇
1939年6月任
海军水雷制造所所长：曾国晟（中校）
1939年6月任
海军渝万区要塞第三总台长：程嵋贤　　　副：聂锡禹
1939年9月任　　　1939年9月任
陈绍弓
1939年9月任
第四总台长：刘焕乾　　　副：陈长栋
1939年9月任　　　1939年9月任
钟　衍
1939年9月任
海军温州炮队队长：李葆祁　台长：林建生（少校）
（1941年3月改为瓯江炮台）　1940年9月
副队长：郑体愍　　队附：陈牲欢
1940年9月　　　　1940年9月
海军闽江江防司令部司令：李世甲　　　刘德浦
1941年5月任　　1945年4月任
1945年4月调
海军粤桂江防司令部司令：徐祖善
海军驻美中校副武官：周应聪
1941年11月任
海军工厂管理委员会：
主任委员：曾国晟
1940年2月任
常务委员兼总务课长：王致光
1940年2月任
1940年12月任厂长
委员兼工务课长：王荣瑛
1940年2月
委员兼财务课长：林惠平
1940年2月
委员：周应聪　陈兆俊
1940年2月
海军马尾要港司令：李国堂
1945年8月
海军厦门要港司令：刘德浦
1945年8月
中国海军赴美造船服务团团长：马德骥　秘书：叶芳哲
1944年　　　　　1944年
团员：林惠平　陈书麟　王荣瑛　徐振骐　周亨甫
杨元墀　卓韵湘　郭子桢　吴贻经　欧　德
李贞可　云维贤及绘图员梁益智等。
江南造船所所长：马德骥　　　副所长：陈藻藩
1945年9月任　　　　1945年9月任
海军上海工厂（原英联船厂）厂长：曾国晟
1945年9月任
海军水鱼雷营少校营长：邓兆祥　　　杨道钊
1940年8月调　1940年8月兼任
常朝干
1940年8月代

海军总司令部参谋处长杨庆贞中将。

海军总司令部军需处长罗序和少将。

海军总司令陈绍宽的旗舰"永绥"号。

第一舰队设司令部于"民权"炮舰。

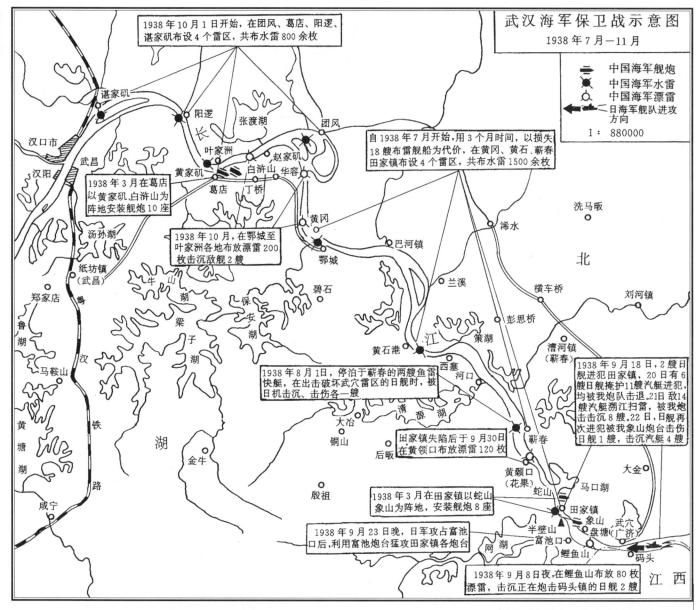

武汉海军保卫战示意图
1938年7月—11月

1938年10月1日开始,在团风、葛店、阳逻、谌家矶布设4个雷区,共布水雷800余枚

中国海军舰炮
中国海军水雷
中国海军漂雷
日海军舰队进攻方向
1:880000

自1938年7月开始,用3个月时间,以损失18艘布雷舰船为代价,在黄冈、黄石、蕲春田家镇布设4个雷区,共布水雷1500余枚

1938年3月在葛店以黄家矶、白浒山为阵地安装舰炮10座

1938年10月,在鄂城至叶家洲各地布放漂雷200枚击沉敌舰2艘

1938年9月18日,2艘日舰进犯田家镇,20日有6艘日舰掩护11艘汽艇进犯,均被我炮队击退,21日敌14艘汽艇溯江扫雷,被我炮击沉8艘。22日,日舰再次进犯被我象山炮台击伤日舰1艘,击沉汽艇4艘

1938年8月1日,停泊于蕲春的两艘鱼雷快艇,在出击破坏武穴雷区的日舰时,被日机击沉、击伤各一艘

田家镇失陷后于9月30日在黄领口布放漂雷120枚

1938年9月23日晚,日军攻占富池口后,利用富池炮台猛攻田家镇各炮台

1938年3月在田家镇以蛇山象山为阵地,安装舰炮8座

1938年9月8日夜,在鲤鱼山布放80枚漂雷,击沉正在炮击码头镇的日舰2艘

(采自《中国抗日战争史地图集》p126,中国地图出版社出版)

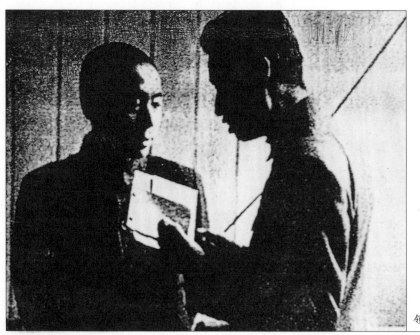

武汉会战中,国共合作抗日进一步加强。图为中共领导人周恩来在武汉。

三、日军海陆合攻武汉

　　日军占领南京后,以为乘胜进军便可很快拿下武汉,控制全中国,遂调兵遣将,先沿平汉路南犯,后改为溯长江西犯,分兵3路,一路从大别山南下,两路沿长江两岸西进,海陆合攻武汉。

日本特别陆战队装载许多登陆艇,乘日本海军特务船在进攻武汉前来到中国。这些登陆艇适合长江中游作战。

日本适合长江作战的中型鱼雷艇"鸨"号,正运送日本海军陆战队前往中国。

日本中型鱼雷艇"鹊"号,这一类鱼雷艇在日军溯江作战时发挥了极大的作用。

日军渡河南下后,沿平汉路向武汉进攻。

日本运输舰运载日军及登陆艇沿长江中游两岸向武汉进军,企图南北合攻武汉。

日本舰队溯长江而上进犯武汉。

日军在长江中游登陆的
饭冢第101连队官兵。

四、马当阻塞线与湖口、鄱阳湖战役

为阻止敌军沿江上犯武汉,国民党当局仍采取消极防御战略,在马当江两岸之间,采用投石填江的办法,组成一道马当堵塞线,并用舰炮构成要塞,布雷封锁,自大通至汉口266海里长的水道,布设143道水雷区,平均每海里有2道水雷敷设线,每线平均有10具水雷,但终不济用,敌人仍安然通过马当。不久,湖口失守,守卫鄱阳湖的"海宁"等舰亦被炸沉没。

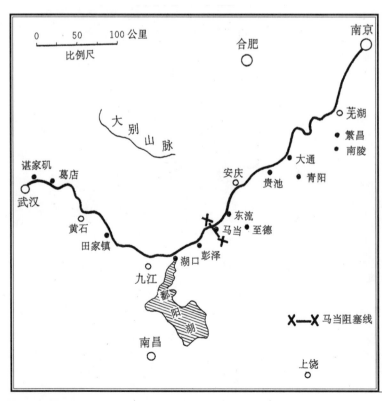

敌人从大别山南下,又从长江两岸西进,合攻武汉,我在马当新建一阻塞线,以阻敌舰西进。

马当阻塞线即在此马当江上两岸之间，自沉舰船18艘，并采用投石填江的办法，垒成一个一个石塔，以阻碍敌舰前进，并用麻绳绑上竹筒浮在江上，用以缠绞敌舰的轮叶，一船又一船的石头石子源源不断向无底洞的江中倾倒，但终不济用，敌人仍安然通过马当。

在马当敷设的第二道阻塞线，除自沉舰船18艘外，还投石填江垒成一个个石塔以阻止日舰西进。

马当要塞守备总队殉难烈士

姓　　名	年龄	职　务	毕业学校	牺牲时间及地点
尼庆鲁	32	马当要塞守备总队少校大队长	青岛海校三期甲班	1938年6月间在香河桥与敌奋战中牺牲
温进化	25	马当要塞守备总队上尉中队长	青岛海校三期乙班	1938年6月间在香河桥与敌奋战中牺牲
张舒特	25	马当要塞守备总队上尉中队长	青岛海校三期乙班	1938年6月间在香河桥与敌奋战中牺牲
刘茂秋	25	马当要塞守备总队上尉中队长	青岛海校三期乙班	1938年6月间在香河桥与敌奋战中牺牲
祁国治	21	马当要塞守备总队少尉分队长	青岛海校四期毕业	1938年6月间在香河桥与敌奋战中牺牲
马俊援	20	马当要塞守备总队少尉分队长	青岛海校四期毕业	1938年6月间在香河桥与敌奋战中牺牲

注：不完全统计

向安庆进攻的日军舰船。

"义胜"被炸伤于马当阻塞线：

"义胜"炮舰。在马当阻塞防守的有"胜"、"宁"各字号的炮舰，3月27日敌机3架炸伤"义胜"。6月20日我要塞击沉日陆军少将波田重一所率台湾旅团的汽艇数艘，其扫雷艇"利华"号也触雷沉没。

1938年3月武汉决战拉开序幕，6月日军越过安庆，分兵3路向武汉进攻。图为战略要地安庆城。

"威宁"在湖口被炸重伤：

"威宁"炮舰6月25日在湖口布雷时,敌机投弹40余枚,我阵亡3人,伤14人。

威宁炮艇二等兵陈天华,福建闽侯人,21岁。海军练营毕业。

"咸宁"殉难烈士8人。

咸宁军舰电信官庄亮采,福建闽侯人,43岁。历任楚泰军舰、咸宁军舰电信官。

咸宁军舰电机上士陈世昌,福建闽侯人,41岁。

咸宁军舰帆缆副军士长郑玉草,福建闽侯人,40岁。

"威宁"殉难烈士3人：

威宁军舰一等兵高华泉,福建长乐人,25岁。海军练营毕业。

威宁军舰二等兵高玉辉,福建长乐人,34岁。海军水鱼雷营毕业。

"咸宁"于田家镇附近被炸沉：

"咸宁"炮舰。7月初,"咸宁"在九江北港道布雷返回田家镇,航经火焰山附近遭敌机轰炸,官兵英勇奋战,击落敌机2架,但终被炸沉,死8人,伤52人。

咸宁军舰帆缆中士邵国兴,福建闽侯人,47岁。

注:列兵张银官照片缺。

咸宁军舰一等兵林长汉,福建闽侯人,34岁。海军练营毕业。

咸宁军舰二等兵朱法祖,福建闽侯人,26岁。海军练营毕业。

咸宁军舰三等兵江礼祥,福建闽侯人,26岁。海军练营毕业。

"长宁"与"咸宁"同时被炸沉:

　　"长宁"炮舰,驶至武穴时,适见"咸宁"被炸正在搬运伤亡人员,乃停航协助,旋敌机再度飞临,遂协同作战,终与"咸宁"同时被炸沉,死2人,伤8人。图为"长宁"炮舰。

注:"长宁"殉难烈士2人:列兵卢河长、列兵王逸京照片缺。

被炸沉前的"咸宁"舰。

6月29日马当失守后,日军特型发动机船利用海上浮标进行扫雷。

在湖口白浒镇被炸重伤的"义宁"炮舰：

"义宁"炮舰，6月25日在湖口白浒镇巡弋，被日机9架轮番轰炸，阵亡官兵7人，重伤8人，舰身炸穿数十孔，后拖赴汉口整修。

"义宁"炮舰舰长严傅经，福建闽侯人，43岁。烟台海军学校航海毕业。历任"海容"军舰鱼雷副、海军第一舰队司令部正副官、"义宁"炮舰舰长等职。于民国二十七年六月二十五日在鄱阳湖抗战殉职。

"义宁"炮舰轮机副军士长汪景瀚，福建闽侯人，47岁。历充海宁炮艇、"义宁"炮艇轮机副军士长等职。于民国二十七年六月二十五日在鄱阳湖抗战殉职。

"义宁"舰殉难烈士7人：

义宁炮舰一等兵李孝勋，福建闽侯人，28岁。海军练营毕业。

义宁炮艇一等兵陈再框，福建闽侯人，30岁。海军练营毕业。

义宁炮艇二等轮机兵陈再枢，福建闽侯人，22岁。海军练营毕业。

注：列兵任礼海、列兵杨依雅照片缺。

在田家镇被炸沉的"崇宁"炮舰：

"崇宁"炮舰，6月29日在鄱阳湖巡弋时被炸伤，后开赴田家镇。7月4日复与日机接战，卒为敌机所炸沉，士兵阵亡4名，名单见p.744。

在黄石港被炸沉的"绥宁"炮舰：

在江阴作战受伤，后经修复重新加入战斗之"绥宁"炮舰于7月13日在黄石港先后三次被日机攻击，终被炸没。

鱼雷快艇出击湖口敌舰：

　　湖口失守后,7月14日及17日江面先后两次发现敌舰,海军总司令部派鱼雷快艇文93号及史223号、岳253号向驻湖口江面的敌中型舰发射鱼雷,第一次命中敌舰,文93号亦遭击伤。第二次史沉岳伤,图为德制鱼雷快艇岳字号。

在吴城丁家山被炸搁浅的"海宁"炮舰：

　　"海宁"炮舰,7月14日在吴城附近丁家山警戒,敌机两次向"海宁"投弹共80余枚,官兵奋战,终被炸搁浅。该舰阵亡3人,轻伤5人,生还的一律组成布雷队,从此,转入布雷游击战。(阵亡名单见P744)

五、湛家矶阻塞线与田、葛战役

　　马当、湖口失守后,南京政府军委会当局仍不认识日军一贯沿用的大迂回战略,以为日寇会从水路进攻,又提出保卫大武汉的阻塞线问题。舰船沉塞和投石填江已不可能,遂决定制造钢骨水泥船来封锁汉口下游,试验失败后,又听德人斯密斯建议用水泥制造钢骨水泥沉雷,但终告失败。敌人进攻广济,切断田家镇、蕲春交通,仍采取大迂回战术,包围葛店,10月25日国民党被迫放弃武汉。

湛 家 矶 阻 塞 线

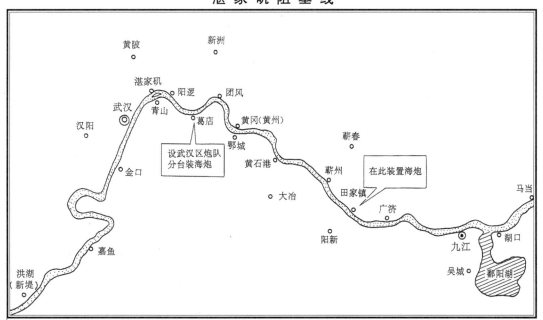

①将九江以上、汉口以下各航路标志逐段毁除。
②在田家镇、半壁山之间,蕲春、岚头矶之间,黄石港、石灰窑之间,黄冈、鄂城之间作为雷区,先后布雷1500具。
③在团风、阳逻、湛家矶用水泥钢骨船长200尺(66.7米),宽50～60尺(16.7～20米),上架三角铁架,4个铁锚,放水下沉,但因船身倾斜,水泥船翻身漂流,试验失败停止。
④德人斯密斯建议用水泥制造沉雷,内装2吨炸药,连壳重约6吨,亦告失败。

田家镇要塞,我海军在此装置舰炮。

我军在长江岸边阻敌进犯。

因沿江中国海军布雷甚多,敌溯江进行扫雷。图为日军摁下管制机雷的开关后,中国铺设的水雷爆炸情形。

为适应长江作战,敌人后来征用木制内燃机船(螺旋桨)。

敌舰续向武汉进发。

7月26日敌登陆九江,后进攻广济,切断田家镇、蕲春之间交通,并集中海空军向田家镇猛攻,发炮500余发,投弹千枚,田家镇陷落。图为敌登陆艇。此照最初禁止发表,后将左边登陆艇去掉后才准发表。

六、岳阳、新堤海空战

当武汉会战最为激烈之时,我海军舰队即集结于武汉上游之岳阳、金口、新堤及长沙水域。日军一面加紧进攻武汉,一面派飞机向我武汉后方以我舰队为目标,大肆轰炸。

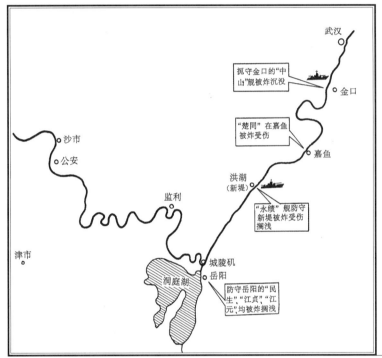

1938年7月20日,敌机27架向我岳阳空袭,我舰队合力炮击,敌不支飞去,我"民生"、"江贞"两舰受伤搁浅。

同年10月21日,"永绩"、"江元"中弹搁浅于新堤和岳阳。

同年10月24日,"楚同"受伤于嘉鱼,"楚谦"、"勇胜"、"湖隼"3艘无恙。

10月22日"中山"舰移防金口,24日,战况最为激烈,官兵奋勇作战精神,可谓惊天地泣鬼神。

"民生"、"江贞"自行焚毁于岳州:

1938年7月20日敌机27架向岳阳空袭,经我舰队合力炮击,日机受伤不支飞去,我"民生"、"江贞"两舰亦分别受伤搁浅,两舰伤亡官兵34人。10月26日岳阳驻军后撤时,两舰自行焚毁。

自焚于岳州的"江贞"舰,是役殉难4人,受伤17人。

自焚于岳州的"民生"舰,伤副长林赓尧等13人。

"江贞"舰殉难烈士4人：

江贞军舰副长张秉燊，福建闽侯人，44岁。烟台海军学校航海毕业。历任永健军舰枪炮副、江贞军舰副长等职。

江贞军舰帆缆下士任永通，福建闽侯人，31岁。海军南京鱼雷营毕业。

注：司书曹守樵照片缺。

江贞军舰三等兵刘春银，福建闽侯人，23岁。海军练营毕业。

"江元"舰中弹受伤，"永绩"舰中弹搁浅：

1938年10月21日，驻防岳州之"江元"军舰与驻防新堤之"永绩"舰亦与日机激战，"江元"中弹受伤，"永绩"中弹搁浅，伤亡官兵多人，10月26日新堤放弃时，"永绩"亦奉命自行焚毁。

"江元"舰。10月21日敌机12架向"江元"投弹数十枚，该舰奋战殉难1人，伤31人，后驶靠七里山附近。

江元军舰殉难烈士簿记下士吴诗通，福建闽侯人，39岁，海军警备队毕业。照片缺。

"永绩"舰。1938年10月21日在新堤被敌机轰炸重伤搁浅。

"永绩"舰殉难烈士2人：

永绩军舰轮机下士林鸿秋，福建闽侯人，34岁。

永绩军舰一等轮机兵林阿智，福建闽侯人，34岁。

七、"中山"舰金口血战

"江元"、"永绩"相继受创搁浅后,"中山"舰奉命于10月22日移驻金口。23日日机飞来侦察,24日上午9时10分又来一架敌机进行侦察,被炮击退,11时又来9架敌机分3小队,但未投弹。午后2时30分"中山"舰奉令开往监利,3时零5分开行,3时15分敌机6架鱼贯阵式投弹,金口海空战拉开了,战况极为激烈。奋战至4时30分,终被击沉。

10月24日上午9:10,日机1架在"中山"舰上空侦察,被我开炮击退。

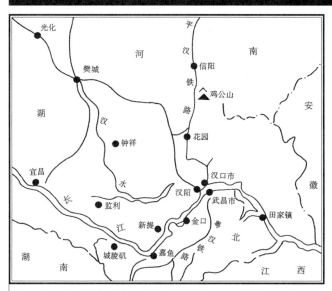

湖北金口位置略图。(采自柳永琦《海军抗日战史》下册p45)

"中山"舰,编制140人,时出差5人,寄差13人,在还击敌机时,舰首高射炮连放3弹后发生故障,望台左右之一磅炮各放2发后亦发生故障,仅剩尾炮,但又因桅杆不能向前发炮,舰进水甚凶,堵漏无效,开始左倾。

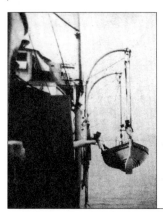

副长吕叔奋见舰长已身受重伤,遂命松放一号及三号舢板送舰长及受伤官兵离舰,萨舰长坚持"革命军人临危受难应以身殉职报国,不能率先离舰",官兵乃强扶其下至三号舢板。

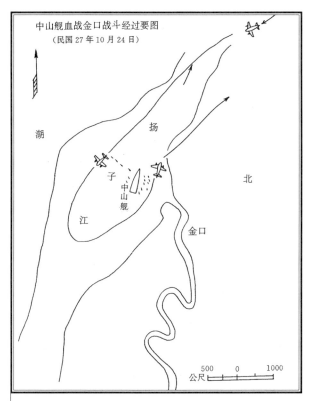

中山舰血战金口战斗经过要图
(民国27年10月24日)

10月24日上午9:10,日机1架在"中山"舰上空侦察,被我开炮击退。

11时,又来9架分3小队,未投弹。

午后2:30奉令开往监利。

3:05开行。

下午3:15敌机6架鱼贯式向"中山"舰投弹。

第一弹落舰尾左舷,舵机转动不灵;

第二弹落右舷,舰底漏水;

第三弹落右舷水中,无伤害;

第四弹落左舷,锅炉舱漏水,无汽,舰左倾;

第五弹落舰首,萨舰长中伤,仍奋力指挥。

此后,敌机来回投弹,弹落舰首,官兵血肉横飞,伤亡枕籍,萨舰长两腿被炸折断,仍不肯下舰,官兵穿梭于枪林弹雨之中,其奋勇作战精神可谓惊天地泣鬼神。(采自柳永琦《海军抗日战史》下册p45)

敌机竟不顾国际公法,惨无人道,悍然对我江面满载受伤官兵之一号及三号舢舨密集扫射,舢舨立即沉没,萨舰长头喉间被击中殉难。

日机复在"中山"舰上空来回扫射4次,副长吕叔奋代理舰长继续指挥作战。

因舰身已倾斜40余度,动力全失,随水漂流至大金山前,副长不得不下令全体官兵弃船,后由小汽艇及民船协助救援。全体人员始离"中山"舰约20码左右,倾斜之"中山"舰突然舰首稍举,旋即下沉,时午后4时30分,沉没在金口北岸大金山前江底。图为1995年正在打捞上来的"中山"舰。

"中山"舰殉难烈士一览表

姓 名	职 务	尸体是否已找着	葬于何地	伤 亡 情 况
萨师俊	舰长	未		在望台炸伤后在三号舢舨被机枪扫射死
魏行健	航海员	已	金口	在舰无伤,在一号舢舨被机枪扫射死
陈知海	航海见习生	未		在舰无伤,在舢舨被机枪扫射死
周福曾	航海见习生	未		第4弹头发烧焦,后死于一号舢舨
黄孝春	轮机军士长	已	金口	在舰无伤,在一号舢舨被机枪扫射死
王祥兆	枪炮上士	未		死于高射炮位,尸被火烧毁
吴仙水	帆缆下士	未		值更兼舵手,被炸死身抛于系艇杆上
刘则茂	帆缆下士	未		在舰无伤,死于三号舢舨
林寿祺	轮机下士	已	金口	在舰无事,死于舢舨,葬于金口
陈恒善	簿记下士	未		冒险上驾驶台救舰长后再抢扶至三号舢舨死
陈利惠	一等兵	已	金口	在舰无伤,死于舢舨
林逸资	一等兵	已	金口	在舰无伤,死于一号舢舨
郭琦珊	一等轮机兵	已	金口	在舰无伤,死于舢舨
张培成	一等轮机兵	已	金口	在舰无伤,在舢舨重伤死于金口
李 麒	一等信号兵	已	新堤	伤重延至27日毕命于新堤
陈永孝	二等兵	已	金口	在舰无伤,死于一号舢舨
洪幼官	二等兵	已	金口	在舰无伤,死于舢舨
张奕贵	三等兵			在舰无伤,尸被火烧毁
严文焕	三等兵	已	金口	在炮位受伤,死于舢舨
江剑官	三等兵	已	金口	在舰受伤,死于一号舢舨
李炳麟	三等信号兵	尸焚毁		第4弹被炸死
陈有中	勤务兵			第4弹被炸死
陈有利	勤务兵			
陈有富	勤务兵			
谢新梅	勤务兵	未		死于三号舢舨
备 注	据陈蒹益《报告》尚有旗兵张育金被炸死及不列正册的2人死于舰上。葬于金口的官2人,兵7人,计11人。			

"中山"舰殉难烈士情况

　　25日晨4时半至12时由枪炮员陈变益率"平海"、"中山"舰之汽艇负责寻尸,觅得尸体11具,并派正电官何承恩购备棺木11具,在木签上标明姓名葬于金口圣公会旁之土丘上(即金口邮局后之小山)。据《中山舰枪炮员陈变益呈报中山舰被炸报告书》及《中山舰副长吕叔奋呈报战斗详报》档案资料考证,葬于金口的有官2人,兵9人,其余尸体均未找着,另一信号兵李麒因伤重延至27日牺牲,葬于新堤。

中山舰舰长萨师俊,福建闽侯人,43岁。烟台海军学校毕业。历任江贞军舰、建安军舰副长、公胜炮舰舰长、青天测量舰、顺胜、威胜各炮舰、楚泰军舰舰长。于民国二十七年十月二十四日在金口上游,敌机来袭中山舰,抗战殉职。

候补员派中山舰服务魏行健,湖南衡阳人,28岁。海军学校毕业。派赴英国留学。归国后,派在中山舰服务。于民国二十七年十月二十四日在金口上游抗战殉职。

中山舰航海见习生陈智海,浙江杭州人,22岁。海军学校毕业。派在中山舰见习。

中山舰航海见习生周福增,浙江常山人,22岁。海军学校毕业。派在中山舰见习。

中山舰轮机军士长黄孝春,福建连江人,48岁。历任建康中山舰轮机军士长等职。

中山舰枪炮上士王祥兆,福建闽侯人,34岁。民国十三年九月烟台练营毕业。由练兵历升中山舰枪炮上士。

中山舰帆缆下士吴仙水,浙江黄岩人,32岁。民国二十一年七月由中山舰学习,历升帆缆下士。

中山舰簿记下士陈恒善,福建闽侯人,47岁。民国六年三月由海军练营毕业。由练兵历升中山舰簿记下士。

中山舰帆缆下士刘则茂,福建闽侯人,39岁。民国十年一月由海军练营毕业。由练兵历升中山舰帆缆下士。

中山舰轮机簿记下士林寿祺,福建闽侯人,33岁。民国十七年二月由海军练营毕业。由练兵历升中山舰轮机簿记下士。

中山舰一等兵林逸资，福建闽侯人，36岁。民国十三年十二月由海军警备队警备兵历升中山舰一等兵。

中山舰一等轮机兵郭奇珊，福建闽侯人，27岁。民国二十年十二月由海军练营练兵毕业。

中山舰一等兵陈利惠，福建闽侯人，30岁。民国二十一年十一月由海军练营练兵毕业。

中山舰一等轮机兵张培成，浙江诸暨人，27岁。民国二十一年七月在中山舰学习。

中山舰一等信号兵李麒，福建闽侯人，26岁。民国二十年九月由海军练营练兵毕业。

中山舰二等兵陈永孝，福建闽侯人，25岁。民国二十一年七月由海军练营练兵毕业。

中山舰二等兵洪幼官，福建连江人，27岁。民国二十六年四月由海军练营练兵毕业。

中山舰二等信号兵张育金，福建闽侯人，25岁。民国二十三年三月由海军练营练兵毕业。

中山舰三等信号兵李炳麟，福建闽侯人，24岁。海军练营毕业。民国二十五年四月由"自强"三等信号兵调补中山舰三等信号兵。

中山舰三等兵江钊官，福建闽侯人，25岁。民国二十四年四月由海军练营练兵毕业。

中山舰三等兵严文焕，福建闽侯人，23岁。民国二十四年四月由海军练营练兵毕业。

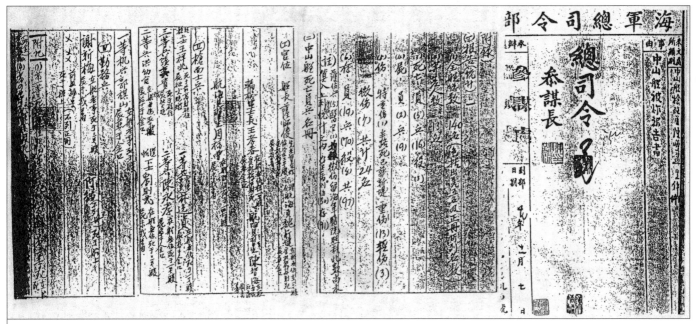

中山舰枪炮员陈曦益呈报《中山舰被炸报告书》(附录部分)　注:原文复印件存作者陈贞寿处。

　　原"中山"舰副长张天宏后派海军监造室服务,江苏江宁县人,30岁,海军学校航海毕业。后在葛店抗战殉职。

在"中山"舰被炸沉第二天,即10月25日,敌舰开至武汉市郊。

被日军侵占的国民政府军事委员会委员长武汉行营。

　　武汉会战已达5个月,日军伤亡10万以上,其舰艇被击伤、击沉颇多。10月25日国民政府自动放弃武汉。图为日军占领武汉后,相继进入汉口的日本舰队。

●第九节　汪伪海军

日寇占领武汉后,日本近卫内阁狂言彻底击灭抗日之国民政府,与"新生之政权"相提携,建立"东亚新秩序"。早就主张亲日求和的国民党元老汪精卫逃离重庆,在河内发表艳电(注:"艳"为韵目代日,即29日电。),主张中止抗日,对日求和。后在南京成立伪国民政府,在北平的伪中华民国临时政府和在南京的伪中华民国维新政府都归并于此,汪伪国民政府也成立了伪海军部。

群奸汇聚的汪伪国民政府,汪精卫兼任伪海军部部长。

汪伪海军主要舰艇

舰　名	原　名	备　　　　　　　　　　　　　　　　　　注
海兴	永绩	汪伪海军旗舰,在新堤被日机轰炸搁浅的原"永绩"舰。
海祥	永翔	原东北海军自沉于青岛港的炮舰。
海绥	建康	在江阴因伤搁浅,日本于1938年7月13日修复改名为"翠"。
海靖	湖鹗	在江苏鲥鱼港被炸搁浅,1938年6月15日,日本修复改名为"翡"。
江靖、江绥	未　详	前身胜字级炮艇。
和风、江凤、绥和、靖平	未　详	打捞改建而成的测量艇。
同春	未　详	运输舰,多为打捞修复。
海和、民德、日生利、东海	未　详	炮舰,多为打捞修复。
23号、24号掣电	未　详	汽艇,多为打捞修复。
江平、江安、江澄、江清、江康、江宁、江通、江达	新　舰(8艘)	多系微不足道的小舰。
江一级	新　艇	炮艇八艘。

伪海军部部长的变迁。汪精卫原定诸民谊出任伪海军部部长,后遭陈公博、周佛海反对而自兼。适前军械司少将司长林献炘在沪,由日本野村中将约见,逼其出任,林献炘却不甘为奸,以喉疾婉拒。其后又属意前海政司少将司长许继祥,许虽同意但遭李慧济等反对而告吹。不久,伪第一集团军总司令任援道要谋此职,刚好前驻日武官凌霄回国,日方本属意于他,但他知难而退,仍回东京任驻日海军武官,部长一职遂由任援道兼任,1944年底任辞部长职,由凌霄接任。任援道后与戴笠勾结,摇身一变成为国民政府先遣军总司令。图为任援道。

汪伪海军旗舰"海兴"号,即前"永绩"舰在新堤被炸搁浅后经修复,1950年改名"延安"。

汪伪海军"海绥"号,即前"建康"舰在江阴被炸搁浅,日本于1938年7月13日将其修复改名为"翠",移交汪伪后易名"海绥"。

被日本修复未交汪伪海军的中国主要舰艇下落

舰 名	原 名	最 后 结 局
五百岛	宁 海	在江阴被炸搁浅,日本改名"五百岛",1944年9月10日在日本本州御前崎以南被美国潜水艇"鲋鱼"号用鱼雷击沉。
八十岛	平 海	在江阴被炸搁浅,日本改名"八十岛",1944年11月25日在菲律宾吕宋岛圣地库鲁洋湾被美机炸沉。残骸战后运回中国解体。
明日香	永 健	在江南造船所被炸伤,日本修复改名"明日香",作为特种鱼雷舰,抗战胜利后交还中国,恢复原名。
阿多田	逸 仙	在江阴被炸搁浅,日本修复改名"阿多田"号,后驶至日本内海江田岛为日本海军兵学校作练习舰用,战后归还中国,复用原名,后随国民党政府逃台,服役至60年代。

注:"宁海"、"平海"、"逸仙"在汪伪组织海军部时,原说交还伪组织,后日方食言,伪组织亦不敢索取。

叛变中华民族的大汉奸汪精卫到日本去朝拜日本天皇,后病死于日本。其在南京的墓,后被国民党炸毁。

叛变民族的大汉奸遗臭万年。图为1941年4月19日,在海门镇登陆的日军,发现了当地人雕刻了汪精卫夫妇的裸体跪式石像,深知中国人民对汉奸的痛恨。

图为"永健"舰,在江南造船所修理时,遭敌机轰炸搁浅。该舰独立奋战,后被日本修复,改名"明日香"。战后归还中国,恢复原名。

汪伪海军部长、海校校长的结局

姓名	出 身 及 结 局
任援道	汪伪海军部长兼伪第一集团军(苏浙皖)总司令、江苏省长后与军统特务勾结,胜利后抢先接收汪伪海军部,由大汉奸摇身一变而成为国府特任的先遣军总司令,维护京沪铁路和南京治安。
凌霄	接任援道为海军部长,先代理,后于1945年1月15日真除。清末留日学海军,曾任葫芦岛航警学校校长、东北海防第一舰队舰队长。崂山事变后,被逐出东北海军,后任驻日海军武官。抗战胜利后以汉奸罪名被枪决。
姜西园	接任援道兼任的汪伪中央海军学校校长。该校前身系上海高昌庙水巡学校。姜本名炎钟,薛家岛事变倒沈的领导人,南下投粤后,曾任粤海舰队司令等职。抗战胜利后,以汉奸罪名被枪决。

林献炘(1883～?),福州人。1899年考入天津水师天堂,义和团事变后转入广东黄埔水师学堂。1904年毕业于驾驶班第八届,后留学德奥,历任海军雷电学校兼全军鱼雷总操练官、海军部军械司少将司长等职。抗日战争海军部改编为海军总司令部,林被裁编,辗转回敌占区上海。汪伪政府正物色伪海军部部长,由日本第三遣支舰队司令野村直邦中将亲自约见,逼其出任。林献炘是有民族气节的好汉,人虽在沦陷区,却不甘为奸,拒绝了敌人高官厚禄的诱惑,称病婉拒。

拒不投敌的吴佩孚,字子玉。1937年天津陷落,日本逼其出任华北伪政府绥靖部长,吴佩孚置棺于客厅,以示拒绝。汪精卫函促出山,更遭斥责。1939年12月在北平因牙病逝世,享年66岁。实是日寇因其不受利用,故予毒毙。图为吴佩孚。

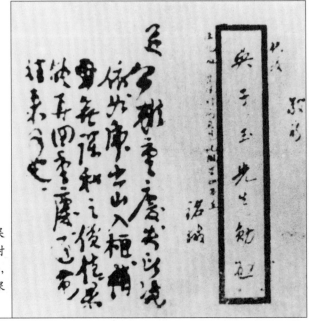

汪精卫函促吴佩孚出山,吴拒拆来信。图为吴在汪亲笔信封面上批道:"公离重庆,失所凭依,如虎出山入柙,无谋和之价值,果能再回重庆,通电往来可也。"

出卖民族为虎作伥的汉奸可耻的下场:

　陈公博,继汪精卫任伪国民政府主席,于日本投降时,潜逃日本。捕获后解返国内,1946年6月3日经江苏高等法院执行枪决。

陈公博被执行死刑时情形。

　梁鸿志,伪维新政府首脑,后任汪伪国民政府监察院院长,亦于6月被判处死刑,右为其女闻之大哭。

在日军投降时大大小小出卖民族的汉奸终被枪决。

这些曾在敌人卵翼下为虎作伥的汉奸纷纷被逮捕处决。

●第十节　闽厦战役

　　日军要南进,必先占领金门、厦门、福州。1937年9月3日,厦门各炮台及海军机构遭日机袭击,损失颇重。10月28日金门失守。这时日本海军实力集中在淞沪地区,这些行动仅是试探性质。1938年5月10日,日本第五舰队来犯厦门,因实力悬殊,次日厦门陷落。后日军转攻南澳,直到1941年4月才直攻闽江口,4月20日福州第一次沦陷。日军9月撤退,1944年9月再次入侵,10月福州第二次沦陷,直到1945年5月日军撤出。

一、日舰侵犯厦门

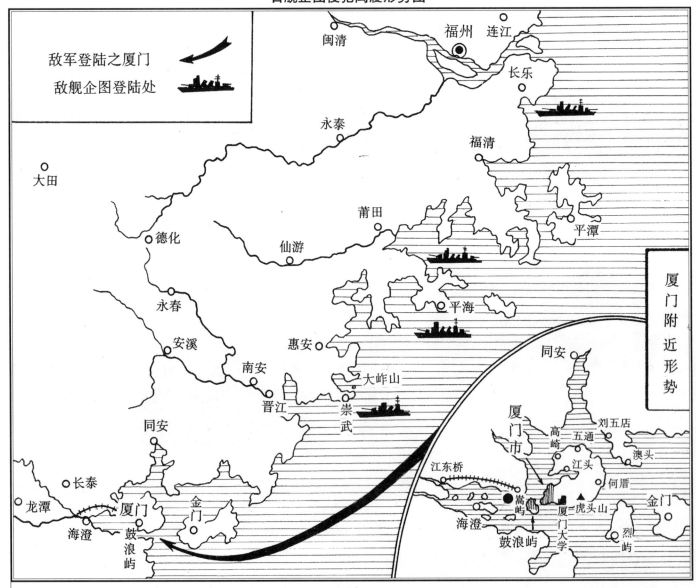

日舰企图侵犯闽厦形势图

(根据韬奋主编《抗战》三日刊第73期重制,民国二十七年5月19日出版)

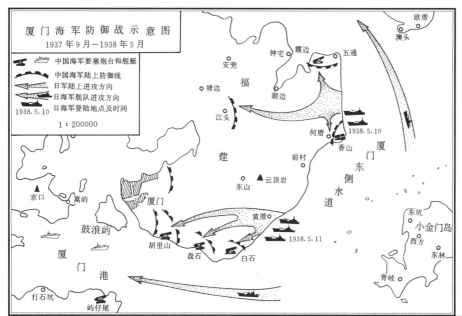

入侵厦门的敌舰

航空母舰：加贺、苍龙
重巡洋舰：妙高
轻巡洋舰：多摩、天龙、龙田、刘萱、若竹
水上机母舰：神威
驱逐舰：岛风、汐风、滩风、追风、疾风、
　　　　如月、弥生、芙蓉、朝颜、羽风
其他辅助性舰船10余艘

厦门海军防御战示意
图。(根据武月星《中国抗日
战争史地图集》p78重绘)

厦门港两侧沿岸共设有白石、曾厝垵、胡里山、盘石、鸟空园、武口、屿仔尾、龙角尾等8座炮台。图为大炮口径最大的胡里山炮台，是主台。

入侵厦门的敌舰之一"刘萱"号。

入侵厦门的敌舰之一"神威"号。

1937年9月3日，日本"羽风"等3艘军舰由大担诸岛方向进犯厦门，被胡里山等炮台开炮狙击。图为被命中断腰的日舰"若竹"号，后被"羽风"号夹带撤退至青屿北海面时沉没。

夹带"若竹"号撤退的日舰"羽风"号。

二、日军侵占金门

　　继9月3日之后,14日日军又以大编队机群轰炸胡里山等炮台,炮台官兵英勇作战,一边抵抗,一边修复炮台,使其保持完好。10月26日,金门失守,厦门失去屏障,11月,日舰不断侵犯,终被炮台守军击退。

金门城全景。

1937年10月26日,日本海军陆战队首占金门,把炮口朝向厦门,截断海上交通。

三、日军侵占厦门

1938年5月10日在日机轰炸和日舰炮击下,香山、霞边炮台被毁,五通、何厝、江头相继失守。11日,日军由黄厝登陆,先后围攻白石、胡里山、盘石炮台,众炮台终因寡不敌众,相继失守。至5月13日弹药库被炸,无法再战,炮台守军突围撤退,厦门陷落。

负责指挥厦门海军防御战的厦门要港司令林国赓(不久由高宪申接任)。

厦门五通海边沙滩上的"万人坑"。日本侵略者在这里登陆,屠杀了无数中国人。

日军侵占厦门。

5月13日,炮台弹药库及炮位均被炸毁。图为弹药库。

鼓浪屿原日本领事馆关押了数以百计的抗日爱国志士。

厦门失陷后，日军在厦门设立兴亚院，厦门联络部成为统治厦门的最高权力机关。

日军侵占厦门后，在交通要道设置关卡，对行人强行搜身。

抗战殉职及失踪海军战士：

厦门胡里山炮台

姓 名	职 务	时 间	备注	姓 名	职 务	时 间	备注
朱锡卿	上士炮长	1937年9月3日	阵亡	曹凤祺	一等炮兵	1938年5月13日	阵亡
林海旺	二等兵	1937年9月3日	阵亡	游革友	二等炮兵	1938年5月13日	阵亡
李玉生	上等兵	1937年9月3日	阵亡	彭启明	二等炮兵	1938年5月13日	阵亡
林保钿	一等兵	1937年9月3日	阵亡	张马銮	二等炮兵	1938年5月13日	阵亡
余得官	二等兵	1937年9月3日	阵亡	林玉春	二等炮兵	1938年5月13日	阵亡
江有胜	中士炮长	1938年5月13日	阵亡	轩云山	二等炮兵	1938年5月13日	阵亡
喻梓桂	下士副炮长	1938年5月13日	阵亡	周 坤	上等炮兵	1938年5月13日	失踪
黄云海	下士副炮长	1938年5月13日	阵亡	张仲贵	一等炮兵	1938年5月13日	失踪
张梅生	上等炮兵	1938年5月13日	阵亡	沈祖祁	上等炮兵	1938年5月13日	失踪
陈金贵	一等炮兵	1938年5月13日	阵亡	李 新	一等炊事兵	1938年5月13日	失踪
张之龙	总台长	1938年5月10日	失踪	刘永南	二等炊事兵	1938年5月13日	失踪

盘石炮台

姓 名	职 务	时 间	备注
戴文良	炮 长	1938年5月13日	失踪
戴文敬	中士炮长	1938年5月13日	阵亡
龙水钧	二等兵	1938年5月13日	阵亡
高齐云	二等兵	1938年5月13日	阵亡

厦门要港司令部

姓 名	职 务	时 间	备注
何廷杰	二等兵	1938年5月13日	失踪
周尚兴	一等炊事兵	1938年5月13日	失踪
谢金本	一等炊事兵	1938年5月13日	失踪

厦门航空处

姓 名	职 务	时 间	备注
陈振才	一等兵	1937年9月3日	阵亡

屿仔尾炮台

姓 名	职 务	时 间	备注
詹益茂	中士炮长	1938年5月13日	阵亡
陈石山	二等兵	1938年5月13日	阵亡

海军厦门要塞胡里山炮台上士炮长朱锡卿,湖南湘乡人,40岁。由下士历升至上士炮长。

海军厦门要塞胡里山炮台二等炮兵林海旺,福建闽侯人,21岁。由补充营二等兵历升二等炮兵。

海军厦门要塞胡里山炮台上等炮兵李玉生,河南内黄人,36岁。由二等炮兵历升上等炮兵。

海军陆战队第二旅第三团第二营第五连一等兵林保钿,福建闽侯人,17岁。由补充营二等兵历升一等兵。

海军厦门要塞胡里山炮台二等炮兵余得官,福建宁德人,24岁。由补充营二等兵,历升二等炮兵。

海军厦门航空处一等兵陈振才,山东衮州人,31岁,由补充营二等兵历升至一等兵。

四、闽江口阻塞线

　　芦沟桥事变后,马尾海军要港司令李世甲为了增强防务,于1937年8月在闽江口构筑阻塞线,并部署"抚宁"、"正宁"、"肃宁"3炮舰以助防守,另以"楚泰"舰驻守南港。

闽江口阻塞线示意图

　　海军马尾要港司令李世甲负责构筑闽江口阻塞线。1941年4月18日,日军直攻闽江口,血战至20日福州沦陷,李奉命突围撤往闽江上游的南平,被任命为闽江江防司令。

(1)征用商轮及盐务稽核所缉私轮船12艘和大号帆船35艘装满砂石沉塞熨斗岛与壶江之间,图(1)处。

(2)长门港道填筑55个石埧(2)处,石埧间距100尺(33米),埧座直径50尺(16.7米),乌猪港道填筑14个石埧,图(3)处埧顶直径5尺(1.7米)。梅花白猴屿港道填筑92个石埧,图(4)处,石埧高度低潮水位加16尺(5.3米)。

(3)每埧石块长2尺(0.7米),宽1尺(0.3米),约计280英方,全部共用5万英方。

(4)征用闽江上载重达50担以上所有船只,沿江封船,逐港搜索,但未付分文,船户倾家荡产,民怨沸腾。

(5)施工2年又4个月,1939年建成。

长门礼炮台。

　　闽江口要塞计有礼炮台、电光山、划鳅、烟台山、金牌山、北岸、崖石等7个炮台及鱼雷台1座,共装炮37门,以长门电光山炮台为主台。图为电光山炮台。

五、敌机轰炸福马

敌机在闽江口、亭头江面上空轰炸，扼守闽江口的"抚宁"、"正宁"、"肃宁"3炮艇先后被炸。

1938年5月31日，日机3架轰炸亭头江面的"抚宁"炮艇，"抚宁"中弹3枚，晚上8时沉没，阵亡电信员陈传漭等9人。图为"抚宁"炮艇。

1938年6月1日，敌机4架在长门上空盘旋，旋向"正宁"炮艇投弹，该艇发高射炮抵御，卒被击中两弹，倾覆沉没，一等兵方邦荣阵亡。图为"正宁"炮艇。

6月1日在长门口同时被炸的"肃宁"炮艇，一等兵张元奎、炊事员林三俤阵亡。

在闽江口受伤被拖至南港(义序与螺洲之间)搁浅的"楚泰"军舰，终亦毁沉。

在闽江口抗战殉职的海军战士

舰 名	姓 名	籍 贯	年 龄	职 务	牺牲时间	牺牲地点	备 注
抚宁炮艇	陈传滂	闽侯	24	电信员	1938年5月31日	闽江口亭头江	原南京海军无线电台
	任木旺	闽侯	26	帆缆下士	1938年5月31日	闽江口亭头江	海军练营毕业
	王鸿钧	闽侯		帆缆下士	1938年5月31日	闽江口亭头江	
	杨贤铨	闽侯	29	二等兵	1938年5月31日	闽江口亭头江	海军练营毕业
	陈太淦	闽侯	24	二等轮机兵	1938年5月31日	闽江口亭头江	海军练营毕业
	陈云晖	闽侯	36	二等兵	1938年5月31日	闽江口亭头江	海军练营毕业
	林福懋	闽侯	20	信号兵	1938年5月31日	闽江口亭头江	原楚泰派舰服务
	杨修套			二等兵	1938年5月31日	闽江口亭头江	
	王顺递			勤务兵	1938年5月31日	闽江口亭头江	
肃宁	张元奎	闽侯	29	一等兵	1938年6月1日	长门口	海军练营毕业
	林三俤			炊事员	1938年6月1日	长门口	
正宁	方邦荣				1938年6月1日	长门口	

海军南京无线电电信员派"抚宁"炮艇遣用陈传滂，福建闽侯人，24岁。海军水鱼雷营附设无线电班毕业。历充海军陆战队第二独立旅第三团第五电台少尉副电官等职。

抚宁炮艇帆缆下士任木旺，福建闽侯人，26岁。海军练营毕业。

抚宁炮艇二等兵杨贤铨，福建闽侯人，29岁。海军练营毕业。

抚宁炮艇二等轮机兵陈太淦，福建闽侯人，24岁。海军练营毕业。

抚宁炮艇二等兵陈云晖，福建闽侯人，36岁。烟台海军练营毕业。

楚泰军舰三等信号兵派抚宁炮艇遣用林福懋，福建闽侯人，20岁。海军练营毕业。

肃宁炮艇一等兵张元奎，福建闽侯人，29岁。海军练营毕业。

六、日军入侵福州

　　1941年4月18日敌舰20余艘,汽艇10余艘分泊闽江口,19日晨向熨斗、琅岐登陆,奋战3小时不下。不久敌一路由连江小埕登陆,一路由长乐漳港登陆,向我炮台两侧迂回,19日晚向大小北岭推进,20日攻入福州,福州第一次沦陷,同年9月日军撤退。1944年10月4日福州第二次沦陷,日军入侵路线仍按第一次,1945年5月18日撤退。

敌舰艇分泊闽江口,准备入侵福州。

连日敌机不断轰炸福州、马尾。图为福州协和职业中学校舍被炸后情形。

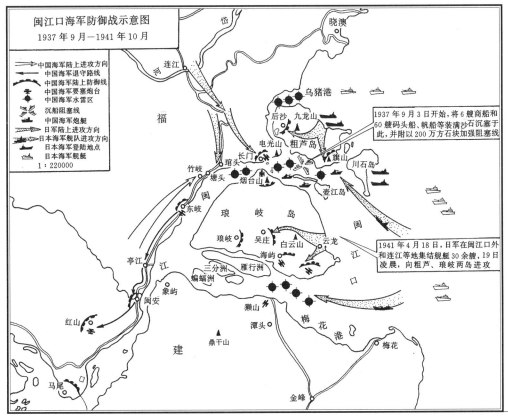

19日凌晨日军向粗芦(熨斗)、琅岐两岛进攻,苦战不下。(采自武月星《中国抗日战争史地图集》P79)

敌分别由连江小埕、长乐漳港登陆，向我长门炮台两侧迂回并向大小北岭推进，继而攻入福州。

1941年4月20日日军占领福州。

抗击日军入侵闽江口的主要战绩

1940年3月11日	击沉敌汽艇1艘于川石芭蕉尾
1940年7月25日	击伤敌舰1艘，敌舰逃向川石
1940年10月14日	击伤敌汽艇1艘
1941年4月19日	在川石芭蕉尾附近，各炮台合共击中敌驱逐舰1艘
	另击沉敌汽艇2艘于壶江附近
1945年5月17日	击毙敌员责马尾地区作战的指挥官掘登一大尉1名

注：日军死伤情况未计。

在闽江口抗战殉难的海军陆战队官兵

姓名	职务	牺牲时间	死难地点	姓名	职务	牺牲时间	死难地点
高翰	炮长	1939年6月27日	敌攻川石岛时	李光宗	炮兵	1944年10月3日	岭头门
柳登清	炮兵	1939年6月	敌攻熨斗岛时	陈嘉桐	炮兵	1944年10月3日	岭头门
林得灼	炮兵	1940年初	敌攻炮台战死	吴纪	炮兵	1944年10月3日	岭头门
张炳亮	炮兵	1940年初	敌攻炮台战死	毛祚瑞	炮兵	1944年10月3日	岭头门
陈佑芝	海军陆战队连长	1940年2月16日	敌攻熨斗岛时	林国铸	炮兵	1944年10月3日	岭头门
汪丙椿	连长	1941年4月19日	敌攻熨斗岛时	林迪端	炮兵	1944年10月3日	岭头门
刘志舜	连附	1941年4月19日	敌攻熨斗岛时	宋伊金	炮兵	1944年10月3日	岭头门
周嘉惠	团附	1941年4月19日	在下岐保护长门	蒋文灿	炮兵	1944年10月3日	岭头门
张贤耀	连长	1941年4月19日	在下岐保护长门	钟祖燕	炮兵	1944年10月3日	岭头门
郎卓悌	战士	1944年7月	敌攻壶江时	邱玉寻	炮兵	1944年10月3日	岭头门
何化思	战士	1944年7月	敌攻壶江时	潘伊祥	炮兵	1944年10月3日	岭头门
林天福	战士	1944年9月27日	琯头岭	刘木官	炮兵	1944年10月3日	岭头门
钱金亮	战士	1944年9月27日	琯头岭	林草草	炮兵	1944年10月3日	岭头门
林金木	战士	1944年9月27日	琯头岭	潘贤钗	炮兵	1944年10月3日	岭头门
郑寿明	战士	1944年9月27日	琯头岭	谢金赐	炮兵	1944年10月3日	岭头门
柳朝兴	战士	1944年9月27日	琯头岭	林狄振	炮兵	1944年10月3日	岭头门
韩子田	战士	1944年9月30日	敌攻长门时	卡显仔	炮兵	1944年10月3日	岭头门
林海官	战士	1944年9月30日	敌攻长门时	陈炳生	炮兵	1944年10月3日	岭头门
郑扁嘴	战士	1944年9月30日	敌攻长门时	倪祥生	炮兵	1944年10月3日	岭头门
李益寿	战士	1944年9月30日	敌攻长门时	郑立书	炮兵	1944年10月3日	岭头门
陈道官	战士	1944年9月30日	敌攻长门时	李元贵	炮兵	1944年10月3日	岭头门
刘菊悌	战士	1944年9月30日	敌攻长门时	廖玉光	战士	1944年10月6日	洪山桥
谢维光	战士	1944年9月30日	敌攻长门时	金玉兴	战士	1944年10月6日	洪山桥
陈时镇	战士	1944年9月30日	敌攻长门时				

注：以上系有案可稽的烈士英名，重轻伤的未计。

另1人在九江机场殉难。海军陆战队第一旅第一团第一营第一连一等兵王招德，福建福安人，37岁。由补充营二等兵历升至一等兵。民国二十六年九月二十日守卫九江飞机场敌机来袭中弹殒命。

●第十一节　广东海军珠江抗日

　　海军第四舰队自"海圻"、"海琛"北上投归中央军委会后,实力大减,陈策亡命南京,陈济棠旋亦下野,遂改称广东省江防司令部。"八·一三"沪战后,广东亦采取堵塞河道、布雷封锁的办法,但没有用舰船填江,而是尽量发挥其作战作用,直接与日舰交锋。

一、日寇入侵广东的海军阵容

联合舰队第五舰队

司　令:盐泽幸一中将　下辖:

航 空 母 舰:"加贺"、"龙骧"、"苍龙"(共载机210架)

重 巡 洋 舰:"妙高"

轻 巡 洋 舰:"天龙"、"龙田"、"多摩"、"长良"、"鬼怒"、"由良"、"那珂"、"神通"

水上机母舰:"千岁"、"神川丸"

驱 逐 舰:"岛风"、"汐风"、"滩风"、"追风"、"疾风"、"陆月"、"如月"、"弥生"、"卯月"、"菊月"、"三月"、"望月"、"夕月"、"东云"、"薄云"、"白云"、"丛云"、"朝雾"、"夕雾"、"天雾"、"芙蓉"、"朝颜"、"刈萱"

扫雷艇及各式特种舰

入侵广东的日本第五舰队。

入侵广东的日本"天龙"二等巡洋舰,3230吨,航速31节。

②

向广东进犯的日本海军陆战队。

二、广东江防舰队阵容

广东江防舰队

司 令: 冯焯勋

巡 洋 舰: "肇和"

运 输 舰: "福安"、"永福"

炮舰(艇): "海瑞"、"海虎"、"广金"、"舞凤"、"江大"、"江巩"、"坚如"、"执信"、"仲元"、"仲恺"、"安北"、"飞鹏"、"平西"、"广安"、"光华"、"湖山"、"淞江"、"珠江"、"金马"、"智利"、"江澄"、"利琛"、"江平"、"海鸥"、"绥江"、"西兴"、"安东"、"海强"、"海维"、"海周"、"公胜"(测量舰,原海军部适在广东作业)、鱼雷艇4艘

广东江防舰队司令冯焯勋。

敌 人 入 侵 广 东 图

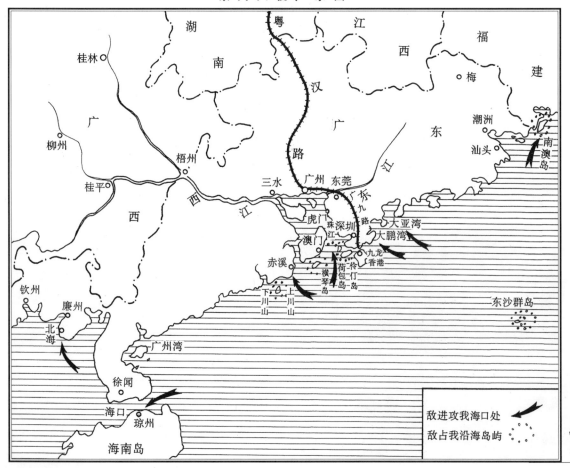

敌进攻我海口处

敌占我沿海岛屿

(根据韬奋主编《抗战》三日刊第31期重制,民国六年10月26日出版)

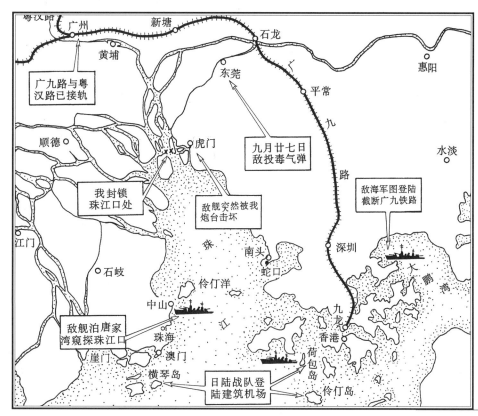

1937年9月14日,日舰4艘进犯虎门要塞,"肇和"、"海周"两舰合力应战,激战数小时,日舰1艘受伤而退,"海周"舰尾中弹,官兵伤亡甚多,这是中日舰只直接交锋仅有的一次。(地图根据韬奋主编《抗战》三日刊第17号重制,民国六年10月19日出版)

"海周"舰

日舰在虎门受挫,即出动飞机连番轰炸,防空力量极有限的"肇和"、"海周"、"海虎"被炸沉于虎门与黄埔之间,不久,"江大"、"舞凤"、"海维"亦被炸沉。图为被炸沉的"肇和"军舰。

1937年8月25日,日寇海军第三舰队司令宣布封锁自上海至汕头的中国海岸,9月5日又宣布扩大封锁我国海岸全线。国府入川后,深赖来自香港和华南的补给。日寇为攻取广州,切断这条补给线,1938年10月派遣日本第21军运输船队和登陆艇,满布在大亚湾。

1938年10月12日,日本海陆军协同在大亚湾登陆,以图切断广九铁路。图为在大亚湾登陆的日军。

广州失陷是夜,日海军自大亚湾出发,直犯虎门,敌航空母舰配合轰炸虎门炮台,4艘停泊在虎门附近由武汉运来的原电雷学校鱼雷艇被炸全毁,23日虎门要塞失守。

10月21日,日军侵占广州城。

撤往西江的广东舰艇,后在江门、三水、肇庆等地布防。日海军又溯江西进,攻占江门和三水,广东各舰便退往青岐至肇庆一带。图为日海军溯江西上。

虎门失守前,广东各舰艇已奉令驶往西江,途中"公胜"测量舰和"江巩"炮舰被炸沉。图为原中央属的测量舰"公胜",适在广东作业,后拨归广东,被炸沉没。

日舰侵入珠江后,侵占蜑户赖以居住的小船,犹假惺惺与蜑户分享船舱。

日军在肇庆下游筑炮台阵地。广东江防司令部于10月29日派"坚如"、"执信"、"仲凯"、"飞鹏"、"湖山"等舰艇向三水进发,摧毁日军攻御工事,颇有所获。日军出动大批飞机迎战,"执信"被炸沉,余舰退回原防地。史称"西江三水之役"。图为与"执信"同型的"坚如"舰。此后,日机数度来袭,除"平西"炮艇外,其他舰艇均被炸沉,至此广东海军仅剩下布雷工作。

"执信"舰殉难烈士

姓　名	籍　贯	职　务
李锡熙	广东台山	少校舰长
林春炘	福建闽侯	上尉副长
周照杰	广西苍梧	枪炮员
李桂芬	广东台山	司书
梁　保	广东顺德	二等兵
张介眉	广东增城	中尉电佐
英　明	广东南海	中尉轮机员
严　根	广东惠阳	帆缆中士
姚寿衡	广东阳江	一等兵
罗　业	广东南海	三等轮机兵

注:尚有14人,姓名不详,只知周南一人,系二等轮机兵。

1939年2月日寇向海南岛登陆。

日本海军大将大角搭机从广州到海南岛途中,被我游击队击落并击毙大角岑生大将。

1939年11月15日日军冒着风雨由北海登陆,从北海到钦州,向南宁进攻。

向桂南进攻的日军。

在干阑湾的日本海军陆战队。左为日炮舰兼护卫舰的"占守"号。

1939年4月23日,日寇非法宣布,统辖我国南海之东沙、西沙、南沙等群岛。

被日军侵占的我东沙群岛。

参加侵占东沙岛的日舰"夕张"号。

在东沙岛上日本"夕张"巡洋舰阵亡人员的墓碑。

●第十二节　海军布雷游击战

敌我海军力量悬殊,战端一起,我海军不得不从领海退守内河,舰艇与要塞均在敌强攻下损失殆尽,为阻止日军利用长江向我内陆进攻,我海军不得不实施布雷游击战,予日军以重大打击,尤其是湘北会战的胜利,功不可没。

一、布雷队的组建

1937年12月南京失守后,海军即成立了布雷队,这是海军最先成立的布雷队,设队部一、布雷队六、布雷测量队二,其作战编组如下:

海军布雷队队长:薛家声中校
　　1939年6月任
　　1941年10月免
第一分队队长:叶可钰少校
　　1939年6月任
　　1939年12月调
第二分队队长:阚辅三少校
　　1939年6月任
　　1941年11月免
第三分队队长:林渌少校
　　1939年6月任
　　1941年10月免
第四分队队长:周仲山少校
　　1939年6月任
　　1941年10月免

队附.张明箫少校
　　1939年6月任

李申荣
　　1939年12月任
　　1940年9月免
第五分队队长:邵仓少校
　　1939年6月任
　　1941年10月免
第六分队队长:韩廷杰少校
　　1939年6月任
　　1941年10月免
第七分队队长:何乃诚少校
　　1940年4月任
　　1940年10月免

海军第一布雷测量队长:叶裕和少校
　　1939年6月任
海军第二布雷测量队长:华国良少校
　　1939年6月任

1939年成立海军游动漂雷队
　第一队队长:钟子丹少校　　驻防湖北黄金口
　第二队队长:邵仓少校　　驻防湖北藕池
　第三队队长:王抠群少校　　调弦
　第四队队长:刘学枢少校　　砖桥
　第五队队长:周伯焘少校　　塔市驿
　第六队队长:柯应挺少校　　石首
　第七队队长:杜功治少校　　松滋

注:布雷队归第二舰队节制。

1939年11月厘订,1940年修正成立
海军长江中游布雷游击队上校总队长:刘德浦
　　1939年11月任
　　1941年10月改编
队附:叶可钰　　　　何传永
　　1940年1月任　　1940年1月任
　　　　　　　　　　1941年10月免

第一中队队长:杨希颜(少校)兼第一分队长
　　1940年任
　　1941年10月免
第二中队队长:严智(少校)兼第三分队长
　　1940年1月任
　　1941年10月免
第三中队队长:郑震谦(少校)兼第五分队长
　　1940年1月任
　　1941年10月免

第四中队队长:陈挺刚(少校)兼第七分队长
　　1940年1月任
　　1941年5月免
第五中队队长:林遵(少校)兼第九分队长
　　1940年1月任
　　1941年10月免
第六中队队长:李申荣(少校)兼第十二分队长
　　1940年9月任
　　1941年10月免

　第二分队长:陈柄焜(上尉)　　　第十分队长:张鸿模(上尉)
　第四分队长:郑天杰(上尉)　　　第十一分队长:林赓尧(上尉)
　第六分队长:黄廷枢(上尉)　　　第十三分队长:吴微椿(上尉)
　第八分队长:沈德铺(上尉)

海军川江漂雷队:(1940年成立)
第一队队长:张绍熙少校　　驻防石牌
　　1940年9月任
　　1941年11月免
第二队队长:高如峰少校　　庙河
　　1940年9月任
　　1941年11月免
第三队队长:阚辅三少校　　浅滩
　　1940年9月任
　　1941年11月免
第四队队长:韩兆霖少校　　牛口
　　1940年9月任
　　1941年11月免
第五队队长:谢为森少校　　巫山
　　1940年9月任
　　1941年11月免
第六队队长:黄子坚少校　　万县
　　1940年9月任
　　1941年11月免

1941年海军布雷队重加调整,9月成立海军第一布雷总队,其作战编组如下:

海军第一布雷总队部总队长:陈宏泰(上校)周宪章　张日章
　　　　　　　　　　　　1941年9月任　1943年任　1944年任
　　　　　　　　　　　　1943年9月免　1944年免
下辖:原海军布雷第三、四、五各分队
　　　　原浔鄱区挺进布雷第一队(队长苏聿修)
　　　　　　　　　　　　1941年5月任
　　　　　　第二队(队长刘永仁)
　　　　　　　　　　　　1941年5月任
　　　　原湘鄂区挺进布雷第一队(队长陈挺刚)
　　　　　　　　　　　　1941年5月任
　　　　　　第二队(队长林溁)
　　　　　　　　　　　　1941年5月任
海军浮鄱区布雷游击队第一队队长:林祥光(少校)
　　　　　　　　　　　　1940年4月任
　　　　　　第二队队长:沈韦新(少校)
　　　　　　　　　　　　1940年4月任
　　　　　　第三队队长:周仲山(少校)
　　　　　　　　　　　　1940年4月任
　　　　　　第四队队长:薛宝璋(少校)
　　　　　　　　　　　　1940年4月任

1941年10月原海军长江中游布雷游击队改编为海军第二布雷总队,其作战编组设总队部一、大队七、中队十四、移动电台七:

海军第二布雷总队部总队长:刘德浦(上校)
(原长江中游布雷游击队改编)　1941年10月任
　　　　　　队附:郑震谦　　　　　　　杨希颜
　　　　　　　　1941年10月任　　　1941年10月任
第一大队队长:程法侃少校兼第一中队长　　　　第五大队队长:林　遵少校兼第九中队长
　　　　1941年10月任　　　　　　　　　　　　　1941年10月任
第二大队队长:陈赞汤少校兼第三中队长　　　　第六大队队长:李申荣少校兼第十一中队长
　　　　1941年10月任　　　　　　　　　　　　　1941年10月任
第三大队队长:郑天杰少校兼第五中队长　　　　第七大队队长:何乃诚少校兼第十三中队长
　　　　1941年10月任　　　　　　　　　　　　　1941年10月任
第四大队队长:吕叔奋少校兼第七中队长
　　　　1941年10月任
　　第二中队长:陈炳昆(上尉)　　　　第八中队长:沈德镛(上尉)
　　第四中队长:高声忠(上尉)　　　　第十中队长:张鸿模(上尉)
　　第六中队长:黄廷枢(上尉)　　　　第十二中队长:徐奎昭(上尉)
　　　　　　　　第十四中队长:林麐凭(上尉)

1941年11月原海军布雷队改编为海军第三布雷总队,原游动漂雷队亦归并加入,设总队部一、大队七,其作战编组如下:

海军第三布雷总队部总队长:薛家声(上校)　　　郑震谦
(原海军布雷队等改编)　　1941年11月任　　　1944年2月任
　　　　　　　　　　　1944年2月免
　　　　　　队附:林秉来
　　　　　　　　1941年11月任
第一大队队长:钟子舟(少校)1942年由林荣接替　第五大队队长:周伯焘(少校)
　　　　1941年11月任　　　　　　　　　　　　　1941年11月任
第二大队队长:邵　仑(少校)　　　　　　　　　第六大队队长:何应挺(少校)
　　　　1941年11月任　　　　　　　　　　　　　1941年11月任
第三大队队长:王振群(少校)1942年由苏聿修接任　第七大队队长:杜功治(少校)1942年由刘永仁接任
　　　　1941年11月任　　　　　　　　　　　　　1941年11月任
第四大队队长:刘学枢(少校)1942年由陈挺刚接任
　　　　1941年11月任

注:第三布雷总队归第二舰队指挥。

1941年11月由原布雷队第六分队及川江各漂雷队改编成海军第四布雷总队,设总队部一、大队七,其作战编组如下:

海军第四布雷总队部总队长:　　严　智　　　郑震谦　　　戴熙经
(原海军布雷队及川江漂雷队改编)1941年11月兼代　1944年2月调　1944年2月任
　　　　　　　　　　　　　　　1944年2月免
第一大队队长:严　智　　　　　　　　　第二大队队长:张绍熙
　　　　1941年11月任　　　　　　　　　　　1941年11月任
第三大队队长:高如峰　　　　　　　　　第四大队队长:阚辅三
　　　　1941年11月任　　　　　　　　　　　1941年11月任
第五大队队长:韩兆霖　　　　　　　　　第六大队队长:刘荣霖
　　　　1941年11月任　　　　　　　　　　　1941年11月任
第七大队队长:王文芝
　　　　1941年11月任

注:第四布雷总队归第二舰队指挥。

二、海军布雷作战

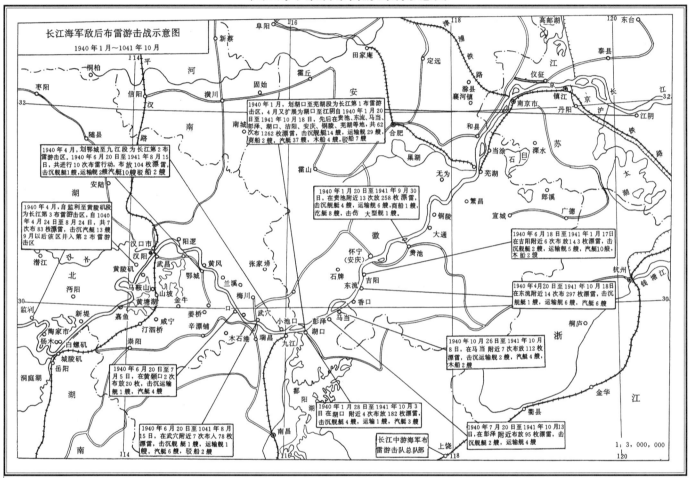

长江海军敌后布雷游击战示意图

长江海军敌后布雷游击战示意图
1940年1月～1041年10月

1940年1月，划湖口至芜湖段为长江第1布雷游击区，4月又扩展为湖口至江阴自1940年1月20日至1941年10月18日，先后在贵池、东流、马当、南城彭泽、湖口、湖口、安庆、铜陵、芜湖等地，共62次布1262枚漂雷，击沉舰艇14艘，运输舰29艘，商船2艘，汽艇37艘，木船4艘，驳船7艘。

1940年4月，划鄂城至九江段为长江第2布雷游击区。1940年6月20日至1941年8月15日，共进行10次布雷行动，布放104枚漂雷，击沉舰艇1艘，运输舰2艘汽艇10艘驳船2艘。

1940年4月，自监利至黄陵矶段为长江第3布雷游击区，自1040年4月24日至8月24日，共7次布放83枚漂雷，击沉汽艇13艘，9月以后该区并入第2布雷游击区。

1940年1月20日至1941年9月30日，在贵池附近13次放258枚漂雷，击沉舰艇6艘，运输舰3艘，商船2艘，汽艇8艘，击伤大型舰1艘。

1940年6月18日至1941年1月17日，在吉阳附近6次放143枚漂雷，击沉舰艇2艘，运输舰5艘，汽艇10艘，木船2艘。

1940年4月20日至1941年10月18日，在东流附近14次放297枚漂雷，击沉舰艇1艘，运输舰6艘，汽艇6艘。

1940年10月26日至1941年10月8日，在马当附近7次布放112枚漂雷，击沉运输舰2艘，汽艇4艘，木船1艘。

1940年6月20日至7月5日，在黄颡口2次布放20枚，击沉运输舰1艘，汽艇4艘。

1940年1月28日至1941年10月3日，在湖口附近4次放182枚漂雷，击沉舰艇4艘，运输舰2艘，汽艇3艘。

1940年6月20日至1041年8月15日，在武穴附近7次布人78枚漂雷，击沉运输舰1艘，汽艇6艘，驳船2艘。

长江中游海军布雷游击队总队部

1940年7月20日至1941年10月13日，在彭泽附近布放95枚漂雷，击沉舰艇2艘，运输舰4艘。

1：3,000,000

（根据武月星主编《中国抗日战争史地图集》P177～178重制）

海军雷械修造所大门

海军布雷第二总队总队长、大队长及中队长

海军各布雷队布雷区域：

名　称	布　雷　区　域
第一布雷总队	1.长江流域九江至汉口段,汉口至岳阳段; 2.洞庭湖区湘江、沅江各水道。
第二布雷总队	1.长江流域芜湖至湖口段; 2.福建之闽江、晋江、九龙江、韩江、涵江; 3.浙江之富春江、瓯江、飞云江、浦阳江、桐江、曹娥江、镇海江; 4.江西之鄱阳湖、赣江、昌江; 5.广东、广西之西江等水道。
第三布雷总队	湖北荆江一带,如石首、调弦、横堤、黄金口、松滋、新堤等水域。
第四布雷总队	湖北宜昌、川江一带。

我军民合作制造水雷

①
我担任运送水雷的民船。

我布雷队在长江布雷

我布雷队在长江中施放的50磅水雷。

海军长江中游布雷游击队队附叶可钰与触发水雷。

1938~1942年海军全国布雷数量：

水雷种类	漂雷(具)	定雷(具)	总　　计
布雷数量	2785	15578	18363

三、布雷作战的成效(不完全统计)

长江布放漂雷战果一览表:

布雷游击区	布雷地段及日期	布雷数	炸沉敌舰艇数量
第　一	湖口—江阴 1940年1月—1943年6月	1662(具)	148艘
第　二	鄂城—九江 1940年4月—1943年6月	101(具)	17艘
第　三	监利—黄陵矶 1940年4月—1943年9月	120(具)	14艘
合　计		1883(具)	179艘

注:不包括定雷。
　　炸沉的敌舰主要是中小型舰船,特别是小汽艇及商船、驳船、拖船和小火轮。

海军在长江布雷,使日军水陆无法合作,给养面临断绝。图为我海军出发布雷。

我水雷控制长江中游,使敌水上交通受阻,心理上极为恐慌。

日军在长江中游输送军用品,经常受我水雷威胁,提心吊胆。

被我水雷炸毁的日军舰艇。

日军舰船遭我水雷袭击。

海军江阴布雷队在磊石山俘获的被我水雷炸伤的敌艇"甲208"号。

在磊石山俘获的触雷炸毁的敌汽艇。

在磊石山捞获触雷炸沉的敌艇。

湘阴布雷队在湘江捞获的敌方所布的漂雷防御网。

被我水雷炸毁的敌艇残骸之一。

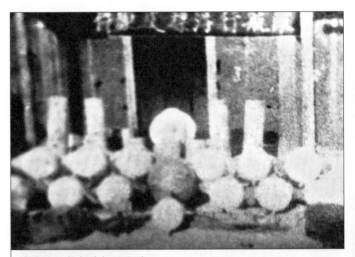

俘获的敌航行浮标及配件。

破坏、俘获的敌航行浮标。

俘获的敌漂雷防御网。

四、布雷队殉难烈士永垂不朽

　　据不完全统计,仅1938年6~9月内,因执行布雷任务在布雷小艇被日机轰炸而作战阵亡的烈士,名单如下计67人:

姓　名	职　　务	姓　名	职　　务	姓　名	职　　务
李长霖	布雷队分队长	陈履钗	布　雷　兵	陈关生	布　雷　兵
何永平	副军士长	任礼壮	布　雷　兵	朱花子	布　雷　兵
任燈燦	布雷队队员上士	潘献芳	布　雷　兵	周红悌	布　雷　兵
郑鸿明	布雷队队员上士	任守辉	布　雷　兵	陈官仁	布　雷　兵
黄长清	布雷队队员上士	洪宗举	布　雷　兵	袁桥生	布　雷　兵
赵守扬	布雷队队员上士	林继武	布　雷　兵	张贵忠	布　雷　兵
陈树梅	布雷队队员中士	曹广宽	布　雷　兵	邱立臣	布　雷　兵
张启文	布雷队队员中士	刘永田	布　雷　兵	刘德兴	布　雷　兵
郭邦衍	布雷队队员中士	王朝胜	布　雷　兵	胡斯美	布　雷　兵
程高定	布雷队队员中士	陈俊荣	布　雷　兵	周天祺	布　雷　兵
林成秋	布雷队队员中士	瞿秋涛	布　雷　兵	于义生	布　雷　兵
魏炳铨	布雷队队员下士	王根新	布　雷　兵	陈官银	布　雷　兵
胡琨	布雷队队员下士	俞阿香	布　雷　兵	金义山	布　雷　兵
陈以长	布雷队队员下士	傅同生	布　雷　兵	周远华	布　雷　兵
亚锡林	布雷队队员下士	陆桂金	布　雷　兵	陈忠秋	布　雷　兵
张金林	布雷队队员下士	廖兴汉	布　雷　兵	周少山	布　雷　兵
汤裕生	布雷队队员下士	杨明金	布　雷　兵	罗金山	布　雷　兵
邬增保	布雷队队员下士	郑岳卿	布　雷　兵	刘正荣	布　雷　兵
罗小东	布雷队队员下士	邓阿根	布　雷　兵	曹正荣	布　雷　兵
徐金福	布雷队队员下士	钟秋明	布　雷　兵	罗海波	布　雷　兵
程阿明	布雷队队员下士	程阿元	布　雷　兵	吴山元	布　雷　兵
				黄新金	布　雷　兵
陈开炎	布　雷　兵	李光发	布　雷　兵	潘炳记	布　雷　兵

　　海军水雷队轮机副军士长何永平,福建闽侯人,38岁。历充海军练营筹军舰海军水雷队轮机副军士长。于廿七年六月三日在湖口布雷殉职。

　　海军水雷队轮机中士陈树梅,福建闽侯人,41岁。福州船政局学习。民国十年十月由三等兵历升海军水雷队轮机中士。于二十七年六月三日在湖口布雷殉职。

　　海军水雷队电机中士程高定,福建闽侯人,37岁。海军江南造船所学习。民国十一年一月由三等兵历升海军水雷队电机中士于二十七年六月三日在湖口布雷殉职。

　　海军水雷队电机中士张启文福建闽侯人,年30岁。永绩军舰学习。民国十七年九月由三等兵历升海军水雷队电机中士。于二十七年六月三日在湖口布雷殉职。

海军水雷队帆缆中士林成秋，福建闽侯人，52岁。通济练习舰学习民国前四年一月由三等兵历升海军水雷队帆缆中士于二十七年六月十八日在新瓜字号洲布雷殉职。

海军水雷队轮机下士魏炳铨，福建闽侯人，31岁。张字雷艇学习。民国十六年六月由三等兵历升海军水雷队。轮机下士。于二十七年六月三日在湖口布雷殉职。

海军水雷队一等兵任守辉，福建闽侯人，29岁。海军练营毕业。民国十七年十二月由练兵历升海军水雷队一等兵于二十七年六月十八日在新瓜字号洲布雷殉职。

海军水雷队一等兵曹广宽，江苏怀安人，25岁。海军练营毕业民国二十二年七月由练兵历升海军水雷队一等轮机兵于二十七年七月二日在湖口扁担洲布雷殉职。

海军水雷队二等兵陈开炎，福建闽侯人，25岁。海军练营毕业。民国二十年十一月由练兵历升海军水雷队二等兵。于二十七年六月三日在湖口布雷殉职。

海军水雷队二等兵洪宗举，福建闽侯人，24岁。海军练营毕业。民国二十二年四月由练兵历升海军水雷队二等兵于二十七年六月十八日在新瓜字号洲布雷殉职。

海军水雷队三等兵林继武，福建闽侯人，27岁。海军练营毕业民国二十三年十一月由练兵历升海军水雷队三等兵于二十七年六月十八日在新瓜字号洲布雷殉职。

海军水雷队一等练兵陈履钗，福建闽侯人，20岁。海军练营毕业。民国二十六年八月由练兵历升海军水雷队一等轮机练兵。于二十七年六月三日在湖口布雷殉职。

海军水雷队一等练兵任礼壮，福建闽侯人，22岁。海军练营毕业。民国二十六年八月由练兵历升海军水雷队一等轮机练兵。于二十七年六月三日在湖口布雷殉职。

海军水雷队一等练兵潘猷芳，福建闽侯人，22岁。海军练营毕业。民国二十一年八月由练兵历升海军水雷队一等轮机练兵。于二十七年六月三日在湖口布雷殉职。

●第十三节　坚守川江拱卫重庆

武汉弃守后,国民党军队转入山岳地带,海军担任保卫湘江、荆河和川江任务,尚存舰艇不多,但仍分第一、第二舰队,前者驻万县,负责三峡上游防务;后者驻宜昌,负责三峡下游防务,对湘江、荆河和川江主要开展布雷工作。

一、湘阴阻塞线与湘阴布雷队

湘阴布雷地点示意图

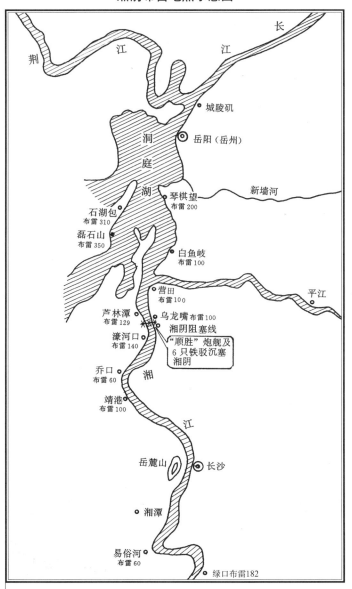

（根据倪行祺《抗战岁月的回忆》《台湾》《海军学术月刊》第29卷第12期重制）

湘阴阻塞线

为了保卫长沙,国民党政府用大民船装石块,连船在湘阴沉下,并用"顺胜"炮舰和6只铁驳沉塞,筑成一道阻塞线,后来由于敌迂回包抄长沙,阻塞线等同虚设。这是民国海军在长江的最后一道阻塞线。

沉塞湘阴的"顺胜"炮舰。

海军湘阴布雷队

　　在湘江作出突出贡献的海军湘阴布雷队,前后三次共布下1971具水雷封锁湘江,使日舰不敢沿江而上,对湘北会战的胜利做出了贡献。

湘阴布雷队官兵,中为队长林祥光,左二为倪聿祺,由他亲率战士,下达布雷口令共计1971具,创全军个人最高记录。

海军浔鄂区布雷游击队第一队队长:林祥光(少校) 1940年4月任
　　　　　　　　　　　　第二队队长:沈聿新(少校) 1940年4月任
　　　　　　　　　　　　第三队队长:周仲山　　　　1940年4月任
　　　　　　　　　　　　第四队队长:薛宝璋　　　　1940年4月任

湘阴布雷队布雷
统计表(30年9月～33年6月)

	时　间	地　点	雷型	数量
二次会战	30年9月16日	磊石山	大型	100
	30年9月18日	芦林潭	海己	100
	30年9月22日	三叉河	海己	50
三次会战	30年12月28日	老鼠夹	海己	50
	30年12月28日	濠河口	海己	100
	31年1月1日	靖港	海己	100
	31年8月5日	磊石山	海戊	150
	31年10月5日	石湖包	海己	150
	31年11月24日	琴棋望	海戊	200
	32年4月23日	磊石山	海戊	100
	32年4月23日	石湖包	海己	100
	32年6月2日	白鱼歧	海戊	100
四次会战	33年4月21日	石湖包	海己	60
	33年5月28日	营　田	海戊	100
	33年5月29日	芦林潭	海戊	29
	33年5月30日	乌龙嘴	海己	100
	33年6月2日	濠河口	海己	40
	33年6月2日	湾河口	海己	40
	33年6月3日	乔　口	海己	60
	33年6月13日	易俗河	海己	60
	33年6月13日	渌　口	海戊	100
	33年6月15日	渌　口	海戊	50
	33年6月15日	渌　口	海己	32
备注	布雷23次　　　　　　　　总共1971具			
	海戊型水雷,装药100磅,威力圈25尺(8.3米)海己型水雷装药50磅,威力圈15～20尺(5—6.7米)。			

二、荆江、川江防卫战

　　湘阴撤退后,陈绍宽先在宜昌实施堵塞并组成川江要塞两个总台,后以万县为中心,改设宜万、渝万两区要塞,最后凭借三峡天险,沿江布雷,夹岸炮垒,卒使日军不敢沿江入川,拱卫了重庆。

重庆国民政府外景。

1940年9月6日国府下令正式定重庆为陪都。

万县,海军第一舰队司令部设于此。

海军川江要塞(后改宜万区要塞)第一总台总台长方莹。1945年8月任海军第二舰队司令。

海军川江、宜万、渝万要塞负责人表

海军川江要塞第一总台台长:方莹(上校) 1939年3月任	副:邓则勋 1939年3月任	
第二总台台长:曾冠瀛(上校) 1939年3月任	副:甘礼经 1939年3月任	
海军宜万区要塞第一总台总台长:方莹 1939年5月任	副:戴熙经	陈赞汤
海军宜万区要塞第二总台总台长:曾冠瀛 1939年5月任	副:甘礼经	王廷模
海军渝万区要塞第三总台长:程嵋贤 1939年9月任	副:聂锡禹 1939年9月任	陈绍弓 1939年9月任
第四总台长:刘焕乾 1939年9月任	副:陈长栋 1939年9月任	钟衍 1939年9月任

海军川江漂流队负责人表

海军川江漂雷队: 第一队队长:张绍熙(少校) 1940年9月任 1941年11月免	第四队队长:韩兆霖(少校) 1940年9月任 1941年11月免
第二队队长:高如峰(少校) 1940年9月任 1941年11月免	第五队队长:谢为森(少校) 1940年9月任
第三队队长:阚辅三(少校) 1940年9月任 1941年11月免	第六队队长:黄子坚(少校) 1940年9月任

　　第一、第二总台下面分设石牌、庙河、浅滩、牛口4个台,其下又设分台,共设舰炮、野炮和山炮59门;第三、第四总台下设万流、青山洞、巫山、奉节、三阳5个炮台,安装火炮47门。图为在长江峡口险要处,我海陆军合作设置的重炮台。

我海军以舰炮在陆上向敌舰开炮。

日军运输军火的轮船被我舰炮击沉。

荆江、川江海军防卫战示意图

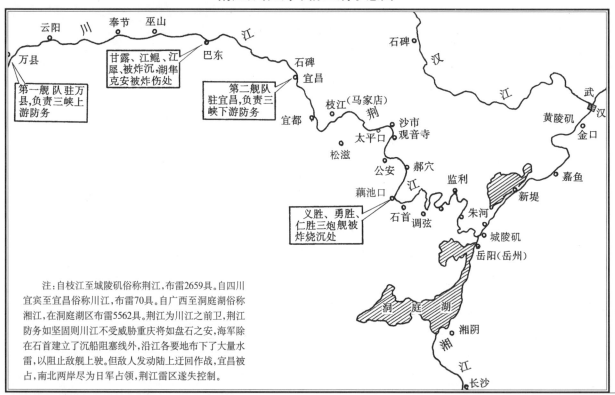

注:自枝江至城陵矶俗称荆江,布雷2659具。自四川宜宾至宜昌俗称川江,布雷70具。自广西至洞庭湖俗称湘江,在洞庭湖区布雷5562具。荆江为川江之前卫,荆江防务如坚固则川江不受威胁重庆将如盘石之安,海军除在石首建立了沉船阻塞线外,沿江各要地布下了大量水雷,以阻止敌舰上驶。但敌人发动陆上迂回作战,宜昌被占,南北两岸尽为日军占领,荆江雷区遂失控制。

"义胜"、"勇胜"、"仁胜"3炮舰因护运水雷被日机炸沉于藕池口,时1938年11月11日。

仁胜炮舰。

"甘露"舰被炸沉没于巴东之台子湾

敌机一架在巴东杨家沱被我击落,"甘露"舰缉获空军2人,敌为报复,以大编队向"甘露"猛烈轰炸,使之重伤沉没于巴东附近之台子湾,时1940年9月3日。

被炸沉的"江犀"军舰。

被炸受伤的"湖隼"鱼雷艇(9月4日)。

"甘露"舰阵亡烈士3人:中士欧清芝、下士叶咏仪、战士王炳良。

"江鲲"、"江犀"两舰被敌炸沉于巴东

1940年9月3日敌机炸沉"甘露"后,复转向"江鲲"、"江犀"投弹攻击。两舰反击,日机不支而退,1940年11月敌机再次向两舰空袭,两舰被炸沉。图为"江鲲"舰。

被炸受伤的"克安"运输舰

第一次在宜昌被炸,时间是1939年8月6日,中士林德和、列兵董家厚、林逢清、郑本绥、朱廷彬、郑启燕、林佑苍7人阵亡;第二次于1940年11月又被炸伤;第三次于1943年4月22日驻泊庙河,与日机空战,舰体受重伤。

被炸沉没的"定安"运输舰

1942年12月17日,敌机两度向"定安"运输舰空袭,弹中要害,进水沉没,从此,防守川江海军力量进一步削弱。

三、保卫重庆时期的民国海军实力

自"八·一三"战后,民国海军舰艇自沉和被击毁的为数颇多,残存的退往三峡以西。太平洋战争爆发后,1942年3月英美决定将长期留在重庆一带的几艘舰艇赠送中国。1944年9月法国也将停泊在重庆的一艘军舰赠送中国。这给困境中的民国海军增添了一点实力。

英赠的炮舰"HMSFalcon",中国改名为"英德"。排水量375吨,2.5英寸(6.35厘米)炮2门,3.7英寸(9.4厘米)迫击炮1门,机关枪10挺。

英赠的"HMSGAnnet"炮舰,中国改名为"英山"。310吨,高角炮3英寸(7.6厘米)2门,机关枪8挺。

英赠的"英豪"炮舰(原名HMSSandpiper),185吨,3磅弹炮1门,3.7英寸(9.4厘米)迫击炮1门,机关枪8挺。

法国赠送的"法库"炮舰(原名SSBalny),210吨,3英寸(7.6厘米)炮1门,1磅弹炮2门。

美赠的"美原"炮舰(原名USSTutuila)370吨,高角3英寸(7.6厘米)炮2门,机关枪10挺。

拱卫重庆时期中央海军的最后编队

第一舰队
　　司令部设万县
　　司令：陈季良
　　辖舰："楚同"(伤)、"楚谦"、"楚观"、"江元"(伤)、"义宁"(伤)、"威宁"(伤)、"定
　　　　安"(后被炸沉)、"克安"(后被炸伤)8艘

第二舰队
　　司令部设宜昌(驻镇庙河)
　　司令：曾以鼎
　　辖舰："永绥"、"民权"、"英山"、"英德"、"英豪"、"美原"、"法库"、"湖隼"(伤)
　　　　8艘

注：1945年4月14日陈季良病卒于万县，其职由布雷第一总队长陈宏泰继任第一舰队司令，第二舰队司令曾以鼎调升海军总司令部参谋长，其职由方莹接任。

四、凭借三峡天险，沿江布雷，夹岸炮垒，终使日海军不能沿江入川

三峡天险。

重庆的地洞、地下工厂。

被敌机炸死的重庆市民。

　　日寇所凭借的海陆军优势，无法挺进到重庆，他们倚仗空军对重庆狂轰滥炸近1万架次，投弹十几万枚，造成大隧道里避难市民窒息死亡万人的惨剧。

●第十四节 太平洋战争爆发与参加第二次世界大战的中国海军见习官

1939年9月1日德军进攻波兰,3日英法对德宣战,第二次世界大战全面爆发。1941年12月7日,日本偷袭珍珠港,英美对日宣战,德意对美宣战,太平洋战争爆发。以林森为主席的中国政府亦发布文告,正式对日宣战,昭告全世界,中日之间"所有一切条约、协定、合同,一律废止"。1942年海军当局派一批福州海校等毕业生郭成森等到英美深造,英国皇家海军又派他们到各现役大型军舰上实地实习参战,他们先后参加了围歼德舰的大海战,并参加了诺曼底登陆战,直到大战结束,为反法西斯战争作出了贡献。

一、日本偷袭珍珠港,太平洋战争爆发

美国太平洋海军根据地珍珠港全图。

被炸的美舰之一。

1941年12月7日日本海空军突袭珍珠港,太平洋战争爆发。

二、中美正式对日宣战

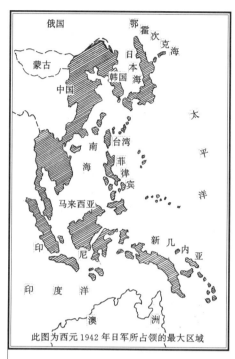

此图为西元1942年日军所占领的最大区域

1942年日军所占的最大区域。(采自《光复彩色百科大典》8《世界历史》Ⅱ，p299，台北光复书局股份有限公司民七十一年十二月初版)

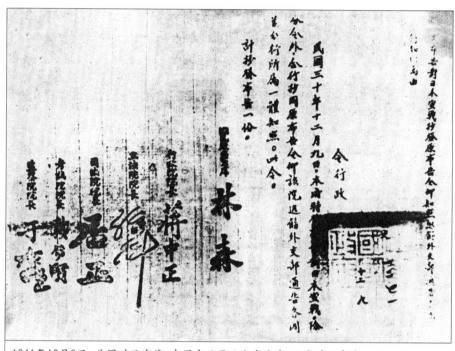

1941年12月9日，美国对日宣战，中国亦于同日发布文告，正式对日宣战。

在太平洋地区称霸一时的日本海军，先后侵占了马来亚(今马来西亚)、新加坡、印度支那(今越南)、荷属东印度(今印尼)及太平洋的很多岛屿。

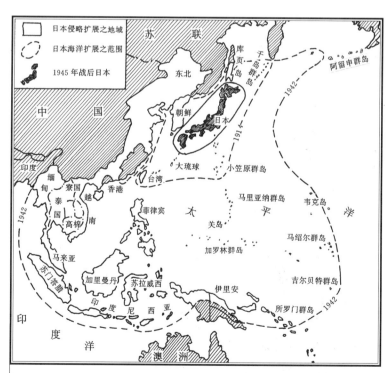

日本军国主义者构想的帝国版图。(采自《中国近百年历史图集》1840～1979年p393，香港天地图书有限公司1979年6月出版)

1941年12月13日,日寇遭香港英督杨格拒降后炮击香港,25日占领香港,杨格被俘,囚禁于台湾。

太平洋战争爆发后,日海军25吨小炮艇正向停在上海外滩的英舰"海燕"号劝降。

太平洋战争爆发后,日小炮艇驶向停在上海外滩的美国炮舰"威克"号劝降,"威克"原名"关岛"号,战前改名"威克"。

日本海军陆战队在投降的"威克"号上搜索。

美军第四海军陆战队撤离上海。图为前来欢送的日本长谷川。这是在太平洋爆发战争前的1941年11月24日。

日军接收"威克"后改名"多多良"号,日本战败后在上海被国民党军队扣留,命名为"太原"号,时1945年9月30日。

1942年在重庆一带的英美法军舰赠送中国

赠送国家	赠 舰 原 名	中国改名	备　　　　　　注
英国赠舰 3艘	HMS Gannet	英　山	310吨,后隶中央海军第二舰队
	HMS Falcon	英　德	372吨,后隶中央海军第二舰队
	HMS Sandpiper	英　豪	185吨,后隶中央海军第二舰队
美赠1艘	USS Tutuila	美　原	370吨,后隶中央海军第二舰队
法赠1艘	SS Balny	法　库	210吨,后隶中央海军第二舰队

注:舰艇照片见P808

三、加入欧洲战场的中国海军见习官

　　二次世界大战正酣之际,国民党军委会考选了一批海军青年军官到英美两国海军受训参战,原英美两国各50名,第一次考选录取76名,除2名未到除名外,实取74名,其中赴英24名,赴美50名,赴英尚缺26名,复第二次考选补齐。根据战时需要,他们都到现役大型军舰实习参战,平时到驾驶台参加值更,战时到舰首第二主炮塔作战,他们先后参加围歼德舰的大海战并参加了诺曼底登陆战役,无一伤亡,为二次大战作出了贡献。

(1)第一批赴英国海军参战人员。

　　领队:周宪章海军上校

　　日期:1943年6月24日离重庆,10月7日抵英国。

　　人员:24人,其中

1.参战航海科7人:

林炳尧,广东新会人,26岁,黄埔海校18届航海毕业。海军中尉。

庐东阁,河北遵化人,26岁,青岛海校第三期航海乙班毕业,海军中尉。

吴桂文,广东番禺人,26岁,黄埔海校20届航海毕业,海军中尉。

汪济,江西鄱阳人,26岁,电雷学校1届航海毕业,海军中尉。

姜瑜,四川邻水人,26岁,电雷学校1届航海毕业,海军中尉。

牟秉剑,湖北利川人,26岁,青岛海校4期航海毕业,海军中尉。

2.参战轮机科2人:

王显琼,湖北武昌人,23岁青岛海校5期航甲毕业。海军少尉。

晏海波,湖北武昌人,26岁,电雷1届轮机毕业,海军轮机中尉。

伍桂荣,四川南江人,26岁马尾海校轮机5届毕业,海军轮机中尉。

3.参战潜艇航海科13人：

葛敦华,福建闽侯人,23岁,马尾海校航海8届毕业,海军少尉。

周宏烈,广东人,23岁,青岛海校5期航乙毕业,海军少尉。

黄廷鑫,安徽怀宁人,23岁,青岛海校5期航乙毕业,海军少尉。

白树绵,辽宁辽阳人,23岁,青岛海校4期航海毕业,海军少尉。

郭成森,浙江杭县人,23岁,马尾海校航海8届毕业,海军少尉。

楚虞章,河南确山人,23岁,青岛海校5期航乙毕业,海军少尉。

熊树德,湖南平江人,23岁,青岛海校5期航乙毕业,海军少尉。

谢立和,安徽无为人,23岁,青岛海校5期航乙毕业,海军少尉。

王安人,山西平鲁人,23岁,青岛海校5期航甲毕业,海军少尉。

聂齐桐,湖北云梦人,23岁,青岛海校5期航乙毕业,海军少尉。

钱诗麒,湖南长沙人,23岁,青岛海校5期航甲毕业,海军少尉。

邹坚,福建建瓯人,23岁,青岛海校5期航乙毕业,海军少尉。

4.参战潜艇科2人：

吴家苟,四川忠县人,26岁,电雷学校2届航海毕业。海军中尉。

吴方瑞,湖南湘潭人,23岁,青岛海校5届轮机乙班毕业,海军轮机少尉。

张家瑾,江苏仪征人,23岁,青岛海校5届轮机甲班毕业,海军轮机少尉。

(2)派赴美国海军参战人员

领队：刘田甫海军少将

日期：1943年8月8日离重庆,
　　　　10月28日抵华盛顿。

人员：50人,其中

1.参战航海科5人：

黄锡麟,广东潮安人,26岁,黄埔海校19届航海毕业,海军中尉。

刘馥,江苏武进人,26岁,马尾海校航海5届毕业,海军中尉。

陈文惠,河北定县人,26岁,青岛海校3届航乙班毕业,海军中尉。

胡敬端,江西丰城人,26岁电雷学校航海1届毕业。

孟汉钟,江苏江宁人,27岁,马尾海校5届航海毕业。

2.潜艇航海科16人：

江济生，福建闽侯人，21岁，马尾海校航海8届毕业。

钱怀源，浙江上虞人，21岁，青岛海校航海4期毕业。

徐时辅，湖北天门人，28岁，青岛海校航海4期毕业。

林春光，广东揭阳人，20岁，青岛海校4期航海毕业。

黄志洁，广东焦岭人，27岁，青岛海校5期航甲毕业。

陈国钧，湖北人，28岁，青岛海校5期航甲毕业。

黄思研，广东花县人，21岁，黄埔海校22期军事航海科毕业。

唐涌根，江苏人，27岁，电雷学校2期航海毕业。

常毓桂，江苏人，26岁，青岛海校5期航乙毕业。

何世思，江苏人，28岁，青岛海校5期航甲毕业。

陆锦明，江苏人，28岁，青岛海校5期航乙毕业。

钱恩沛，安徽芜湖人，27岁，电雷学校2期航海毕业。

赵德基，山东章邱人，20岁，青岛海校5航乙毕业。

赵成拱，山东人，26岁，青岛海校5期航乙毕业。

黄崇仁，安徽人，27岁电雷学校2期航海毕业。

朱叔屏，江苏南京人，20岁，青岛海校5届航乙毕业。

3.潜艇轮机科1人：

高世达，山东人，27岁，电雷学校一届轮机毕业。

4.造船科28人：

罗续甫，湖南人，27岁，青岛海校5期轮机毕业。

鞠鸿文，山东人，27岁，青岛海校5期轮机毕业。

陈玉书，(未详)人，(未详)岁，黄埔海校15届毕业。

刘雍，山东人，27岁，青岛海校5期轮机毕业。

卞保琦，江苏武进人，20岁，青岛海校5期轮机班毕业。

姜维邦，广东番禺人，23岁，黄埔海校21届轮机毕业海军三等造舰佐。

凌奎，广东茂名人，23岁，黄埔海校21届轮机毕业，海军三等造舰佐。

李一匡，辽宁辽阳人，23岁，青岛海校2期轮机毕业，海军三等造舰佐。

崔淑瑷，山东栖霞人，20岁（毕业学校未详）

龙家美，江西人，26岁，马尾海校轮机5届毕业。

张新民，广东平南人，23岁，黄埔海校21届轮机毕业，海军三等造舰佐。

王民彝，江苏人，字炳羽，26岁，马尾海校轮机5届毕业。

梁祖文，广东郁林人，23岁，黄埔海校21届轮机毕业，海军三等造舰佐。

张钰，四川人，26岁，马尾海校轮机5届毕业。

罗德涛，江西九江人，23岁，青岛海校5届轮甲毕业，海军三等造舰佐。

翁家骙，江苏兴化人，23岁，青岛海校5届轮乙毕业，海军三等造舰佐。

蒋大经，四川巴县人，20岁，青岛海校5届轮机班毕业。

魏东升，河南汲县人，20岁，青岛海校5届轮机班毕业。

官明，福建闽侯人，20岁，马尾海校造舰班毕业，海军造舰见习生。

陈振翼，湖北应城人，23岁，青岛海校5期轮甲毕业，海军三等造舰佐。

林鸿容，广东东莞人，23岁，黄埔海校21届轮机毕业，海军三等造舰佐。

朱子育，江苏如皋人，20岁，青岛海校5期轮机班毕业。

都先钧，四川彭县人，20岁，青岛海校5期航海班毕业。

叶于沪，福建闽侯人，20岁，毕业学校不详。

朱邦仪，湖南长沙人，23岁，青岛海校5届轮乙毕业，海军三等造舰佐。

阎瑛，河北天津人，20岁毕业学校不详。

钱俭约，湖北武昌人，20岁，重庆商船学校毕业。

林诚明，湖北鄂城人，20岁，重庆商船学校毕业。

(3)第二批派赴英国海军参战人员。

1943年10月14～16日考试

录取26名。

1944年11月10日出发,次年1月15日抵伦敦。未派领队官,预先电请各站领事馆照料。

参战人员列表于下:

参战科别	国外军队	姓 名	籍 贯	年龄	毕 业 海 校	军委会附员阶级
航海科	中尉	刘广凯	辽宁海域	30	青岛海校第3届航乙班	军委会少校附员
	中尉	刘耀璇	福建闽侯	28	马尾海校第5届航海班	上尉
	中尉	欧阳晋	福建闽侯	28	马尾海校第6届航海班	上尉
	中尉	欧阳炎	福建闽侯	28	马尾海校第5届航海班	上尉
	中尉	何树铎	浙江瑞安	28	马尾海校第6届航海班	上尉
潜艇航海科	中尉	陈景文	安徽合肥	26	马尾海校第6届航海班	上尉
	中尉	池孟斌	福建闽侯	27	马尾海校第6届航海班	上尉
	中尉	宋长志	辽宁辽中	28	青岛海校第4届航海班	上尉
	中尉	饶翟	福建闽侯	28	马尾海校第6届航海班	上尉
	中尉	刘作相	湖南衡山	27	青岛海校第5届航乙班	上尉
	中尉	吴建安	湖南长沙	26	马尾海校第6届航海班	上尉
	少尉	刘渊	河北天津	24	马尾海校第8届航海班	中尉
	少尉	宋季晃	福建闽侯	23	马尾海校第8届航海班	中尉
	少尉	陈克	福建闽侯	22	马尾海校第9届航海班	少尉
	少尉	张敬荣	福建闽侯	24	马尾海校第7届航海班	中尉
	少尉	陈宗孟	福建长乐	22	马尾海校第9届航海班	少尉
潜艇轮机科	轮机中尉	张奇骏	河南荥阳	27	马尾海校轮机第5届	上尉
	轮机中尉	叶漆	贵州建南	26	马尾海校轮机第5届	上尉
	轮机少尉	田敬一	山东长乐	27	青岛海校第5届轮机乙班	少尉
	轮机少尉	杭继寿	江苏江都	26	青岛海校第5届轮机甲班	少尉
造船科	海军造舰见习生	朱于炳	福建闽侯	22	马尾海校造舰班	少尉
	海军造舰见习生	王绶琯	福建闽侯	21	马尾海校造舰班	少尉
	海军造舰见习生	吴本湘	湖南长沙	22	马尾海校造舰班	少尉
	海军造舰见习生	郑振武	福建闽侯	22	马尾海校造舰班	少尉
	海军造舰见习生	林金铨	福建闽侯	22	马尾海校造舰班	少尉
	海军造舰见习生	林立	福建闽侯	24	马尾海校造舰班	少尉

曾在"肯特"号担任副值更官的中国海军参战见习官郭成森,马尾海校驾驶第八届毕业。他眼明手快,迅速按响警铃,躲过德国潜艇的暗算,得到了舰长的赞誉。图为郭成森。

郭成森就是在这艘"肯特"舰参加诺曼底登陆战。

1944年6月6日,许多中国海军参战人员成功地参加了诺曼底登陆,无一死亡。

诺曼底登陆战略图

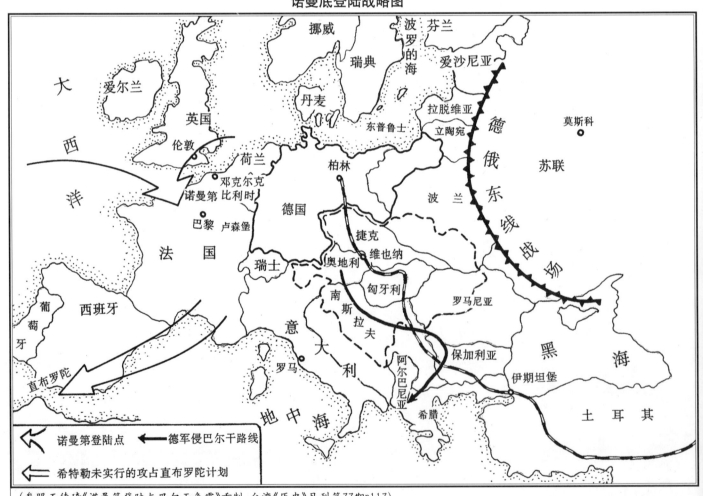

(参照王德琦《诺曼第登陆与巴尔干争霸》重制,台湾《历史》月刊第77期p117)

四、太平洋战争前后中国战区形势的变化

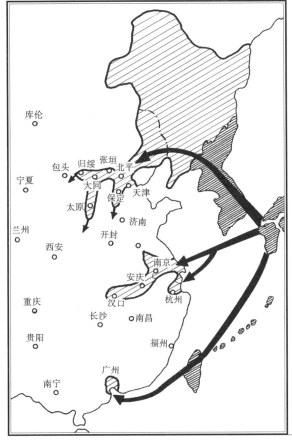

太平洋战争爆发前的中国形势：

1."九·一八"日本占领中国东北四省。

2.抗战初期，日以优势之武力侵占中国沿海重要港口及平津、京沪、武汉等，因我坚持抗战，迫使百万日军不能自拔。

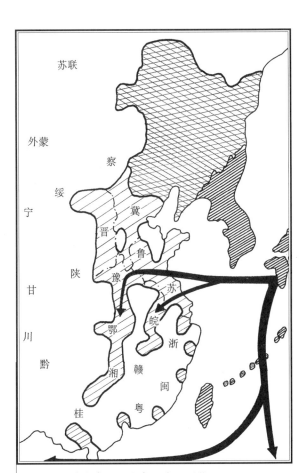

太平洋战争爆发后中国战区形势：

1.太平洋战争爆发，中国正式成为世界反法西斯战争的东方主战场，成立了中国战区(含越南、泰国)。

2.中国共产党领导下的敌后抗战，抗击和牵制了日本陆军总兵力的2/3，迫使日军放弃北上计划，削弱日军南进的实力，支援了太平洋战场美英盟军的作战。

3.中国得到了苏联、美国、英国等反法西斯盟国给予的人力、物力的支持，战局开始有利于中国。日本愈陷愈深，不能自拔。(根据李和主编《血泪抗日五十年》，摄影之六P82～83重制，台湾乡村出版社1980年7月出版)

(1)苏联的援助。

装载苏联援华物资的卡车行进在中国西北的公路上。

中苏飞行员在机场合影。

库里申科(1903~1939),格·阿·库里申科,苏联空军志愿队少校。1937年来华援助中国抗战,任重型轰炸机大队长。1939年10月14日在轰炸日军军据点战斗中,座机受损返航时迫降在四川万县附近的长江中,不幸牺牲。

国际反侵略运动大会在英国伦敦举行。图为英国分会发动民众举行抵制日货的游行。

(2)美国的援助。

美国志愿航空队(陈纳德的飞虎队)

陈纳德,飞虎队队长。1937年来华,出任中国航空协会秘书长,协助训练中国空军,后组织"美国志愿航空队"亦称"飞虎队"。中国战区成立后,改为美国第十四航空队,对支援中国空战做出重要贡献。

飞虎队的标志。

来华参战的美国空军志愿队部分飞行员。

美国志愿航空队的阵容。中国西南空军基地。

飞虎队的鲨鱼式战斗机经常整队出发袭击日军。

经飞虎队训练的我空军向日舰俯冲轰炸。

并肩战斗的中美混合大队的飞行员。

路易斯·霍夫曼(1898~1942)，美国援华志愿空军(飞虎队)指挥官，是该队中年龄最大、技术最精的飞行员。1942年1月26日与敌机5架交火，不幸中弹牺牲。

(3)华侨与国际支援。

南洋吉隆坡华侨数千人组织"东江华侨回乡服务团"乘船回国投军。

在华日人"反战同盟"痛斥日军暴行,宣布尽力协助中国抗战。图为"日本工农校"、"日本人民解放联盟"、"日本共产主义者同盟"3个反战组织的负责人合影。

中共领导人周恩来在武昌和支援我抗日的国际友人合影。左起为:路易·艾黎、周恩来、史沫特莱、卡尔逊。

1944年8月,新四军第4师师长张爱萍与被我营救的5名美国飞行员合影。

开赴缅甸作战的中国青年远征军。

我青年远征军横渡天险怒江向日军反攻。

● 第十五节 战争结局

　　中国人民坚持八年抗战,牵制了日本侵略军3/4以上的主力,大大消耗了日本帝国主义的国力,使得日本北进和南进计划及与德、意法西斯会师的计划均被粉碎。1943年9月3日,意大利投降。1945年初,苏、英、美军队分路攻入德国,5月2日,苏军攻克柏林。8日,德国无条件投降,日本孤立。8月6日,美国在日本广岛投下了第一颗原子弹,9日又在长崎投下第二颗,造成几十万人的死伤,8日,苏联政府对日宣战,对在中国东北的日本关东军发起突击,在外蒙集结的苏军坦克兵团也越过了边界,直插长春、沈阳,切断了日军退路。日寇深知战争失败的命运无可挽回。14日宣告无条件投降。中国八年抗战终以日本失败而告终。

一、欧洲战场德意法西斯惨败

　　意大利法西斯头子墨索里尼(最左边)及其情妇、同伙于1945年4月28日企图逃往国外时被逮捕,经人民法庭公审后被枪决。图为尸体被倒悬于米兰广场上。

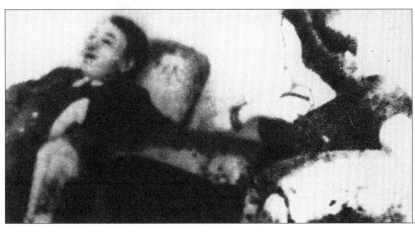

　　濒临灭亡,躲藏在柏林帝国总理府地下室中的希特勒及其情妇爱娃·勃劳恩于1945年4月30日一起畏罪自杀,逃避了人民的惩罚。

二、亚洲战场日本被迫无条件投降

美国在日本投下的两颗原子弹,一颗叫"小男孩",另一颗叫"胖子"。

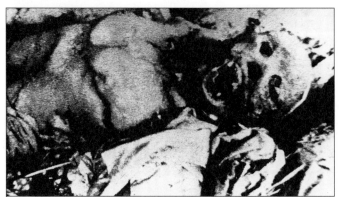

原子弹在广岛爆炸,无辜的日本遇难人民之死状令人不忍卒睹。这是日本军国主义发动侵略造成的恶果。

美国在日本广岛投下的原子弹爆炸情景,日本人民死伤几十万人。

日本广岛遭受惨重破坏。

1945年8月8日莫洛托夫代表苏联政府宣布苏联对日宣战。

苏联对日宣战后，出兵中国东北，歼击日本关东军。

1945年8月14日，日本天皇裕仁向日本议会宣布接受《波茨坦公告》，宣告无条件投降。15日广播了《停战诏书》。

三、日本签降

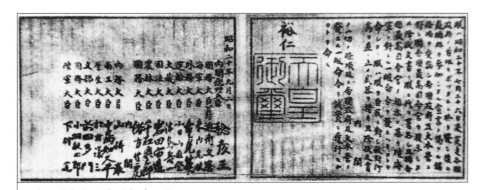

日本天皇裕仁颁布的投降诏书。

1945年9月2日在东京湾，日本外相重光葵、参谋总长梅津美治郎率投降代表团登上美舰"米苏里"号签署投降书，标志第二次世界大战胜利结束。

1945年9月9日，中国战区何应钦、陈绍宽、顾祝同、张廷孟、肖毅肃，在南京接受驻华日军最高指挥官陆军大将冈村宁次正式向中国战区签署投降书。中国八年艰苦抗战，赢得了最后胜利。

中国陆军总司令何应钦接受冈村宁次的投降书。
在何应钦左边为中国海军总司令陈绍宽。

受降后何应钦总司令向国内广播,前排右2为海军总司令陈绍宽。

四、中日双方损失

(1)中国损失。

海 军 损 失	海军和商业舰船损失(万吨)	武装部队伤亡人数	全国军民死伤人数(万人)	财产损失	
剩余10余艘,其余自沉或被炸,基本上全部解体	30多万吨	323多万人	2100多万人	1000亿美元以上	注:若包括"九·一八"以来的数字,则共计死伤3500万人,财产损失6000亿美元。

(2)日本损失。

开战时舰艇数	开战后增加数	开战后损失数	损失总吨位(吨)	沉于本土四周军舰数	海军人员死亡数	海军人员失踪数	停战时留下舰艇数	除伤亡外大陆被俘投降武装人员
254	383	412	1390668	260	40万人	8.7万人	225	127万人

注:日本损失包括太平洋战争,特别经珊瑚岛、中途岛、塞班岛及菲律宾四大海战,日本海军主力,几乎全军覆没。1946年10月4日,始正式宣布损失真相。停战时留下舰艇,可供航行的仅中小168艘,中国人民共歼灭日军150余万,约占日军在第二次世界大战中死伤人数的70%,对其彻底覆灭起了决定性的作用。

五、对日本战犯的宣判

(1)远东国际军事法庭的宣判。

由中、美、英、苏联、加拿大、法、荷、新西兰、印度、菲律宾11国组成之远东国际军事法庭于1946年4月29日对日本甲级战犯28名提起公诉,次年4月16日审理完毕。11月12日正式宣判,由于美国的庇护,日皇裕仁获得赦免。被判绞刑的7人,判无期徒刑的16人,有期徒刑的2人,战犯松冈洋右与永野修身已死亡,大川周明已发疯,实判25人。

由于美国的庇护,根据盟国的政治决议,决定赦免日本天皇裕仁。

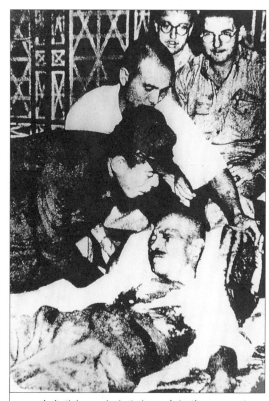

东条英机,日本头号战犯,内阁总理,1945年9月11日,为逃避惩罚,用手枪自杀未遂,被救活后仍被处绞刑。

被判绞刑的7人:

东条英机,发动太平洋战争之内阁总理,64岁。

土肥原贤二,对华侵略,制造"满洲国"之主角,65岁。

坂垣征四郎,侵华战争中之"满洲"及华北日军统帅,63岁。

广田弘毅,前内阁总理、日皇顾问,70岁。

木村兵太郎,驻缅日军总司令,69岁。

松井石根,华中日军总司令,南京大屠杀之元凶,70岁。

武藤章,日军退出马尼拉大屠杀事件的菲律宾日军统帅,56岁。

无期徒刑的16名：

荒木贞夫，前陆军大臣，71岁。

桥本欣五郎，陆军上校，极端国家主义派，58岁。

田俊六，前华中日军总司令，69岁。

平沼淇一郎，日本参加轴心国时之内阁总理，80岁。

星野直树，东条内阁秘书长，56岁。

木户幸一，掌玺官及日皇机密顾问，59岁。

小矶国昭，日军占领香港后之总督、内阁总理，69岁。

南次郎，东北事变时日本陆军大臣，74岁。

冈敬纯，前海军时务局长，58岁。

大岛浩，前驻德大使，62岁。

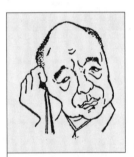

佐藤贤了，前陆军事务局长官，53岁。

岛田繁太郎，珍珠港事变时之海军大臣，65岁。

铃木贞一，东条内阁之设计局主席，60岁。

贺屋兴宣，珍珠港事件之内藏大臣，65岁。

白鸟敏夫，前驻意大利大使，61岁。

梅津美治郎，前日本陆军参谋总长，66岁。

有期徒刑的2名：

重光葵，前外交大臣及驻苏大使，徒刑7年，66岁。

东乡茂德，前外交大臣及驻苏大使，徒刑20年，66岁。

(2)南京政府军事法庭的宣判。

南京政府根据波茨坦宣言,在国内各战区分设审判战犯军事法庭10所,共受理战犯2388名,由石美瑜充任国防部审判战犯军事法庭庭长(南京),并兼上海审判战犯军事法庭庭长,主持审判日本将级重要战犯。1947年2月6日在南京开庭审判。由于蒋介石的庇护,所谓"本仁爱宽大,以德报怨"之精神,除罪大恶极数人明正典刑外,其余2000余名战犯,悉以"罪嫌不足"经宣告无罪或不起诉,遣回日本。由于对战犯惩戒不彻底并且放弃赔偿,致使日本一些政界人士以此为据肆意歪曲历史。

南京政府国防部审判战犯军事法庭庭长兼上海审判战犯军事法庭庭长石美瑜,主持审判日本将级重要战犯。

谷寿夫在南京雨花台刑场被处决,观刑者达10万众。

日寇华南最高指挥官田中久一战犯,行刑前游街示众。

南京大屠杀主犯谷寿夫,被判死刑。图为行刑前游街示众。

曾经进行杀人比赛的战犯,在军事审判后,被处极刑。《东京日日新闻》登载以杀人为竞赛娱乐,借以夸耀武功,正是暴行铁证。

日寇罪大恶极的"嘉兴之虎"松本洁被枪决时之一刹那。

被判无罪的日驻华派遣军总司令冈村宁次大将,1944年11月26日上任。日本宣告投降后,又率滞留大陆、台湾、越南之日军1283200名,听命投降,从宽处理。

六、遣返日俘日侨

中国人民对日俘、日侨采取最优惠最迅速遣送回国的办法,分别自东北、广州、上海、青岛、塘沽等地集中遣返计640万人。

从东北遣返的日侨160万余人。

自广州、上海、青岛、塘沽等地集中遣返的日俘、日侨250万余人。

在南京待遣之日侨,他们丝毫不受虐待。

日侨携带财物回国,中国宽大地予以放行。

台湾光复后,20万日俘被遣送回日。

武汉会战中日军的尸骨、遗物。

日军侵华的结果,受害的是日本无辜的百姓,他们被迫当炮灰,得到的是一箱箱骨灰。图为在侵华战争期间,陆续运回日本的战士骨灰。

第二十二章
战后海军的演变

● 第一节 海军受降与海疆收复

在南京日寇投降典礼之后,南京政府组织全国统一接收委员会。海军方面,以海军总司令部参谋长曾以鼎为海军总接收员主办接收日伪海军工作,驻上海并分区派员接收。与此同时收复台澎、南海诸岛,恢复领海主权。

一、接收日伪海军的接收员

海军总接收员:曾以鼎海军总司令部参谋长海军中将

海军华北区接收员:佘振兴海军少将

海军华南区接收员:刘永诰海军少将

海军汉浔区接收员:曾国晟郑天杰

海军南京区接收员:朱天森海军少将

海军台澎区接收员:李世甲(兼台澎要港司令)

海军厦门要港司令:刘德浦海军少将

海军马尾要港司令:李国堂海军少将

注:汉浔区曾国晟、郑天杰系由陈绍宽所派,厦门原由陈绍宽所派李世甲,后福建省政府、中美华安班各派员接收,政出多门,国民党海陆军又开始争夺地盘。东三省划归苏联受降,海南岛归中国陆军受降。

海军总接收员曾以鼎海军中将,系海军总司令部参谋长,驻上海主办接收日伪海军工作。

二、接收日本侵华海军

接收名称		数量	备注
日本海军战俘		39729人	不含海南岛、东三省。以下不含台湾
舰艇船舶	总计	1200余艘	各类小艇且多损坏或不堪用
	中:军舰	26艘	1000余吨和千吨以下
	鱼雷快艇	6艘	
	小炮艇	200多艘	大部分不能用
仓库和冷藏库		202座	
各种车辆		2646辆	
扫雷、电信、卫生器材		7.8万余件	
陆地武器		25.6万余支	枪支、手榴弹、地雷等
水中武器		5200余枚	鱼雷、水雷、深水炸弹等

接收中国大陆日、伪舰艇表①

舰名	舰种	吨位	舰名	舰种	吨位	舰名	舰种	吨位	舰名	舰种	吨位
咸宁	炮舰	848	定海	炮舰	489	昆仑	运输舰	1612	海筹	炮艇	220
常德	炮舰	486	南靖	炮舰	450	舞凤	炮艇	200	海硕	炮艇	216
太原	炮舰	390	海宁	炮舰	370	湖鹰	炮艇	96	防城	炮艇	290
永平	炮舰	370	海康	炮舰	240	焦山	测量艇	170	清远	炮艇	220
永安	炮舰	370	海澄	炮舰	179	淮阴	测量艇	120	海雄	炮艇	130
永济	炮舰	370	公利	炮舰	550	海鹰	炮艇	120	光中	炮艇	100
安东	炮舰	1000	成功	炮舰	200	象山	炮艇	171	光民	炮艇	100
江鲲	炮舰	350	承德	炮舰	538	南安	炮艇	137	光华	炮艇	100
江犀	炮舰	350	郯穴	炮舰	800	南平	炮艇	250	光富	炮艇	90
青天	测量舰	535	普安	运输舰	550	海丰	炮艇	220	光国	炮艇	90
崇宁	测量艇	200	同安	运输舰	1100	海伦	炮艇	200	光强	炮艇	90
长治	炮舰	1350	永德	运输舰	538	淮安	炮艇	117	江凤	差艇	220
永绩	炮舰	860	靖安	运输舰	3000	江泰	炮艇	272	福鼎	差艇	150
永翔	炮舰	837	建康	驱逐舰	390	万宁	炮艇	128	芦山	差艇	150

附记：海军所接收日伪舰艇本表以吨位数较大者列入，计23689吨。舰艇名称是接收后重新命名的。

①本表根据1946年《国防年鉴》第205至206页，中国人民解放军海军司令部军事图书资料室藏国民政府海军总司令部制《舰艇清册》、《抗日战争到解放战争前的国民党海军》附表六等资料汇编（转摘自《近代中国海军》）。

日本长江舰队主力舰"安宅"号，自日本宣布投降后，乘隙偷驶出吴淞口外，被美国第七舰队发现押驶返沪，由陈绍宽签收，后改名"安东"。图为陈绍宽与美国第七舰队司令等合影，后为"安宅"舰。

又接收的日本"宇治"炮舰，后改称"长治"（后又改名"南昌"号），排水量1350吨。

日本浅水炮舰"隅田"号，接收后改称"江犀"号，排水量350吨。

三、光复台湾、澎湖列岛

台湾自古以来为中国领土。1894～1895年中日甲午战争中中国战败,台湾被日本侵占。抗日战争胜利后,根据开罗会议宣言,确定"使日本所窃取于中国之领土,例如满洲、台湾、澎湖群岛等,归还中华民国"。1945年10月间,中国政府任命陈仪为台湾行政长官,统一领导接收台湾工作,而海军则派李世甲为接收台湾日本海军专员。10月25日在台北公会堂举行受降仪式,由安藤利吉代表日本政府在投降书上签字投降。从此,被日本统治50年之久的台湾,终于回到了祖国的怀抱。

接收台湾日本海军专员、第二舰队司令李世甲率参谋长彭瀛等于10月18日乘"海平"炮艇由马江出发。19日晚到达基隆,翌晨进入台北。

参加中国战区台湾省受降典礼的有陆军第七十军军长陈孔达、第六十二军军长黄涛、空军张伯寿等代表。

光复台湾受降典礼会场——台北公会堂(后改称中山堂)。

庆祝台湾光复。

举行受降典礼仪式时，门前广场上庆祝的人群如山如海。

1945年10月25日，日本驻台湾总督安藤利吉陆军大将签了投降书，台湾重回祖国怀抱。

接收台湾、澎湖地区的海军负责人

姓　名	职　　　　　务	接　收　地　区
彭　瀛	海军第二舰队司令部参谋长	接收台北地区日本海军负责人
严寿华	海军上校参谋、海军基隆港口办事处处长	接收基隆的日本海军
戴锡余	海军陆战队第四团团长	接收左营军港日本海军
林斯昌	海军布雷中队队长	接收左营军港日本海军
叶心传	海军中校参谋、海军马公港办事处处长	接收澎湖列岛日本海军

接收台、澎地区日本海军俘虏、日舰表

项　目	数　量	备　　　　　　　注
海军俘虏	1.9万余人	分别就地集中管理，逐批遣返
日　舰	20—30艘	除3人操纵的潜水艇和鱼雷快艇各4艘外，其余都是100吨左右的木壳驱潜艇和小型铁壳登陆艇
蚊子快艇	几百只	其他军械弹药、器材、仓库物资另册移交

四、收复南海诸岛

南海诸岛我国通称南海,西方称南中国海,英文译为South China sea。南海中有许多岛屿滩礁,总称南海诸岛,依位置不同分东沙、西沙、中沙和南沙4大群岛,是我国南海的4个前哨,也是南部海防的屏障。南海诸岛自古以来就是中国的领土,这是世界上许多国家和国际舆论所承认的。1933年7月,法国殖民主义者强占南沙群岛中的9岛,我国虽屡提抗议,但未能生效。抗战中法人更占取西沙群岛,并入安南。后日寇强占海南岛,西沙、南沙群岛亦相继为日人侵占,并改隶台湾高雄市管辖。日本投降后,我国分别接收南海诸岛,故土重光。

南海诸岛图

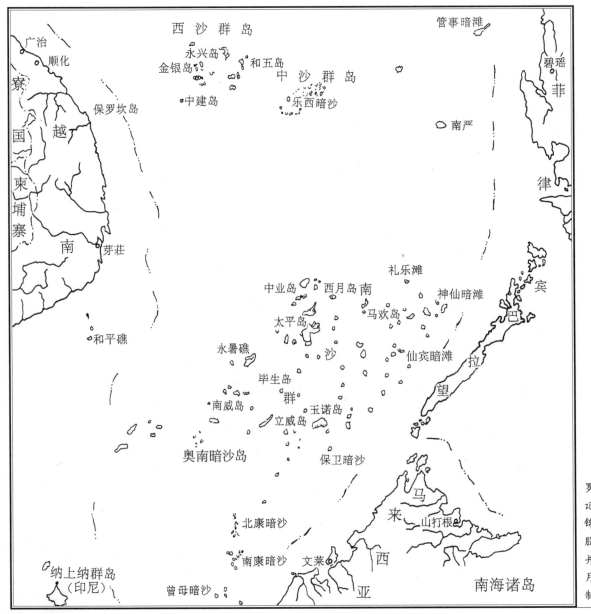

(采自戴月芳、罗吉甫主编《台湾全记录》第627页,台北锦绣文化出版事业股份有限公司印行,并参照《中国海军》月刊9期第17页重制)

1945年10月台湾光复后，台湾省气象局于12月8日派员乘帆船"成田"号自高雄出发，12日登陆林岛，竖立中国国旗并立一木牌，木牌正面写"台湾省行政长官公署气象局接收完了"，背面写"民国三十四年十二月十二日"。嗣又至它岛调查，次年1月3日再登林岛，表明西沙群岛失土重归版图。图为西沙群岛的海岸。

曾任东沙岛气象台台长的方均，吴淞海校第十三届毕业，曾在西沙群岛发掘出我国古铜钱，此为方均献西沙古铜钱时摄影。

进驻西沙、南沙群岛舰队

姓　名	职　　　　务
林　遵	进驻西、南沙群岛舰队指挥官兼任进驻南沙工作
姚汝钰	进驻西、南沙群岛舰队副指挥官兼任进驻西沙工作
麦士尧	"太平"舰长，进驻南沙
李敦谦	"中业"舰长，进驻南沙
刘宜敏	"永兴"舰长，进驻西沙
张连瑞	"中建"舰长，进驻西沙

注：当时国防部、内政部、空军司令部、联勤总司令部等派员视察，广东省亦派员前往接收，海军陆战队、电台、气象台工作人员随往。1946年10月29日由吴淞口启航，11月8日抵榆林港，因风浪过大，前后三次出发都折回。

11月29日"永兴"、"中建"2舰始抵西沙群岛的最大岛——林岛。林岛，又名多树岛，为纪念"永兴"舰到达，此后林岛改名为"永兴岛"。图为"永兴"舰。

进驻西沙南沙群岛舰队指挥官兼任进驻南沙工作的林遵。

进驻西沙、南沙群岛舰队副指挥官兼进驻西沙工作的姚汝钰。

12月9日"太平"舰(上图)、"中业"舰出发前往南沙群岛。

登上南沙群岛中之最大岛——长岛情形(1946年12月12日)。此后为纪念"太平"舰到达,改名为"太平岛"。

海军收复西沙群岛的纪念碑。

"太平岛"上我国古建筑物遗址之一。

前往接收南沙群岛的"中业"军舰。

南沙群岛中的太平岛上发现清朝墓碑。

南沙群岛中之滩、礁。

海军接收西沙、南沙时，在岛上都举行了接收仪式，并立碑纪念，派兵驻守。图为海军接收南沙群岛留念。

在南沙群岛中之长岛竖上"太平舰到此"的纪念碑(民国三十五年十二月十二日立)。

南沙群岛太平岛上竖立的气势雄伟之"南疆屏障"碑，表明我国保卫领土、领海的决心。

马尾海校见习生陈霁、张文煜、陈万邦、曾尚智、郭志海、王家骧等，在南沙太平岛西岸浅滩合影。

1947年4月,"永兴"舰第二次出发到南沙群岛补给。图为锚泊于广州白鹅潭的"永兴"舰。

分配在"永兴"舰上实习的马尾海校见习生。左起:王家骧、后郭志海、前万从善、陈万邦、李景森副长、张文煜、后陈霁、前陈其华、曾尚智。摄于"永兴"舰。

考古工作者登上西沙高尖石岛进行文物考察,发掘大量珍贵文物资料。

考古工作者发掘出的南宋时的瓷器,证明西沙群岛自古以来就是中国领土。

●第二节　战后海军体制的变革

　　1938年1月国民政府裁撤了海军部，业务归并海军总司令部。陈绍宽由部长变成总司令，归属军政部，实是降级。陈诚接任军政部长后，在军政部内设一海军处，架空了陈绍宽。蒋介石破坏了《双十协定》后，陈绍宽又拒不执行率舰堵截从山东烟台渡向辽东的中共部队，反乘舰南下台湾视察海军基地，蒋盛怒，陈绍宽递了辞呈。1945年12月26日，军委会下令，陈绍宽辞职照准并裁撤海军总司令部，由海军处接收，陈绍宽从此解甲归田。不久陈诚将海军处改为海军署，1946年10月又设立海军总司令部排斥异己，任用亲信，进行内战。

　　蒋介石培植的欧阳格。蒋介石为培养自己嫡系海军，最初派欧阳格办理电雷学校，心目中就是"海军的黄埔学校"。马当失守次日，又下令扣押欧阳格并下令解散电雷学校。1941年8月20日又下令处决欧阳格，罪名迄未公布，传说是贪污。
　　(右二)欧阳格。

　　架空陈绍宽的陈诚。1944年12月，陈诚接任军政部长后，在部内设一海军处，自兼处长，以周宪章为副处长，在人事、经费等方面卡住陈绍宽并分化闽系海军，以架空陈绍宽，掌握海军实权。

　　染指海军领导权的戴笠。继欧阳格之后便是军统特务头子戴笠想染指海军领导权。1942年美派第三舰队情报官梅乐斯来华，原由海总办理，但蒋改批由戴笠承办。陈绍宽要宴请梅乐斯，请柬亦被戴的办公厅驳回，中国海军无由与之接触。后戴笠乘美海军飞机往青岛布置工作，在返航途中，飞机坠毁，蒋属意的海军第二个接班人粉身碎骨了。
　　(右一)戴笠。

"长治"舰(日本"宇治"舰),起义后改名"南昌"舰。蒋介石、陈诚命陈绍宽率此舰往辽东半岛堵截人民解放军,陈绍宽却乘此舰前往台湾左营等地视察。

解甲归田的陈绍宽。当人民解放军从烟台渡向辽东半岛,军委会令陈绍宽率"长治"舰前往堵截,陈绍宽借口"长治"需要修理,相反却乘"长治"前往台湾,在蒋介石盛怒之下,下令裁撤海军总司令部并免去陈绍宽海军总司令职。

武力接收海军总司令部

蒋介石派陆军中将冷欣为监交员,陈诚则派陆军警卫连代替海军警卫站岗,实即兵临城下,迫陈绍宽去官。

接收官员表

接收海军总司令部接收员:周宪章
　　　　　　监交员:冷欣(中将)
总务处　接收员:顾维翰
参谋处　接收员:高如峰
军衡处　接收员:周雪斋
舰政处　接收员:夏新
军械处　接收员:魏济民
军需处　接收员:卢淦

改海军处为军政部海军署

海军署职官表

署　长:陈诚(兼)
副署长:周宪章
舰队指挥部指挥官:陈诚(兼)
　　　　　参谋长:魏济民
第一舰队　司　令:陈宏泰
(北巡舰队)　1945年~1946年8月
第二舰队　司　令:方莹
　　　　　1945年~1946年8月
中央海军训练团主任:林祥光
　　　　　　　副主任:康肇祥

1946年7月后改海军署为海军总司令部
(10月16日正式成立)

战后海军总司令部组织系统表

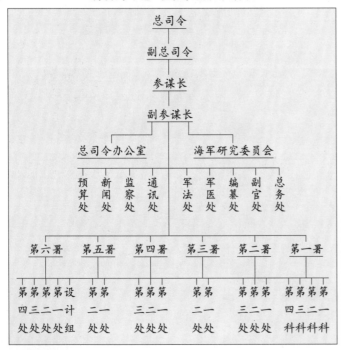

战后海军指挥系统表

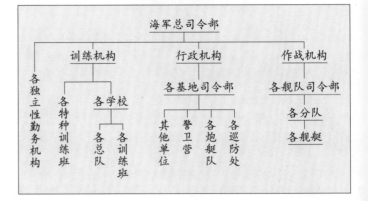

海军总司令部(前身海军部)遗址。

1946年9月26日任海军副总司令兼代总司令的桂永清,1948年8月任海军总司令(陆军中将)。

参谋总长兼海军总司令陈诚(陆军上将)。

周宪章(1897~?),字显丞,安徽当涂人,烟台海校第十届驾驶毕业,历任海军候补员、副舰长、艇长。1929年赴英留学,回国后任马尾海校教官、训育主任。抗战迁湖南,旋调海总任职,1938年率留学生赴德,回国后调入中训团受训,后任军政部海军处副处长、海军署副署长,时任海军总司令部参谋长。

宋锷(1902-?),字敬明,湖南湘潭人,烟台海校第十五届航海班毕业。历任航海员、副舰长、青岛海校教务处长、海总参谋、海校教官等职。1944年任驻美海军副武官,旋调任驻英海军武官升少将。1947年任海军总司令部第三署署长。1948年3月继高如峰任海军总司令部副参谋长之职。

高如峰(1909-?),字仰山,福州人,烟台海校第18届航海班(亦称寄闽班)毕业,在校参加进步组织"新海军社",反对北洋军阀统治,拥护北伐革命,留学英国,回国后历任航海员、教练官、副舰长等职。时任海军总司令部副参谋长,后任海军第二基地(青岛)司令。

刘孝鋆(1893—1975),字息溟,福州人,烟台海校第10届驾驶班毕业,历任航海正、练习舰队副官、参谋,"建康"、"江元"、"楚谦"、"永绥"、"长治"等舰舰长。1946年任海防舰队上校舰队长。次年海防第二舰队成立,被任司令。

陈宏泰,福建闽侯人,黄埔水师学堂第十届驾驶班毕业。曾留学美国,历任教官、副官、舰长等职。抗战中在江阴任"宁海"舰长,被敌弹中伤左腿。战后任第一舰队(后改北巡舰队)司令。1946年去职,1949年拒绝赴台。

江防舰队舰队长、江防舰队司令叶裕和。

海军舰队变动一览表

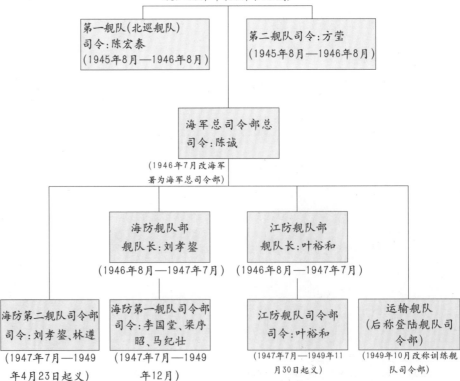

一、海防第一舰队

驻　　地:青岛

主要舰只:旗舰"长治"号,下辖:"太康"、"太平"、"永胜"、"永宁"、"永兴"、
　　　　　"永泰"、"峨嵋"等舰。

海防第一舰队旗舰"长治"号。

二、海防第二舰队

驻　　地:上海(后移镇江)

主要舰只:旗舰"惠安"号,下辖:
　　　　　"永嘉"、"永修"、"永绩"、"兴安"、"美盛"、"美亨"、"武陵"、"永定"
　　　　　等舰。

海防第二舰队旗舰"惠安"号。

三、江防舰队

驻　　地:汉口(后移重庆)

主要舰只:旗舰"民权"号,下辖:
　　　　　"永绥"、"安东"、"太原"、"楚同"、"江犀"、"吉安"、"联光"、"郝穴"、
　　　　　"永安"、"常德"、"英山"、"英德"、"英豪"、"咸宁"等舰。

江防舰队旗舰"民权"号。

四、巡防处(沿海、沿江分设13个)

葫芦岛、长山岛、大沽、刘公岛、定海、基隆、马公、马尾、厦门、黄埔、秀英、南京、汉口。

1946年11月～1948年4月设立的海军基地司令部

海军基地司令		
海军第一基地(上海)司令部司令:方 莹	董沐曾	
1946年11月—1948年3月	1948年3月—1948年4月	
海军第二基地(青岛)司令部司令:董沐曾	高如峰	
1947年7月—1948年3月	1948年3月—1948年4月	
海军第三基地(高雄)司令部司令:黄绪虞		
1947年7月—1948年4月		
海军第四基地(榆林)司令部司令:金轶轮	杨元忠	
1947年7月—1948年3月	1948年3月—1948年4月	

1948年5月扩编为海军军区司令部

海军军区司令		
海军第一军区(上海)司令部司令:董沐曾		
1948年5月—1949年12月		
海军第二军区(青岛)司令部司令:高如峰	梁序昭	
1948年5月—1948年8月	1948年8月—1949年12月	
海军第三军区(高雄)司令部司令:黄绪虞		
1948年5月—1949年12月		
海军第四军区(广州)司令部司令:杨元忠		
1948年5月—1949年12月		

海军军区组织系统表
(以第二军区为例)

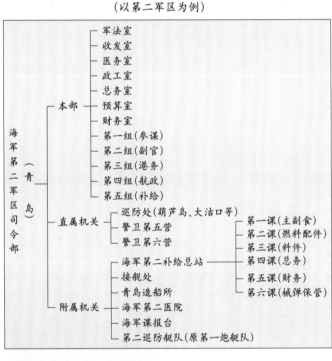

海军第二基地(后扩编为第二军区)司令部(青岛)司令梁序昭。

海军第一基地(后扩编为第一军区)司令部(上海)司令方莹。

海军第三基地(后扩编为第三军区)司令部(高雄)司令黄绪虞。

海军第四基地(榆林)司令部司令金轶轮。

海军第四基地(后扩编为第四军区,先榆林后广州)司令部司令杨元忠。

战后海军总司令部职官表

海 军 总 司 令 部（战后）
（1946年5月—1949年10月）　　（1947年职官表为主）

总司令：陈　诚（陆军中将）

副总司令兼代总司令：桂永清（陆军中将）
　　　　　　1946年9月14日任

参谋长：周宪章（少将）　　宋　锷（少将）
　　　　1946年6月29日任　1949年9月任

副参谋长：高如峰（上校）
　　　　　1947年4月1日任

副参谋长：李　静（陆军少将）　杨厚彩（陆军少将）　吕德元（少将）　张日章（代将）
　　　　　1947年5月7日任　　1947年5月7日任　　1947年5月7日任　1947年5月7日任

第一署署长秦惜华

第二署署长高宪申

办　公　室	第　一　署（人事）
主　任：万成渠（陆军上校） 　　　1947年5月7日任 副主任：刘广凯（中校） 　　　1947年5月13日任 参　谋：黄承鼎（陆军中校）　廖士澜（少校） 　　　1947年5月13日任　1947年5月13日任 　　　杨维智（陆军中校）　张传钊（少校） 　　　1947年5月13日任　1947年5月13日任 　　　章绳武（少校） 　　　1947年5月13日任 副　官：吴家荀（少校）　　黄思研（少校） 　　　1947年5月13日任　1947年5月13日任 　　　陈念祖（上尉）　　俞平（上尉） 　　　1947年5月13日任　1947年5月13日任 秘　书：陈其铨　　　　程源洁 　　　1947年5月13日任　1947年5月13日任 　　　侯有昌　　　　　刘振远 　　　1947年5月13日任　1947年6月25日任	署　　长：秦惜华（陆军少将） 　　　　　1947年5月7日任 副署长：佘振兴（少将） 　　　　1947年5月31日任 第一科长：李龄（陆军中校） （军官佐）　1947年5月7日任 第二科长：林培坤（上校） （士兵）　　1947年5月7日任 第三科长：田樾曾（上校） （综核）　　1947年5月7日任 第四科长：龙文轩（陆军中校） （登记）　　1947年5月7日任 参　谋：黎永年（中校）　郭问天（陆军少校） 　　　1947年5月13日任　1947年5月13日任 　　　彭英世（陆军少校）　陈家镛（少校） 　　　1947年5月13日任　1947年5月13日任 　　　刘万和（陆军少校）等 　　　1947年5月13日任 副　官：张旭等 　　　1947年5月13日任

第三署署长宋锷

第四署署长吴子猷

第 二 署 （ 情 报 及 海 政 ）	署　　长：高宪申（少将） 　　　　　1947年5月7日任 副署长：丁其璋（上校） 　　　　1947年5月7日任 第一处处长：阮成章（陆军上校） （情报）　　1947年5月7日任 第一科科长：宾虎显（陆军中校） （计划行政）1947年5月7日任 第二科科长：吴伯森（中校） （情报）　　1947年5月7日任 第三科科长：周伯达（陆军中校） （保密，防谍）1947年5月7日任 第二处处长：刘世桢（上校） （海事）　　1947年5月7日任 第四科科长：周厚恒（中校） （航务）　　1947年5月7日任 第五科科长：梁同怡（上校） （测量，气象）1947年5月7日任 第六科科长：马焱衡（中校） （治航）　　1947年5月17日任

第三处处长：华国良（上校）
（港务）　　1947年5月7日任
第七科科长：赵汉良（中校）
（港务）　　1947年5月7日任
第八科科长：何传永（中校）
（打捞引水）1947年5月7日任
参　谋：王国贵（少校）
　　　　1947年5月13日任
缪诗磊（陆军少校）　储文思（陆军中校）
陈鹏飞（同上）　　　1947年5月13日任
1947年5月13日任　万华之（陆军少校）
　　　　　　　余树林（同上）1947年5月13日任
副　官：刘舜田等
（尉级均未列）

第四署副署长吴富宽

第三署（计划作战）

署　　长：宋　锷（少将）　　　　　1947年5月7日任
副　署　长：胡晓溪（上校）　　　　　1947年5月7日任
第一处处长：陈文忠（中校）（通信）　1947年5月7日任
第一科科长：林春光（中校）（无线电）1947年5月7日任
第二科科长：高声忠（少校）（视觉通信）1947年5月7日任
第二处处长：冉鸿翱（上校）（计划）　1947年5月7日任
第三科科长：陆维源（中校）（计划）　1947年5月7日任
第四科科长：刘　赓（上校）（资料）　1947年5月7日任

第三处处长：王天池（上校）（作战）　1947年5月7日任
第五科科长：麦士尧（中校）（整备）　1947年5月31日任
第六科长：肖长潘（少校）（作战）　　1947年5月31日任
第七科长：雷惊百（陆军上校）（警卫）1947年5月7日任
参　　谋：杨育元（陆军上校）、黄光朔（中校）、夏新斋（陆军少校）、吴建安（少校）郁宝杜（少校）、檀光诚（陆军少校）等，均1947年5月13任职
副　　官：齐汉民等（尉级均未列）

第五署署长杨元忠

第四署（支应）

署　　长：吴子游（陆军中将）　　　　1947年5月7日任
副　署　长：吴富宽　　　　　　　　　1947年5月7日任
第一处处长：周元莠（中校）（预算财务）1947年5月7日任　副处长：陈洪（上校）1947.5.7任
第一科科长：叶世芳（预算）　　　　　1947年5月7日任
第二科科长：洪业德（会计）　　　　　1947年5月7日任
第三科科长：古藻麟（出纳）　　　　　1947年5月7日任
审核科科长：廖能宽（中校）　　　　　1947年5月7日任
第二处处长：张承愈（少将）（料件补给）1947年5月7日任
副　处　长：陈钧初　　　　　　　　　1947年5月7日任

第四科科长：杨熙龄（少校）（燃料）　1947年5月7日任
第五科科长：孟汉钟（少校）（料件）　1947年5月7日任
第六科科长：张大澄（中校）（储运）　1947年5月7日任
第三处处长：杨飞（陆军上校）（一般供应）1947年5月13日任
副　处　长：顾灿宸　　　　　　　　　1947年5月13日任
第七科科长：吴亮（粮食）　　　　　　1947年5月13日任
第八科科长：黄忠璟（上校）（服装）　1947年5月7日任
第九科科长：张永源（财产）　　　　　1947年5月7日任

第六署署长曾国晟

编纂处处长欧阳宝

第五署（编组训练）

署　　长：杨元忠兼（上校）
副　署　长：杨元忠　　　　　　　　　1947年5月7日任
第一处处长：俞柏生（中校）（编组）　1947年5月7日任
第一科科长：张殿华（中校）（机关学校）1947年5月7日任
第二科科长：何树锋（少校）（部队）　1947年5月7日任
第二处处长：胡敬端（中校）（训练）　1947年5月7日任
第三科科长：白树绵（少校）（军官）　1947年5月7日任
第四科科长：段允麟（少校）（士兵）　1947年5月7日任
第五科参谋：郭秉衡（上尉）（教材器材）1947年5月7日任
参　　谋：胡希涛（陆军中校）　李文湖（少校）等

副官处

处　　长：金　声　　　　　　　　　1947年5月7日任
第一科科长：吴佑献（文书档案）　　　1947年6月10日任
第二科科长：寇　勋（电务）　　　　　1947年5月7日任
第三科科长：刘胜雅（编印）　　　　　1947年5月7日任

编纂处

处　　长：欧阳宝（上校）　　　　　　1947年5月7日任
副　处　长：邵　琦（中校）　　　　　1947年5月13日任
第一科科长：陈立芬（上校）（编译）　1947年5月7日任
第二科科长：孙道直（中校）（史科）　1947年5月7日任
第三科科长：邵琦（兼）（典制）

副官处处长金声

新闻处处长沈遵晦

军法处处长吴智

第六署（技术）

署　　长:曾国晟(少将)
　　　　　1947年5月7日任
副　署　长:陈书麟(上校)
　　　　　1947年5月7日任
第一处处长:周　烜(上校.代将)
（舰机）　1947年5月13日任
第一科科长:邱思聪(中校)
（轮机）　1947年5月7日任
第二科科长:陈荫耕(少校)
（叙装）　1947年5月13日任
第二处处长:曹仲渊(上校)
（电工）　1947年5月7日任
第三科科长:陈沛华
（电子）　1947年5月7日任
第四科科长:张用远(少校)
（电机）　1947年5月13日任
第三处处长:杨道钊(上校)
（舰械）　1947年5月7日任
第五科科长:张德亨(中校)
（枪炮）　1947年5月7日任

第六科科长:王衍绍(中校)
（弹药）　　1947年5月7日任
第七科科长:郭勋景(少校)
（水鱼雷及其它兵器）1947年5月7日代
第四处处长:张嘉巘(上校)
（厂坞）　1947年5月7日任
第八科科长:姚法华(中校)
（厂务）　1947年5月7日任
第九科科长:陈尔恭(中校)
（工务）　1947年5月7日任

军医处

处　　长:林可胜(兼)
副　处　长:林苍佑
　　　　　1947年5月7日任
第一科科长:郭蔼然
（医务行政）1947年5月29日任
第二科科长:王光华
（技术）　1947年5月29日任
军医正沈求我等不详列.

总务处

处　　长:钟前功(陆军上校)
　　　　　1947年5月26日任
副　处　长:杨　苏(陆军中校)
　　　　　1947年5月7日任
第一科科长:卢　淦(上校)
（管理）　1947年5月27日任
第二科科长:陈归禅
（经理）　1947年5月24日任
第三科科长:龚家宝(陆军中校)
（庶务）　1947年5月24日任
第四科科长:陈恭震(陆军中校)
（交际）　1947年5月24日任

新闻处

处　　长:沈遵晦
　　　　　1947年5月7日任
副　处　长:陈永珍　处　员:郭寿生(中校)
　　　　　1947年5月7日任　　　等人
督　察　员:李月林(陆军上校) 刘振铠
　　　　　1947年5月13日任
第一科科长:邢文雄(陆军中校)
（教育报导）1947年5月25日任

第二科科长:简　劲
（立法联络）1947年5月7日任
第三科科长:董香崖(陆军中校)
（社会关系）1947年5月7日任
专员:程举、李丛云、保棠宸等。

军法处

处　　长:吴智
　　　　　1947年5月7日任
副　处　长:胡连云
　　　　　1947年5月13日任
第一科科长:李有鉴
（军事检查）1947年5月7日任
第二科科长:卢荣先
（审理）　1947年6月18日任
第三科科长:包遵彭
（审核）　1947年5月7日任

监察处

监察官:郝培芸(中校)
　　　　　1947年5月15日任

●第三节　战后海军造船机构

一、海军江南造船所

　　抗日战争爆发后,江南造船所被日军占领,改名"朝日工作部江南工场",不久又委托日商负责经营,改名"三菱重工业株式会社江南造船所"。1938年下半年正式恢复生产,主要是赶修日本海军舰艇和新造一些在太平洋战场上需要的新舰。规模日益扩大。1945年夏,该所遭受盟军飞机轰炸,房舍设备大部被毁。日本投降后,由中国海军接收,并由所长马德骥赴美订购器材,延聘专才,恢复生产。1946年修配舰船372艘次,1947年497艘次,1948年头7个月224艘次。在修理的舰船中,海军舰艇达616艘次。造船所员工达4000人左右。解放前夕,林永清迫迁台湾,离开前下令爆破。在中共地下党领导下,副所长林惠平等广大员工进行机智的护厂斗争,使之回到人民手中。

海军江南造船所。

江南造船所拓宽的码头。

　　1945年12月,江南造船所所长马德骥赴美订购造船器材,添置许多新式设备,如吊重75吨的起重吊杆,吊重40吨的浮船起重机等。图为新设备之一"最新电焊车"。

江南造船所木工外场之一瞥。

江南造船所库栈。

战后江南造船所修造舰船情况

年　　月	制造或修舰	艘　次	备　　　注
1945年11月 至 1946年10月	新造"中山"舰	1艘	为纪念孙中山诞辰及在金口被敌机炸沉之"中山"舰,建造第一艘军舰,命名为"中山"舰。吨位及长度均较原舰为大。林献炘主持典礼,钉第一枚炮钉,马德骥钉第二枚炮钉,陈藻藩钉第三枚炮钉。
1945年10月 至12月	修配舰船	36艘次	修理军舰9艘,修理美国军舰15艘,修理商轮11艘
1946年	修配舰船	372艘次	在修配舰船中,海军舰艇共达616艘次
1947年	修配舰船	497艘次	
1948年1-7月	修配舰船	224艘次	

　　林惠平(1898～1968),江南造船所副所长、代所长,字迪侯,福建闽侯人,福州海军学校第一届轮机班(即船政后学堂第十二届管轮班)毕业,历任轮机副、轮机正、轮机长等职,曾赴德国监造潜水艇。上海解放前夕抵制赴台,抵制炸毁船厂,与广大员工进行英勇机智的护厂斗争并取得胜利。

二、海军马尾造船所

抗日战争胜利后,马尾造船所仅剩下工人30余名,满目荒凉。1947年8月正式恢复,以张传钊为所长。从上海运来日本赔偿的43部机器,又从南平搬回旧机器、发电机等30余吨。但战后重建工作十分缓慢,舰船修造业务始终未恢复。1949年7月,国民党海军司令桂永清命令劫运机器赴台,在中共马尾港支部书记陈道章领导下,展开护厂斗争,工人拒绝拆卸,仅一部分机器在军队强迫下被强拆劫往台湾。中共地下党组织发动群众散发传单,宣传解放军即日可来马尾,留港的国民党残兵败将纷纷登船逃往台湾。8月16日马尾造船所由人民接管。

由南平运回马尾造船所的部分旧机器。

从上海运来日本赔偿的43部机器之一。这些也都是老旧的机器。

在蒋介石政权崩溃前夕,马尾港集中着大批美式配备的弹药武器和马尾造船所的部分器材。

陈道章,福州马尾人,1923年生。早年毕业于勤工学校、协和大学,中共地下党员。解放战争时期,马尾是运送美援物资和蒋介石政府官员从大陆逃亡的重要港口,当时中共地下福建省委派遣协和大学地下党书记陈道章负责建立马尾港支部,陈当即发展了陈公远等十余人并兼任中共马尾支部书记,展开护厂、保卫物资的斗争,发动工人拒绝拆卸机器,取得了斗争的胜利。

1949年8月中旬(16日后)国民党海军仓皇逃离马尾,解放军从马尾码头登船追歼残敌。码头上敌物资堆积如山。

三、海军大沽造船所

1945年8月日本投降,海军接收组派刘乃沂接收大沽造船所,刘把接管的器材盗卖一空并贪污舞弊,后被枪决。1946年5月南京政府改派邱崇明为所长,迟至10月才复工,时职工约350人。1948年解放前夕,邱崇明把重要器材约1000吨运往长山岛,剩下不堪使用。1949年1月17日,大沽解放,造船所获得了新生。

四、海军黄埔造船所

黄埔船厂自1925年停辍后,部分设备拆迁至广南造船所,1934年由广东省建设厅扩建成万吨船舶的广东造船厂。后因江防舰队司令有异议,1936年撤停。1939年广州沦陷,被日军占作"第八野战军船舶修理所"。抗战胜利后作为日本战俘和日侨的临时集中营,1945年11月由海军接收改名为海军黄埔造船所,终因经费不支,难以维持。1949年5月所负责人投奔革命,桂永清将机器设备等装运台湾、海南。10月广州解放,改为广东军区江防司令部黄埔造船所,此后几经改名直至1960年名为黄埔造船厂。

1950年黄埔造船所大门(解放前亦此门)。

黄埔造船所船台。

黄埔造船所组织机构

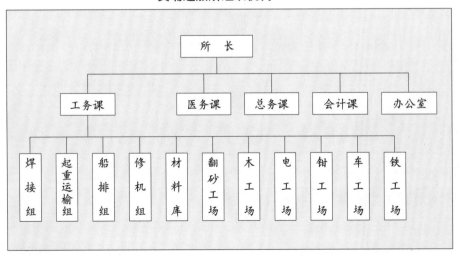

张钰,1946年12月任黄埔造船所所长,后因不满国民党的腐败受到监视,1949年5月投奔东江纵队参加革命,广州解放后回任所长。

五、厦门造船厂

　　1938年，海军厦门造船所被日军占领，改称建泰造船公司，因属军事工业，多次遭美机轰炸，船坞及3个车间均被炸坏。日本投降后，国府派海军上校陈文麟接收，改名为厦门造船厂，终无所成。1949年由青岛造船所所长邱崇明接替，不久，国民政府撤往台湾，曾计划搬走机器设备，由于工人保护和抵制而未能得逞。

厦门造船厂。

厦门造船厂塔吊。

厦门造船厂塔吊。

●第四节　战后海军教育与训练

　　抗战中,各要塞港湾相继沦陷,黄埔海校裁撤,青岛海校与电雷学校合并迁入四川万县,马尾海校亦迁贵州和重庆。抗战胜利后,一面东迁在渝的海校,一面在上海龙华路前汪伪中央海军学校旧址成立"海军军官学校",并在青岛成立"中央海军训练团"。1947年4月25日在上海的"海军军官学校"与在青岛的"中央海军训练团"合并,改称"海军军官学校"(中央)迁入青岛,亦称青岛海军军官学校。

一、海军军官学校(上海)

抗战胜利后,1946年6月16日在上海高昌庙汪伪"中央海军学校"旧址正式成立的"海军军官学校"。图为侧门。

(上海)海军军官学校校景之一。

(上海)海军军官学校正门。

(上海)海军军官学校校舍之一。

1946年3月7日由教育长杨元忠在沪成立海军军官学校筹备处,并接收汪伪中央海军学校为校址。左图为杨元忠上校,广东潮安人,1931年8月毕业于葫芦岛海校第3期。曾在东北海军任职,抗战时任驻美海军副武官等职。

海军官校以数学为主要学科。

海军军官学校（上海）简况

招生：1946年7月开始招生，由各省教育厅主持初试，录取的到南京复
　　　试，高中毕业程度，年17～20岁青年。

考试科目：国文、数理化，特别注重英语口试。

学制：4年，航轮兼习。

学习内容：第一年：代数、几何、三角、理化、船艺、通讯、燃料、厂课等。

　　　　　第二年：开始学海军专科，如航海、天文、轮机、无线电、雷达
　　　　　　　　　等等。

　　　　　除国文外，一切课本均是英文。

注：录取学生实数183名。1946年9月2日在上海报到，4日开始入伍受训。
在重庆的(马尾)海军学校未毕业学生先赴南京实习，1947年4月并入
青岛(中央)"海军军官学校"，至此具有80年历史的马尾海校最后被合并停
办。

海军军官学校组织系统表（初期）

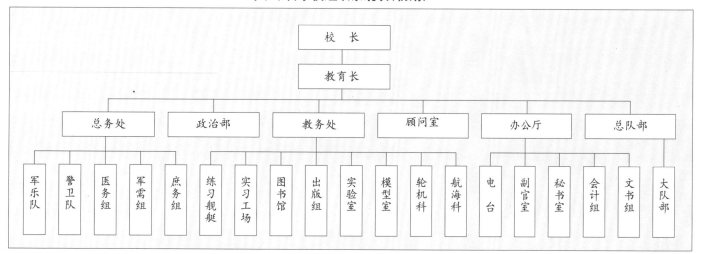

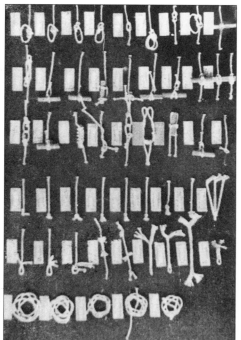

海军官校海军应用之绳结。

海军官校仪器训练。

海军官校登陆训练。

海军官校体育场。

海军官校对空射击练习。

海军官校航行实习。

海军官校按月举行考试。

　　1945年12月18日在青岛海阳路正式成立"中央海军训练团"，即CNTC，直属军委会，专门训练中国两栖舰队，由美国派海军顾问团负责训练中国海军人员。

二、中央海军训练团

中央海军训练团内景一角。

海上划船训练。

中央海军训练团主任林祥光上校，烟台海校驾驶第十八届毕业。曾任中国驻美国海军武官、侍从室副官等职。

中央海军训练团组织人事表

组织机构	主要负责人	主　要　经　历		
顾问室	首席顾问 威丁·柯福恩	美国海军上校		
主任室	主任林祥光 副主任康肇祥	中国驻美国海军武官、侍从室副官 厦门海军巡防处处长		
机要室	陈庭椿	机务课	林刚	
秘书室	刘启元	军需课	郑昂(兼)	
参谋室	郑昂(兼)	编译课	郑海楠	
副官室	刘均培	教育课		
总务课	郑鸿久	军医课		
训练课	原邓兆祥兼 后郑海楠	政治处	陶涤亚	原国防部二厅政治部主任

通讯组在教室上课。

在"中训"号进行舰上尾舷炮塔演习。

(青岛)海军军官学校校门(原中央海军训练团所在地)。

三、海军军官学校(青岛)

由上海的"海军军官学校"与在青岛的"中央海军训练团"于1947年4月25日合并,原"中央海军训练团"改称为海军军官学校接舰训练班。从此(青岛)海军军官学校遂成为蒋介石培养嫡系海军惟一的一所海军军官养成教育机构。

(青岛)海军军官学校遗下的楼房(办公楼)。

首任校长蒋介石(时任国民政府主席),任期从1946年6月16日至1947年12月。

第三任校长郭发鳌,电雷学校航海第一届毕业。曾任该校学生总队总队长,1949年5月8日接任第三任校长至1951年4月4日止。

第二任校长魏济民,字树人,山东历城人,福州海军学校航海第五届毕业,曾留学英国。抗战期间在敌后布雷,后为蒋介石侍从参谋,率队赴美接舰,胜利后任舰队指挥部参谋长、海军总司令部副参谋长、该校副教育长、校长,任期1947年12月至1949年5月。

第四任校长王恩华,字中泽,江西南康人,电雷学校一期毕业,历充候补副艇长、舰长、鱼雷教官、处长、舰队司令等职。

海军军官学校主要领导人

姓　名	职　务	原　职　务　及　任　期
蒋中正	首任校长	国府主席(兼)任期1946年6月－1947年12月
陈　诚	副校长	参谋总长兼海军总司令兼任期1946年6月－1947年12月
桂永清	教育长	海军代总司令(兼)，任期1946年6－1947年12月
魏济民	第二任校长	原海军总司令部副参谋长、副教育长，1947年12月升校长
郭发鳌	第三任校长	原学生总队总队长，1949年5月升任校长
王恩华	第四任校长	原舰队司令，1951年4月任，时已迁台

(青岛)海军官校遗下的教学楼。

(青岛)海军官校遗下的宿舍(接舰班)。

海军军官学校学生总队(原青岛海军学校)校门，该处原系若鹤兵营，在今青岛东镇。

海军军官学校学生总队遗下的楼房。

(青岛)海军官校若鹤兵营(学生总队)。

海军军官学校学生总队遗下的楼房。

(青岛)海军官校学生正在进行打索花训练。

(青岛)海军军官学校大门,今天已成海军博物馆大门。

(青岛)海军官校学生正在进行舢舨训练。

(青岛)海军官校学生正在进行旗号通讯训练。

(青岛)海军官校航海见习生在进行灯号练习。

（青岛）海军军官学校毕业生

第一届 航海班　　　　　　　　　　　　　　　　计毕业22名

罗 琦	邱 奇	范家槐	莫如光	宁家凤	刘和谦	万鸿源	黄文枢
朱德稳	倪其祥	查大根	秦庆华	朱成祥	冯国辅	郑本基	区小骥
曾国骐	胡继初	秦和之	常继权	郭琴生（廖厚泽）		刘用冲（秦远驹）	

注：本班原系（福州）海军学校航海第十一届，1946年并入海军军官
　　学校，称卅六年班，1947年5月毕业。

第二届 航海班　　　　　　　　　　　　　　　　计毕业28名

高孔荣	王熙华	杜世泓	陈国禾	陈骏根	黄锡骧	郭志海	杨树仁
虞泽淞	谢中望	陈万邦	邓国法	徐钟豪	吴伟荣	万从善	林大湘
吴树侃	陈其华	叶元达	江宗锵	宋开智	麦同丙	李赣骝	张 浩
黄慧鸿	陈 霁	张俊民	潘树韬				

注：本班原系（福州）海军学校航海第十二届，1946年并入海军军官
　　学校，称卅七年班，1948年4月毕业。

第一届 轮机班　　　　　　　　　　　　　　　　计毕业26名

陈心铭	黄承宇	吴挺芳	刘翼骐	李联灿	胡运龙	杨拱华	曾尚智
杨运时	杨才灏	王家骧	张文煜	糜汉淇	郑有年	陈启明	周百寅
鲁天一	聂显尧	萧官韶	莫余襟	赵令熙	李光昌	黄刚龄	潘启胜
（以上据《海校校刊》二、三期）曾兆钰、姚家训（以上2名据陈景芗"沿革史"）							

注：本班原系（福州）海军学校轮机第六届，1946年并入（青岛）海军
　　军官学校，称卅七年班，1948年4月毕业。

第一期 军官班　　　　　　　　　　　　　　　　计毕业21名

杨西翰	何佩伟	吴鸿盛	罗和平	朱亚滨	吴育民	沙荣生	朱育全
颜子魁	袁祖颐	孟昭华	黄文彬	吴 几	郑光模	王冉之	蒋祥嘉
胡载熙	程 已	张维正	黄启庸	张维刚			

称卅七年班，1948年4月毕业。

第一届航海班（卅六年班）摄于青岛。

第二届航海班（卅七年班）摄于青岛。

第一届（航海）、第二届（航海）（亦即马尾海校航十一、航十二）与
第一届轮机（亦即马尾海校轮六）同学摄于青岛。

第一届轮机班（卅七年班）合影。

四、（青岛）海军军官学校南迁厦门，再迁左营

　　1949年1月（青岛）海军官校由"中练"舰装载文卷装备抵厦门，接舰班
于2月迁台湾左营，全校官兵于2月21日登"中建"舰南迁厦门，8月29日及
9月12日分两批由"中练"、"中海"运载全校师生又驶赴台湾左营。卅八年
班（即马尾海校第十三届航海班）于同年11月21日在台湾毕业。此时厦门
已解放。

南迁厦门的海军军官学校。

海军军官学校南迁厦门时校景之一。

海军军官学校南迁厦门时校景之一。

第二届轮机班(原马尾海校轮机第七届),后在台湾毕业。

第三届航海班(亦即马尾海校航十三)。

第四届航海班(亦即马尾海校航十四),后在台湾毕业。

五、海军机械学校（上海，后移左营）

上海原中央海军军官学校迁并青岛后，海军总司令部即在旧址筹备成立海军机械学校，以造就设计和制造舰械人才为主。1947年秋招收高中毕业生入校受训，仍按照各省人口比例，采取分省定额制录取。

海军机械学校旧址。1947年创办于上海高昌庙(今鲁班路)，初由江南造船所马德骥兼教育长，柳鹤图任教务主任。1948年2月由王先登任校长。1949年4月由"昆仑"军舰迁往台湾左营。

海军机械学校校本部大楼，即原(上海)海军军官学校校本部大楼。

● 第五节　接收日本赔偿舰艇

　　根据中美英苏四盟国协议,日本海军在投降以后,其残余军舰的处置:
一、大型军舰销毁或凿沉;二、一般中型的抽出131艘分配给中美英苏4国,前
后4次抽签分配,中国共得34艘。

一、销毁或凿沉日本大型军舰

停泊在吴港内的日本残余军舰。

　　根据盟国协议,日本大型军舰必须销毁或凿沉。图为美军令
日兵自中型登陆舰内将日本大炮等掷入大海,即将日本所有舰艇
武器一律予以毁灭。

二、分配日赔偿军舰抽签典礼

　　1947年6月18日,在东京盟军总部召开中美英苏四强代表抽签
分配日本赔偿军舰典礼。右一为中国代表海军轮机上校马德建。

中国代表马德建海军上校正在抽签之情景。

三、中国四批接收日本赔偿军舰

　　第一批抽得8艘,于1947年7月6日在上海高昌庙举行接收仪式,由海军上海第一基地司令方莹将军接收。

停泊在高昌庙海军江南造船所江面的日本赔偿军舰,观者如潮涌。

在上海高昌庙举行接收日赔偿军舰的仪式,靠泊码头的为日舰接1号"雪风"舰。

各界代表立于前排。

海军上海第一基地司令方莹,在接收典礼中致辞,后为海军接舰处处长杨道钊与中国驻日代表团联络官钟汉波少校。

在我海军"太平"号舰尾炮监控下接收日赔偿军舰。炮口前为我接收的第一艘日舰"雪风"号。接收后命名为"丹阳"号驱逐舰。

在日舰"雪风"上降下日本旗

接收时举行的升降旗仪式,在雪风舰上升起中国旗。

第一批接收的8艘日本赔偿军舰:

第一艘:接1号,日本原名"雪风",中国将之改名"丹阳"号驱逐舰。

第二艘:接2号,日本原名"枫",中国将之改名"衡阳"号驱逐舰。

第三艘:接3号,日本原名"初梅",中国将之改名"信阳"号驱逐舰。

第四艘:接4号,日本原名"四阪"海防舰,中国将之改名"惠安"巡防舰。

第五艘:接5号,日本原名"海防14"号舰,因舰况差,接收时中国未命名。1949年5月上海解放后,解放军命名为"武昌"号护航驱逐舰。重修加装100公厘主炮2门,37公厘高炮8门,25公厘机炮4门。

第六艘:接6号,日本原名"海防194"号舰,接收时中国改名为"威海"号护航驱逐舰。该舰与"武昌"舰同型,一切数据相同,但系1945年造。图为在海防第二舰队起义时不愿归顺人民在江阴被击搁浅,为解放军所虏获而加以伪装的"威海"号。

第七艘：接7号，日本原名"海防67"号舰，中国改名"营口"号护航驱逐舰。

第八艘：接8号，日本原名"海防215"号舰，中国改名"辽海"号巡防舰。"辽海"号巡防舰与"营口"号同属御藏丙级海防舰，大小、性能、装备等与"营口"舰相同，1948年海军交陆军使用。

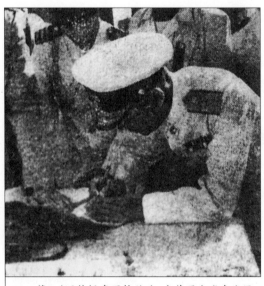

第一批8艘经我国接收后，方莹司令代表海军当局在接收证明书上签字。

接收完毕后，"雪风"舰上日本水手等搬移行李至"若鹰"舰启程返日。

第二批接收日赔偿军舰8艘于1947年7月31日在上海龙华江面日舰"鸳"号或称
"蔦"号上举行正式接收仪式。

第二批接收日赔偿军舰时情形：海军上海第一基地司令方莹代表海军当局签收，中立者为盟军总部代表希莱威勒。

日舰"鸳"号。

第二批接收的8艘日本赔偿军舰：

第一艘：接9号，日本原名"蔦"号驱逐舰，因舰况差，未立即成军，1948年始命名为"华阳"号驱逐舰。

第二艘：接10号，日本原名"杉"号驱逐舰，中国改名"惠阳"号驱逐舰。"惠阳"号驱逐舰与"衡阳"号同为姊妹舰，大小、性能、装备等一切相同。舰上火炮射控系统遭盟军拆除，因未加装，亦未服役，1949年自上海逃台在淡水外搁浅。

第三艘:接11号,日本原名"对马"舰,中国改名为"临安"舰。

第四艘:接12号,日本原名"海防118"号舰,因舰况差,接收时未成军亦未命名,1949年5月拖离上海,为解放军虏获,勘修后改名"长沙"护卫舰。

第五艘:接13号,日本原名"海防192"号舰,因舰况差,接收时未成军亦未命名,1949年5月拖至基隆,命名为"同安"巡防舰。

第六艘:接14号,日本原名"海防198"号舰。接收时因舰况差,未成军亦未命名,1949年5月在上海为解放军虏获,整修后命名为"西安"舰。图为解放军伪装后的"西安"舰。

第七艘:接15号,日本原名"海防85"号舰,中国改名为"吉安"护卫舰。1949年4月参加海防第二舰队起义后5天在南京燕子矶被炸沉。

第八艘:接16号,日本原名"海防205"号舰,接收后命名为"新安"护卫舰,与"吉安"、"辽海"、"营口"同型,一切数据相同。1954年9月该舰在澎湖海域触礁。

　　第三批接收的8艘日本赔偿军舰,于1947年8月30日在青岛港举行正式接收典礼。由海军第二基地司令董沐曾将军接收。盛况虽不如第一批,但升降旗等仪式无区别。

第三批接收典礼在日舰"霄月"号上举行,

升起国旗仪式。

青岛海军第二基地司令董沐曾致辞。

第三批接收8艘的日本赔偿军舰：

第一艘：接17号，日本原名"霄月"，中国改名为"汾阳"驱逐舰，是日赔偿军舰中吨位最大的一艘，排水量3485吨。

第二艘：接18号，日本原名"隐岐"，中国改名为"固安"。1949年2月青岛解放，"固安"舰为解放军虏获，改装为布雷舰，命名"长白"，与"临安"号同型。

第三艘：接19号，日本原名"屋代"，中国改名为"威台"，1951年在左营大修，更名为"正安"。

第四艘：接20号，日本原名"海防40"号，中国改名为"成安"护航驱逐舰，与前面"西安"、"同安"、"长沙"、"威海"、"武昌"等舰同型，一切数据相同。

第五艘:接21号,日本原名"海防104"号,中国改名为"泰安"护航驱逐舰,与上面"成安"、"西安"、"同安"等舰同型,一切数据相同。

第六艘:接22号,日本原名"海防81"号,中国改名为"黄安"护航驱逐舰,与前面"新安"、"吉安"、"辽海"、"营口"为同型舰,一切数据相同。

第七艘:接23号,日本原名"海防107"号,中国改名为"潮安"护航驱逐舰。

第八艘:接24号,日本原名"输字16"号,中国改名为"武彝"运输舰。

第四批接收日赔偿军舰10艘,于1947年10月4日在青岛大港举行正式接收典礼,仍由青岛海军第二基地司令董沐曾接收。

接收时降下日本旗,升上中国国旗。

向国旗敬礼。

第四批接收的10艘赔偿军舰：

第一艘:接25号,日本原名"波凤"舰,中国改名为"沈阳"号驱逐舰。

第二艘:接26号,日本原名"输字172"号舰,中国改名为"庐山"号运输舰,亦即战车登陆舰。

第三艘:接27号,日本原名"白崎"舰,中国改名为"武陵"号运输舰。

第四艘:接28号,日本原名"济州"号,中国改名为"永靖"布雷舰。

第五艘:接29号,日本原名"黑岛",中国接收时未名,是一艘水雷敷设舰。

第六艘:接30号,日本原名"追字49"号艇,中国改名为"海宏"巡逻舰,1951年更名"雅龙"舰,1954年改名"渠江"(一说"珠江")。

第七艘:接31号,日本原名"追字9"号艇,中国改名为"海大"巡逻艇,1951年大修后改名为"富陵"舰,1954年再度更名为"闽江"舰。

第八艘:接32号,日本原名"万字14"号艇,接收时中国改名为"扫雷201"艇。

第九艘:接33号,日本原名"万字19"号艇,中国改名为"扫雷202"艇,1951年改编为"江勇"号港巡艇。"扫雷202"艇,与"扫雷201"艇同型,一切数据相同。

第十艘:接34号,日本原名"万字22"号艇,中国改名为"扫雷203"艇,这是日本赔偿的最后一艘,也是最小的一艘,后亦改编为港巡艇"江义"号。"扫雷203"艇与"扫雷201"、"扫雷202"艇同型,同为姊妹艇,均属木壳扫雷特务艇,一切数据相同。

中国接收日本赔偿舰艇统计

日偿舰型	数量 (艘)	中国获得 (艘)	备 注
驱 逐 舰	26	7	赔偿舰艇是指在日本本土残存的舰艇,中美英苏四国分配的舰艇,不包括接收日本侵华的海军。 中国接收赔偿舰艇34艘其排水量总标准吨为30500吨,满载吨约36000吨。
海 防 舰	67	17	
布 雷 舰	11	2	
猎 潜 舰 艇	5	2	
扫 雷 舰 艇	14	3	
鱼 雷 攻 击 舰	1	0	
输 送 舰 艇	8	2	
其 他 舰 艇	3	1	
合 计	135	34	

接收日本赔偿舰艇表

接收批别	接收序号	日舰原名	接收改名	舰种	舰长(米)	舰宽(米)	吃水(米)	标准吨	满载吨	马力(匹)	最高航速(节)	平速(节)	续航力(海里)	主炮(门)	25公厘高角炮(门)	76公厘反潜白炮(门)	13公厘高角机枪(门)	水鱼雷(枚)	深水炸弹(枚)	制成年份
第一批（地点上海）	接1号	雪凤	丹阳	驱逐舰	103.2	10.8	3.7	2050	2490	52000	35	18	4350	127公厘2	24		4	鱼雷16	36	1940
	接2号	枫	衡阳	驱逐舰	100	9.4	3.3	1262	1530	19000	27.8	16	4050	127公厘2	24			4	36	1944
	接3号	初梅	信阳	驱逐舰	100	9.4	3.4	1289	1580	19000	27.8	16	4050	（战后完工未及安装火炮）						1945
	接4号	四阪	惠安	海防舰(护航驱逐舰)	78.8	9.1	3	940	1020	4200	19.5	16	4350	120公厘3	16	1			120	1945
	接5号	海防14	(武昌)	海防舰(护航驱逐舰)	69.5	8.6	3	740	900	2500	17.5	14	3900	120公厘2	12	1			120	1944
	接6号	海防194	威海	海防舰(护航驱逐舰)	69.5	8.6	3	740	900	2500	17.5	14	3900	120公厘2	12	1			120	1945
	接7号	海防67	宫口	海防舰(护航驱逐舰)	67.5	8.4	2.9	745	810	1900	16.5	14	5650	120公厘2	12	1			120	1944
	接8号	海防215	辽海	海防舰(护航驱逐舰)	67.5	8.4	2.9	745	810	1900	16.5	14	5650	120公厘2	12	1			120	1945
第二批（地点上海）	接9号	茑	华阳	驱逐舰	100	9.4	3.4	1289	1580	19000	27.8	16	4050	127公厘3	24			4	36	1945
	接10号	杉	惠阳	驱逐舰	100	9.4	3.3	1262	1530	19000	27.8	16	4050	127公厘3	24			4	36	1944
	接11号	对马	临安	海防舰(护航驱逐舰)	77.8	9.1	3	870	1020	4200	19.7	16	6950	120公厘3	15	1			60	1943
	接12号	海防118	(长沙)	海防舰(护航驱逐舰)	100	8.6	3	740	900	2500	17.5	14	3900	120公厘2	12	1			120	1944
	接13号	海防192	同安	海防舰(护航驱逐舰)	100	8.6	3	740	900	2500	17.5	14	3900	120公厘2	12	1			120	1945
	接14号	海防198	(西安)	海防舰(护航驱逐舰)	100	8.6	3	740	900	2500	17.5	14	3900	120公厘2	12	1			120	1945
	接15号	海防85	吉安	海防舰(护航驱逐舰)	67.5	8.4	2.9	745	810	1900	16.5	14	5650	120公厘2	12	1			120	1945
	接16号	海防205	新安	海防舰(护航驱逐舰)	67.5	8.4	2.9	745	810	1900	16.5	14	5650	120公厘2	12	1			120	1944
第三批（地点上海）	接17号	宵月	汾阳	驱逐舰	134.2	11.6	4.2	2701	3485	52000	33	18	8000		51			8	72	1945
	接18号	隐岐	固安	海防舰(护航驱逐舰)	77.7	9.1	3	870	1030	4200	19.7	16	6950	120公厘3	15	1			60	1943
	接19号	屋代	威台	海防舰(护航驱逐舰)	78.8	9.1	3	940	1020	4200	19.7	16	4350	120公厘3	14	1			120	1945
	接20号	海防40	成安	海防舰(护航驱逐舰)	69.5	8.6	3	740	900	2500	17.5	14	3900	120公厘2	12	1			120	1945
	接21号	防104	泰安	海防舰(护航驱逐舰)	69.5	8.6	3	740	900	2500	17.5	14	3900	120公厘2	12	1			120	1945
	接22号	海防81	黄安	海防舰(护航驱逐舰)	67.5	8.4	2.9	745	810	1900	16.5	14	5650	120公厘2	12	1			120	1945
	接23号	海防107	潮安	海防舰(护航驱逐舰)	67.5	8.4	2.9	745	810	1900	16.5	14	5650	（战后完工未及安装火炮）						1946
	接24号	输字16号	武奕	运输舰	96	10.2	3.6	1800	2300	9500	22	18	5600	127公厘2	26		5		42	1944
第四批（地点青岛）	接25号	波风	沈阳	驱逐舰	102.6	8.9	3.4	1215	1650	22000	28	14	3100	120公厘1	12		8			1922
	接26号	输字172号	庐山	运输舰	80.5	9.1	3	887	1129	2500	16	14	4400	（战后完工未及安装火炮）						1945
	接27号	白崎	武陵	供应舰	59.4	9.4	3.1	920	1500	1600	15	12	5600	80公厘1	2		2			1942
	接28号	济州	永靖	轻布雷舰	75.5	7.9	2.6	750	820	3500	20	14	3500	80公厘1	6			水雷120	36	1942
	接29号	黑岛	(未命名)	水雷敷设舰	45.7	7.6	2.6	405	430		12.8		1040	80公厘1				水雷120		1914
	接30号	追字49号	海宏	巡逻艇(驱潜艇)	51	6.7	2.7	420	460	1700	16	12	1127	80公厘1	3		7.6公厘2		36	1944
	接31号	追字9号	海大	巡逻艇(驱潜艇)	56.2	5.6	2.1	290	309	2600	20		12	40公厘2	3				36	1939
	接32号	万字14号	扫播201号	扫海特务艇(辅助扫雷艇)	29.6	5.9	2.4	215	222	300	9.5	8.6	1106	80公厘1			7.7公厘1		6	1943
	接33号	万字19号	扫播202号	扫海特务艇(辅助扫雷艇)	29.6	5.9	2.4	215	222	300	9.5	8.6		80公厘1			7.7公厘1		6	1943
	接34号	万字22号	扫播203号	扫海特务艇(辅助扫雷艇)	29.6	5.9	2.4	215	222	300	9.5	8.6	2181	80公厘1			7.7公厘1		6	1943

备注：

1、接5号、接12号、接14号接收时间因舰况差未成军亦未命名，1949年5月人民解放军在上海房获后加以勘修分别命名为"武昌"、"长沙"和"西安"号。

2、接29号，因舰龄最老。接收时未命名亦未勘修。

3、接30号改名"海宏"号，1951年在基隆大修后更名为"雅龙"舰，1954年再度更名为"渠江"号。但据《日本海军装备》第402页载更名为"珠江"号，待考。

4、接31号改名"海大"号，1951年在左营大修后更名为"富陵"舰，1954年再度更名为"闽江"舰。

5、大部舰艇终战时舰上火炮射控系统悉遭盟军拆除，担任遣俘运送作业。

6、接3号、接23号、接26号均系战后完工，未及安装火炮。接3号接收时始安装旧式日制舰炮；接23号，于1949年2月在基隆始加装美制舰炮。

7、接18号改名"固安"号，于1949年2月在青岛为人民解放军房获，重新命名为"长白"号。

8、接19"屋代"号，接收时改名为"威台"号，1951年在左营大修并加装美制舰炮，更名为"正安"舰。

9、接22号改名"黄安"舰，起义接收换装俄国舰炮更名为"沈阳"舰。

10、本表参照钟汉波《驻外武官的使命》、柳永琦《海军抗日战史》及《近代中国海军》编制而成，以上三书略有出入，供参考。

●第六节　收回甲午战败海军被掠失物

　　甲午战败,日本曾劫掠我"镇远"、"靖远"等舰,后来为了夸示其战绩,污辱中国,曾将两舰的铁锚陈列于东京上野公园,锚外还放着"镇远"主炮弹10颗,围以锚链20寻,锚前还记有甲午战役经过,颠倒黑白,荒诞不经,数十年来我华侨及留学生经过此地,莫不掩面痛哭,尤以海军人员为甚。1947年2月,经我驻日代表团少校参谋钟汉波交涉,几经波折,终于1947年5月1日在东京芝浦、东海码头举行归还仪式。这些失物归还后,即运青岛,在海军军官学校校园陈列,被俘舰物重归故国,洗雪了中国海军史上50余年来之耻辱。

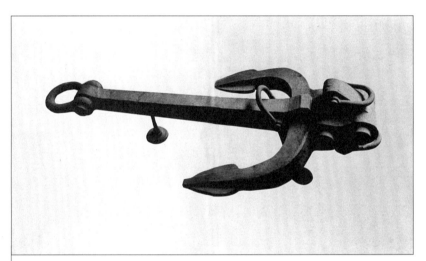

"镇远"舰铁锚。

　　"镇远"4吨重的铁锚,由驻日代表团海军少校参谋钟汉波(图中立者)于1947年5月1日签收后吊装于东京芝浦码头时留下的镜头。

"致远"、"经远"舰上遗物。

　　被俘舰物分别于1947年5月15、18日由"隆顺"、"飞星"运回上海。图为"飞星"号。

●第七节 英国赠舰

　　根据1944年中英协定,英国除帮助国民政府训练海军外,决定赠借剩余舰艇13艘,其中包括巡洋舰1艘,护航驱逐舰2艘,潜艇2艘及海岸巡防快艇8艘。潜艇2艘未到,实收11艘。我国派出赴英接舰学兵队接收。

一、赴英接舰

冯启聪。

1946年4月初到达英国朴茨茅斯军港"荣誉"号巡洋舰上受训的中国赴英接舰学兵。

　　赴英接舰学兵系公开招考,总队下辖两个大队,第一大队大队长邓兆祥(上图),第二大队大队长冯启聪(左图),每个大队辖4个中队。先受陆军和海军常识训练以及英美礼仪及生活方式培训等。

接舰学兵在英国"荣誉"训练舰上训练前在甲板上做早操。

接舰部分官兵与教员在英国"荣誉"训练舰甲板上合影。

1946年6月8日,英国为庆祝第二次世界大战的胜利,在伦敦举行游行。应邀参加的有中、美、苏、法等46个国家的代表,中国由赴英接舰学兵选拔72名参加。图为英皇乔治六世及其母玛格丽特皇太后等检阅游行队伍,走在第二的是中国代表队(海军)。

参加接舰仪式的中英官员:左起英国海军大臣、原"奥罗拉"舰长、驻英中国海军武官、朴茨茅斯市市长、朴茨茅斯港要塞司令。

二、接收"重庆"、"灵甫"舰回国

1948年5月19日,在英国朴茨茅斯港举行"重庆"、"灵甫"2舰交接仪式。"重庆"是赠送,"灵甫"是租借的,由中国驻英大使郑天锡代表中方接收。

在朴茨茅斯港举行"重庆"、"灵甫"两舰移交典礼时情形。

中国驻英大使郑天锡检阅中国接舰学兵队。

"重庆"、"灵甫"两舰接舰仪式时,徐徐降下英国海军旗。

"重庆"号副舰长刘荣霖在双联主炮前(左2)。

中国驻英大使郑天锡接见中英双方军官。

英赠送的"重庆"号巡洋舰,原名"奥罗拉",亦称"震旦"号,排水量5270吨,长153米,宽15.2米,马力64000匹,航速每小时32海里,1937年造。舰上有双联152毫米主炮3座,双联105毫米副炮4座,40毫米高射炮2座,双联20毫米机关炮3座,配置雷达炮火指挥仪,可以控制火炮集中对海、对空射击,能自动装填炮弹,还有三联装530毫米鱼雷发射管2座,是当时一艘拥有现代化装备的新型舰艇,是英国海军大臣的旗舰,又是巡洋舰队的旗舰,战绩辉煌,被誉为英国皇家海军的"功勋巡洋舰"。右上角为接收后新任"重庆"舰舰长邓兆祥。

英国租借的"灵甫"号护航驱逐舰。原名"孟狄甫"(MSMendip),是蒋介石为纪念孟良崮"剿匪"而丧生的国民党整编74师师长张灵甫而命名的。1500吨,航速每小时28海里,舰前后装有15生大炮各一尊,还有一尊10生的高射炮,舰首有破雷卫,舰尾有2排深水炸弹,是英海军中比较闻名的军舰。新任舰长郑天杰(当年驻英大使郑天锡的胞弟),副长池孟彬,轮机长王民彝,航海官刘耀璇,航海大副何鹤年等。

三、英赠"伏波"舰与该舰惨案

1946年1月12日，英国赠送中国的第一艘护航驱逐舰"波图尼亚"号，中国改名为"伏波"号，排水量1400吨，同年8月8日离英，12月14日抵南京。

中国接舰学兵离英前与教员合影于英舰"荣誉"号前甲板上。

"伏波"舰首任舰长柳鹤图，马尾海校第五届航海班毕业。遇难的继任舰长姜瑜，系长期在陆军工作，由桂永清调换来的。

回国后不到4个月的"伏波"舰于1947年3月10日午夜在距厦门100海里的龟屿海面被"海闽"轮撞沉。全舰除轮机官焦德孝1人获救外，继任舰长姜瑜等130人官兵均遇难。图为"海闽"轮及船长戴儒林。

英赠海岸巡防艇SDMD3515号。

四、英赠8艘海岸巡防快艇

　　1946年10月由在英受训的接舰官兵接收。因艇小未能自驶回国,故人船分开而行,于1947年先后由英运输船载运回国,归海岸巡防艇队指挥。

"1406"号侧面,还赠有与此同型的"1033"、"1047"、"1055"、"1059"、"1068"、"1396"、"1405"等号计7艘,于1947年9月前先后到达。

　　由英Samwyc号运送上海之英赠第一艘巡防快艇"1406"号,于1947年3月4日抵沪,此艇亦称巡逻艇、摩托江防艇。48吨,长72英尺(22米),吃水3英尺(0.9米),速率11海里,高射、平射两用双联装机枪1座,定员12人。

英赠海岸巡防艇SDMD3515号。

● 第八节　美国赠舰

　　1946年7月美国国会通过第512号法案，授权总统"将溢出美国政府海军需要的若干海军舰艇及浮坞，无偿转让于中华民国政府"，根据这个法案，美国将护航驱逐舰等271艘拨让中国，并派遣海军顾问团协助中国训练海军，实则是美国为了帮助国民党政府打内战，而把战争中多余的废旧舰船用租借或赠予的方式，推销给中国。这些舰艇后来主要作为国民党政府反共反人民的工具。

一、中美海军协定

提议拨让舰艇271艘给中国之美国国防部长、前任海军部长福莱斯特尔。

代表美国政府签订《中美海军协定》之美驻华大使司徒雷登。

在执行一年后的1947年12月8日，由中国当时的外交部长王世杰代表中国政府与美国驻华大使司徒雷登代表美国政府，在中国外交部签订了《中美海军协定》。

美国拨让舰艇的种类

舰种 （型）	流动船坞	修理船	驱逐巡逻舰	扫雷舰	驱潜舰	登陆艇	油船	调查艇	摩托炮艇	浮筒及轻型渡船
数量（艘）	2	2	2	24	28	193	3	3	6	6

注：接收时发现大多是已报废或快要报废的超龄、退役的舰船，有的不能修理，无力拖回。

二、接收首批赠舰

　　美国首批赠与中国的军舰是在协定正式签订前的1945年8月,在美国编队,其中有护航驱逐舰2艘,扫雷舰4艘,小型驱潜舰2艘,共计8艘。根据美国的惯例,吨位大的舰船才有名字,吨位小的常编为号码。

八舰种类与性能表

原编号	原名	改名	舰 种	排水量(吨)	长(米)	宽(米)	航速(节)	下水年份
DE-6	Decker	太康	护航驱逐舰	1400	86.3	10.7	20	1944年
DE-47	Wyffels	太平	护航驱逐舰	1400	86.3	10.7	20	1944年
AM-257	Mainstay	永胜	扫雷舰	900	54.9	9.1	14	1942年
AM-258	Magnet	永顺	扫雷舰	900	54.9	9.1	14	1942年
AM-259	Logic	永定	扫雷舰	900	54.9	9.1	14	1942年
AM-260	Lucid	永宁	扫雷舰	900	54.9	9.1	14	1942年
PCE-867		永泰	驱潜舰	900	54.9	9.1	14.5	1943年
PCE-869		永兴	驱潜舰	900	54.9	9.1	14.5	1943年

集中于巴拿马运河东口可伦港的美赠"太康"等8舰。由国民党政府驻美武官刘田甫及该舰队指挥官林遵接收的。

美蒋签订移交军舰仪式。

原名6号,中国改名为"太康"的护航驱逐舰。它具有鱼雷、深水炸弹和5吋大炮,巡航半径较大,是海军中用途最多的军舰。1949年5月蒋介石乘此舰逃往台湾。

美赠的驱潜舰"永泰"号。

这8艘军舰在1945年12月接收后，于1946年1月驶抵古巴美国海军基地关塔那摩接受训练，4月8日离开古巴回国，7月21日抵南京，24日举行归国典礼。图为归国时舰队经过巴拿马运河水闸。

美赠4艘扫雷舰原名"257"、"258"、"259"、"260"号，中国改名为"永胜"、"永顺"、"永定"、"永宁"号。图为"永胜"号。

"永顺"号，原名"258"号，900吨，执行扫雷工作的舰艇。

三、美赠"峨嵋"、"兴安"舰

"峨嵋",原名"玛咪"(Maumee),接收后去掉M,便是"峨嵋",是美国赠送的最大一艘军舰。排水量1.47万吨,长475英尺(144.8米),宽56.5英尺(17.2米),吃水27.3英尺(8.3米),炮5尊,40厘米炮2尊,20厘米炮8尊,是美国历史悠久的修理舰,舰上建有小型的船坞,作修理小型艇之用。1946年7月护送8舰回国后,派梁序昭上校为舰长。

美赠"兴安"舰。原是美海军第455号战车登陆舰,后改装为修理舰。长328英尺(100米),宽50英尺(15.2米),吃水13英尺(4米),以修理步兵登陆舰为主要任务。1947年11月接收后始命名为"兴安"。

四、美国转让的其他舰艇

美国转让的其他舰艇,有登陆舰,以"中美联合"四个字作为舰名之首,由在青岛的美国第七舰队及青岛海军训练团会同办理接收工作。

舰 种	舰 名	艘数及排水量	备 注
战车登陆舰	中海、中权、中鼎、中兴、中建、中业、中训、中基、中程、中练.	10艘,各重4000吨	截至1948年9月止
中型登陆舰	美珍、美乐、美颂、美益、美明、美盛	6艘,各重900吨	截至1948年9月止
步兵登陆舰	联珍、联璧、联光、联华、联胜、联利	6艘,各重380吨	截至1948年9月止
坦克登陆艇	合众、合群、合坚、合永、合诚	5艘,各重279吨	截至1948年9月止
护航舰	太和、太仓、太湖、太昭		1949.4.太和、太仓抵上海,后2艘已近解放
浮船坞	2艘,一在厦门,一在青岛	各重9000吨 载重3000吨	1948年2月接收

美国赠送的登陆舰之一部,分别以"中美联合"四个字作为舰名之首。

"中"字号舰"中都"号(LST230),1653吨,11.6节,同型的另有19艘:"中海"、"中鼎"、"中兴"、"中建"、"中基"、"中训"、"中练"、"中荣"、"中肇"、"中启"、"中权"、"中胜"、"中富"、"中程"、"中强"、"中治"、"中明"、"中万"、"中业"。

"美"字号舰"美珍"号(LSM341)。743吨,12节,1946年5月抵华,同型的有"美颂"、"美平"、"美乐"等舰。

"联"字号舰"联胜"号,在江南造船所第二号船坞修理,系步兵登陆艇,380吨,同型的有"联珍"、"联璧"、"联光"、"联华"、"联利"等。

"合"字号舰"合风"号(Lcu405),158吨,10节,同型的有17艘,如"合群"、"合众"、"合忠"等,系效用登陆艇。

在厦门举行的美赠浮船坞接收典礼。

美赠的护航驱逐舰"太"字号"太湖"、"太昭"舰,1240吨,航速20节,同型的有"太和"、"太仓"等。

主持接收浮坞的厦门巡防处处长康肇祥上校。

可以驶入舰船之浮坞内部。

美赠的其他军舰之一。

美赠的其他军舰之"玉山"护航炮舰,1400吨,航速24节。

●第九节　旧不平等条约与英美等放弃在华特权的所谓"新约"

　　鸦片战争后,清政府与列强签订了一大批丧权辱国的不平等条约,勒索战争赔款,割去大片领土,控制交通口岸,强划租界。列强可以驻军,军舰、商船可以在中国领海、内河任意航行;控制海关,商品可以自由倾销;享有领事裁判权、自由传教、自由到中国内地游历等等特权;还强租港湾,划分势力范围,破坏了中国领土完整,致使领海主权丧失。第二次世界大战期间,汪伪与日本签订了废除治外法权和徒具形式的日本交还租界等"新约",客观上增加了对英美的压力,促使蒋介石把废除不平等条约提到议事日程。由于中国沿海、沿江口岸及重要城市均已被日本占领,英美在华的许多特权,实际已不复存在。1943年1月,英美正式签订放弃在华各种特权的新约,但仍不彻底,如据中英新约,英国始终不肯归还九龙、香港;据中美新约,美国军舰仍可变相自由进入中国领海。

一、不平等条约下中国丧失的主权

　　外国人在中国享有种种特权,而中国人在外国却不能同样享有,这就是不平等。从1842年到1911年,清王朝同各帝国主义国家签订的不平等条约、协定、章程、合同有515个,中国除了割地赔款外,还丧失了许多主权。

外国军舰、商船可以在中国领海、内河任意航行。图为美国军舰在长江江面游弋。

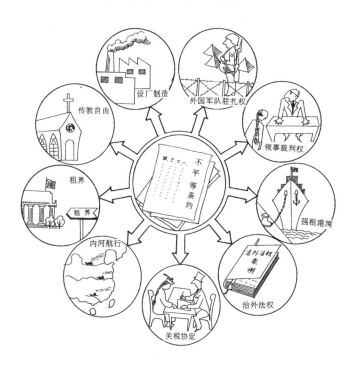

不平等条约规定的列强特权

准许外国教士在中国设立教堂,并自由传教。

控制海关,外国商品可以自由倾销。图为最早的上海海关。

控制银行。图为1848年英国东方银行上海支行(丽如银行)。

控制邮政。图为1868年英国人在上海开设的邮局。

准许华工出国,图为被称作"猪仔"的中国廉价劳动力,遭非人待遇,挤在一条船上被出卖,远离家乡,漂洋过海,中途大量死亡。

外人可以在中国自由设厂经商。图为1865年英商在上海创设的耶松船厂。

英商怡和洋行在上海开设的公和洋码头有限公司。

1858年英商在上海创办的船坞公司。

外国资本家最初在中国经营的船舶修造厂

厂　名	国别	建立年	所在地
柯拜船坞	英	1845年	广州黄埔
美商船厂	美	1852年前	上海
浦东船坞公司	英	1853年	上海
上海船坞公司	英	1858年	上海
厦门船厂	英	1858年	厦门
祥生船厂	英	1862年	上海
旗记铁厂	美	1863年	上海
香港黄埔船坞公司	英	1863年	香港与黄埔
旗记铁厂	美	1863年	广州黄埔
船厂	英	1864年前	厦门
于仁船坞公司	英	1864年	九龙与黄埔
耶松船厂	英	1865年	上海
厦门机器公司	英	1893年	厦门

马建忠著的书，指出"洋商入内地，执半税之印照，连樯满载，卡闸悉予放行；而华商候卡之稽查，倒篚翻箱，负累不堪言状……"，说明洋商与华商在关税税率、验关放行等之不平等状况。

外国船只得以自由驶入长江等内河。

上海公共租界及工部局大楼。

天津英租界埠头

在租界内设立的外国领事陪审的"会审公堂",外国人享有治外法权。

中国的教士也逃不出"会审公堂"的惩罚,何况其他中国人。

外国人得以自由往内地游历通商。

在租界内任意轻视侮辱中国人。图为1885年外国人在上海黄埔公园门外挂上"华人与狗不得进入"的牌示。

二、在不平等条约与反动统治下人民的苦难生活。

饿死荒野的农民父子。

用泥土充饥的农民。

为避灾荒四处逃亡的农民。

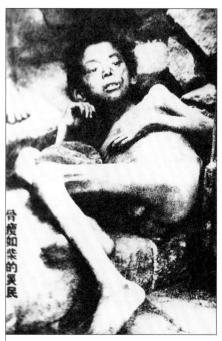

骨瘦如柴的灾民。

饥民在路旁行乞。

饿死的四川灾民。

在北洋军阀统治下,无辜群众经常被屠杀。

直系军阀在残酷屠杀工人。

三、中国人民为废除不平等条约而斗争

　　1897年德国借口"曹州教案"侵占胶州湾,并迫使清政府于次年签订《胶澳租界条约》,强行租占青岛,辟为军港和商港。第一次世界大战期间,又为日本强占。由于"五四"运动的压力和影响,1922年为我国收回。图为青岛市之接收碑。

1898年租让英国的威海卫，本以21年为期，早已期满，英国却借词延期，始终未还，直至1930年10月1日在南京互换批准书才交还，但刘公岛仍被保留10年。图为威海卫三角公园大门，为一鲸鱼之下颌骨所筑成。

威海卫接收典礼，由王家桢、徐祖善(海军)接收。

1927年1月30日，英国在汉口制造惨案，将英租界附近讲演的群众打死打伤30多人。图为群众与英水兵搏斗。

愤怒的群众在围攻英租界。

被汉口工人纠察队占领并夺回的英租界。

1927年1月6日，英国又在九江发动武装挑衅，打死打伤工人数人，九江工人英勇占领了英租界。图为九江英租界。

四、美英所谓放弃在华特权与改订新约

第二次世界大战期间,由于中国沿海江口岸及重要城市均已被日本占领,英美在华的许多特权实际已不复存在。1943年1月英美正式签订放弃在华各种特权并改订新约。

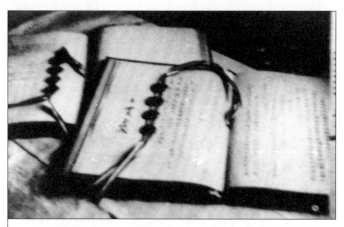

中美"平等"新约,但美国军舰仍可变相自由进入中国领海,仍不平等。

中英"平等"新约签字(中为宋子文),但该"平等"新约仍不彻底,如九龙、香港英国始终不肯归还。

各报发表对丧权辱国的"中美商约"的批评。

不平等条约虽被废除,但1946年11月4日,签订的《中美友好通商航海条约》(简称"中美商约")等,仍不平等,遭到各界反对。

根据商约,上海港成为美国对中国掠夺的重要港口。图为中国工人正搬运物资。

●第二十三章
解放战争时期的海军

●第一节　全面内战的爆发

　　日本正式投降,躲在峨嵋山上静待国际形势变化的蒋介石,因军队实力大部分保存在西南大后方,对他接收日伪军十分不利。蒋介石为了夺取胜利果实,一面由美国帮助空运和海运军队人员,一面让日军保留现有指挥机构,"维持"所在地的秩序,并令日军一切武器等必须完整交其所指定之部队长官,把积极抗战并在敌后围困敌人的八路军、新四军排除在受降之外。针对蒋介石"寸权必夺,寸土必争"的方针,中共提出"针锋相对,寸土必争"的口号。1946年6月26日,国民党进攻中原解放区,全面内战爆发,从此,中共领导全国人民进行了具有伟大历史意义的解放战争。

躲在峨嵋山保存实力消极抗战的蒋介石。

　　"日本投降后,蒋介石甚至连再占领华南都有极大的困难。由于共产党人占领了铁路线中间的地方,蒋介石要想占领东北和中南就不可能。假如我们让日本人立即放下他们的武器,并且向海边开去,那么整个中国就会被共产党人拿过去。因此我们必须采取异乎寻常的步骤,利用敌人来做守备队,直到我们能将国民党的军队空运到华南,并将海军调去保卫海港为止。因此我们便命令日本人守着他们的岗位和维持秩序。等到蒋介石的军队一到,日本军队便向他们投降,并开进海港,我们便将他们送回日本。这种利用日本军队阻止共产党人的办法是国防部和国务院的联合决定而经我批准的。"又说:"蒋介石需要我们帮助他,把他的军队运到日本主要部队准备投降的地区。否则中国共产党人就会收缴日本军队的武器,还会占领日本人所控制的地区。"

　　蒋介石为夺取胜利的果实,经美蒋精心策划,利用日本军队阻止中共接收。这是美国杜鲁门总统在其《回忆录》中不打自招地说出了实情。

　　蒋介石命令日军驻华最高指挥官冈村宁次,保留日军现有指挥机构,维持所在地秩序,日军一切武器必须完整交给他所指定之部队长官。还命令将支那派遣军总司令官名义取消,改称中国战区日本兵善后总联络部长官。这样侵略者摇身一变,又做了蒋介石手下的大官。

美帝直接出兵占领我沿海城市，帮助蒋介石抢占军事要点，图为美国军舰游弋在我山东青岛海域。

美国军舰将国民党军队运到各个日占大城市进行接收工作，从海上运到山东的蒋军就有13个军，包括37个师47,3700人。

美国军舰运送的国民党军队开往东北。

针对蒋介石"寸权必夺，寸土必争"的方针，中共"针锋相对，寸土必争"，下令被八路军围困的日军向八路军缴械并命令八路军积极攻克沦陷国土。

美国派9万人的海军陆战队占驻上海、青岛、天津、北平、秦皇岛等重要城市。图为由美国军舰运送的国民党军队进入上海。

日军向八路军缴械。

美国为国民党军队装备新式美械计60个师。国民党还接收了侵华日军100万人投降时交出的全部装备。图为由国民党军队收缴的日军部分武器。

八路军攻克日本宣布投降后继续被日军侵占的山海关。

八路军攻克日本宣布投降后继续被日军侵占的张家口。

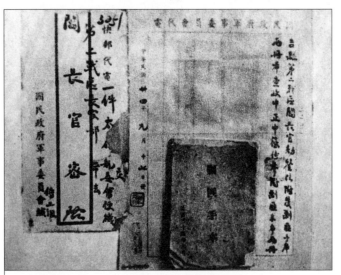

日本投降后蒋介石即秘密颁发《剿匪手本》,部署内战。图为解放军缴获的蒋介石给阎锡山的密函和《剿匪手本》。

1946年6月26日,国民党军队进攻中原解放区,全面内战开始打响。1947年7月,蒋介石下达了"戡平共匪叛乱总动员令",并发表了"戡乱建国"的广播演说,公开进行反革命内战总动员。

美援蒋军事统计表
(1946年7月以前)

美国为国民党训练部队与军事人员	15万人
装备国民党军队	45个师
美国用飞机、军舰运送国民党军队	54万人
美国海军陆战队登陆中国	9万人
美援蒋贷款物资	591 400万美元

敌我兵力对比变化
(1947年6月～1948年11月)

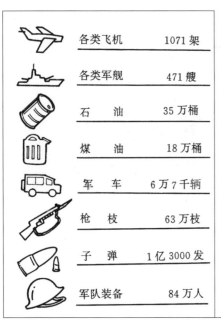

各类飞机	1071架	
各类军舰	471艘	
石 油	35万桶	
煤 油	18万桶	
军 车	6万7千辆	
枪 枝	63万枝	
子 弹	1亿3000发	
军队装备	84万人	

1945～1949年间美国为帮助国民党政府进行内战,给国民党政府提供的军援数字。

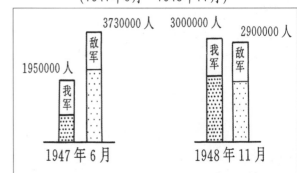

1947年6月   1948年11月

●第二节 在内战中的国民党海军

全面内战爆发后,由美英援助舰艇为主编成的国民党海军,充当了内战的急先锋,成为蒋介石进攻人民解放军的有力工具,主要参加辽东沿海及胶东作战,并在长江沿岸掩护蒋军登陆"围剿"人民解放军。

一、国民党海军参与辽东沿海及胶东作战

国民党海军参与辽东沿海及胶东作战图

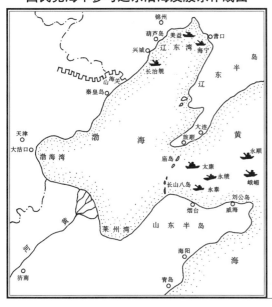

1. 封锁渤海湾破坏海上交通。
2. 协同陆军抢占烟台。
3. 攻占刘公岛。
4. 登陆威海卫。
5. 攻击营口人民解放军。
6. 占领长山八岛。
7. 协防葫芦岛。
8. 协同陆军在山东海阳作战。
9. 派长治舰炮击兴城、营口。
10. 炮击大沽造船所人民解放军。

1947年9月、10月,国民党海军派"永绩"、"永泰"、"永顺"、"太康"、"峨嵋"等舰进攻胶东半岛,攻占烟台、威海、刘公岛。图为"太康"舰。

国民党海军在长江沿岸作战图

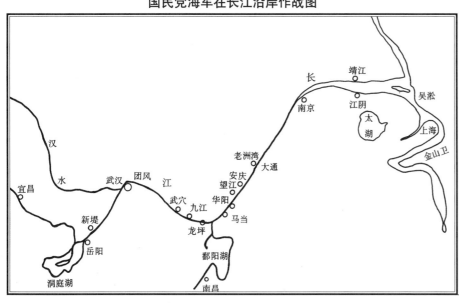

1. 国民党海军对江阴、靖江、老洲湾、望江、华阳、龙坪、武穴、团风、新堤等区人民解放军进行攻击。
2. 控制长江要点,阻止解放军渡江南下。

二、由战略进攻转为战略防御后的国民党海军

中国共产党的战略思想是"大踏步地前进,大踏步地后退,摆脱被动,争取主动,求得大量消灭进犯的国民党军的有生力量,不受一城一地的束缚"。烟台、刘公岛、威海卫等得而复失,都是在这种战略思想指导下进行的。1947年,人民解放军开始了全国规模的战略进攻,这时的国民党海军主要掩护蒋军撤退,配合美国海军封锁从崇明至营口的海口并防守长江天险,企图阻止解放军渡江。

1947年6月30日夜,我晋冀鲁豫野战军12万人突破黄河防线,强渡黄河,揭开了中国人民解放军战略反攻的序幕。

1946年7月至1947年6月,人民解放军共歼蒋军112万人,而国民党军队在解放战争初期占领了解放区100多座城市,以后骤然减少,并完全陷于被动局面。图为我野战军通过黄泛区。

1947年8月,刘邓大军向南挺进渡过沙河。

我野战军渡过淮河。

为防止关外残敌经营口从海上逃跑,我东北野战军分兵东渡辽河,星夜兼程向营口急进。

我东北野战军于1947年12月至次年3月,发动了空前的冬季攻势,使国民党在东北控制的地区不到1%。图为国民党海军协助在东北战败的蒋军撤退。

人民解放军在营口击毁的国民党军舰。

在人民解放军不断进攻下,蒋介石召开了军事会议,接着又召开了海军会议,美国海军上将柯克列席,决定以其海军舰队的3/5巡逻长江,2/5封锁从崇明至营口的海口,并实行无锡、江阴、宜兴联防。图为蒋介石巡视美第七舰队旗舰艾斯特号,左一为美海军司令柯克上将。

三、人民解放军百万雄师强渡长江

　　1948年下半年,辽沈、淮海、平津三大战役,中国人民解放军歼灭了国民党正规军144个师(旅)、非正规军29个师,共154万人,使东北全境、华北绝大部分地区和长江下游的江北地区获得了解放。国民党已面临绝境,桂系军阀提出"和平解决"主张,逼蒋下台。1949年4月1日,国共和平谈判在北平举行。4月20日,国民党政府正式拒绝在和平协定上签字,自绝于人民,次日毛泽东主席、朱德总司令向人民解放军发布了向全国进军的命令。刘伯承、邓小平领导的第二野战军和陈毅、粟裕、谭震林领导的第三野战军百万雄师,在西起九江东北的湖口,东至江阴,长达500余公里的战线上,强渡长江。

1949年4月21日人民解放军第二、第三野战军百万雄师在强大的炮火掩护下,开始强渡长江。

三路大军横渡长江略图

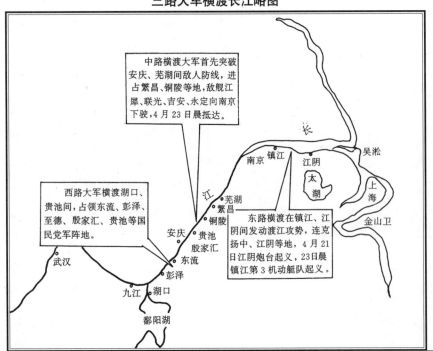

中路横渡大军首先突破安庆、芜湖间敌人防线,进占繁昌、铜陵等地,敌舰江犀、联光、吉安、永定向南京下驶,4月23日晨抵达。

西路大军横渡湖口、贵池间,占领东流、彭泽、至德、殷家汇、贵池等国民党军阵地。

东路横渡在镇江、江阴间发动渡江攻势,连克扬中、江阴等地,4月21日江阴炮台起义,23日晨镇江第3机动艇队起义。

1949年4月21日至22日,人民解放军从东、中、西3路大军横渡成功,并包围南京,控制江阴要塞。在南京芭斗山的国民党海防第二舰队面临何去何从问题。

人民群众全力支援渡江,无数木帆战船的船工们高呼"保证把解放军送过长江去"。

船工自告奋勇为人民解放军撑船掌舵。

解放军渡过长江,顺利登上江南,开始向京沪进军。

●第三节　国民党海军舰艇的起义和投诚

　　1948年下半年,长江以北广大地区获得了解放,国民党统治区人民反美反蒋的爱国民主运动不断高涨,南京政府面临军事、政治、经济完全垮台的局面。在这种形势下,国民党海军广大官兵对国民党发动内战,对国民政府官员贪污腐化,对物价飞涨、民不聊生的社会现状日益不满,有的慑于人民解放军的强大力量,有的因为在海军内部受到派系斗争的打击和排斥,不少人秘密结社,反蒋反桂(永清)。在中国共产党革命统一战线政策的指引下,在解放战争后期,国民党海军舰艇纷纷起义、投诚,走向光明。

　　从1949年2月至12月,国民党海军中舰艇先后起义、投诚的有21起(含起义失败的4起),计97艘,3800余人。

各舰艇起义情况略表

番号	时间	人数	艘数	起运地点	备注
黄安舰	1949年2月12日	65	1	山东青岛—江苏连云港	起义
201号艇	1949年2月17日	22	1	山东长山岛—山东烟台	起义
接29号舰	1949年2月22日			山东青岛	起义失败
重庆舰	1949年2月25日	574	1	上海吴淞口—山东烟台	起义
昆仑舰	1949年4月4日	11		上海吴淞口—福建马尾	起义失败
第三机动艇队及联勤运输艇队	1949年4月23日	约400	31	江苏镇江	起义
海防第二舰队	1949年4月23日	1271	30	江苏南京笆斗山	起义
永兴舰	1949年5月1日			江苏太仓白茆沙	起义失败
汉口巡防处炮艇队	1949年5月24日	59	5	湖南岳阳—湖北武汉	起义
灵甫舰人员	1949年5月—6月	77		香港—天津	起义
长治舰	1949年9月19日	167	1	长江口外—上海	起义
美颂舰	1949年10月18日			香港	起义失败
舞凤艇炮38号艇巡40号艇	1949年10月22日	46	3	广东新会—广东广州	起义
联荣舰及炮25号艇	1949年10月26日	约70	2	澳门—广东广州	起义
永明艇人员	1949年10月29日	31		香港—广东深圳	起义
光国艇	1949年11月9日	32	1	广东南澳岛—广东汕头	起义
第二机动艇队海总电台九分台海军第十供应站联勤船运三队	1949年11月25日	370余	10	广西柳州	起义
郝穴舰、永安舰	1949年11月29日	约160	2	四川忠县—湖北巴东	起义
江防舰队	1949年11月30日	400余	5	四川重庆	起义
第二机动艇队	1949年12月4日	36	3	广西南宁	起义
同心舰	1949年12月7日	约80	1	四川万县—四川云阳	起义
总　计	21起	3800余	97艘		

一、"黄安"舰青岛首义

"黄安"舰是国民党海军接收日本本土的一艘护航驱逐舰,原名"海防81",接收序号"接22",745吨,驻泊山东青岛港。1949年2月12日,在中共山东胶东区委和人民解放军有关部门的策动下,由舰上进步官兵鞠庆珍等人组织、领导和发动,起义成功,到达江苏解放区连云港。起义官兵共65人,其中军官12人,士兵53人。另有为加强起义力量临时上舰的解放区民兵1人,临时随舰行动的家属6人,总共72人。这是解放战争时期国民党海军第一艘大型军舰起义,开创了国民党海军舰艇起义的范例。

在青岛首义的"黄安"舰。

"黄安"舰,是国民党海军接收日本本土的一艘护航驱逐舰,原名"海防81",接舰序号"接22",745吨。

1949年2月12日,"黄安"舰在青岛起义,驶抵解放区连云港。图为全体起义官兵在为防止轰炸进行伪装的"黄安"舰上合影。"黄安"舰起义后改名"沈阳"舰。

"黄安"舰起义骨干人员:前排坐者:(左一)刘彦纯(轮机长)、(中)鞠庆珍(舰务官)、(右一)刘增厚(枪炮官)。后排立者:(右一)孙露山(帆缆班长)、(右二)王子良(枪炮军士长)、(右三)张杰(上士班长)、(左一)王德隆(原海城炮艇轮机兵)。

二、"201"号扫雷艇长山岛倒戈

"201"扫雷艇是抗战胜利后国民党海军接收日本本土的一艘辅助扫雷艇,原名"万字14"号,接收序号"接32"号,215吨,起义时剩下官兵22人(编制45人)。1949年2月17日在山东长山岛起义,顺利驶抵解放区烟台港。起义的主要领导成员有李云修、王文礼、万成岐等人,后调归华东军区海军,被命名为"秋风"艇。

"201"号扫雷艇,日本原名"万字14"号,系日本赔偿军舰,序号接32号,起义后改名为"秋风"舰。

在山东长山岛起义的国民党海军"201"号扫雷艇。

三、"接29"号舰在薛家岛海面起义失败

国民党海军"接29"号舰,原是日本"黑岛"辅助布雷舰,430吨。1949年2月22日夜,在代舰长刘建胜的率领下,也于青岛港发动起义,准备驶往解放区连云港。当该舰驶到国民党军队控制的海面时,突遭其岸炮袭击,刘建胜、刘兆洪等起义领导人身负重伤,换乘救生艇继续前进时,被国民党军舰追上,刘被逮捕押往青岛、上海,卒被杀害。

在薛家岛海面起义失败的国民党"接29"号舰代舰长刘建胜,被逮捕后,遭受严刑拷打,坚不吐实,1949年5月被杀害于上海。

"接29"号舰,原是日本"黑岛"辅助布雷舰,430吨。

四、"重庆"号巡洋舰吴淞口起义

"重庆"舰原名"Aurora"(奥罗拉,意为黎明女神),是国民党海军最大的一艘轻巡洋舰,5270吨。这是英国政府"赔偿"给中国政府的一艘军舰,用以抵偿第二次世界大战期间,香港英国当局没收并转用于欧洲战场的中国招商局在港订制的6艘港湾巡艇。1949年2月25日"重庆"舰从英国回来刚过半年,就在上海吴淞口起义成功,驶向山东解放区烟台港,这不仅沉重地打击了国民党海军的气焰,而且极大地鼓舞了其他军舰准备起义人员的士气。

"重庆"舰1948年10月曾在葫芦岛港外,对塔山、高桥的解放军阵地发起猛烈炮击,广大官兵对国民党的反动统治和发动内战日益不满,在吴淞口举行起义,次日成功地驶抵解放区烟台港。

秘密策划"重庆"舰起义的有两个组织,一是由士兵毕重远等27人组成的"重庆"舰士兵"解放委员会",另一由曾祥福等16人组成,都与中共南京市委等有联系。图为"解放委员会"全体成员手持自制白底红星起义旗帜合影。

停泊在烟台港的"重庆"号舰。

舰长邓兆祥、协长陈景文、航海官陈宗孟等都倾向于革命,图为邓兆祥起义后受到烟台市军政首长的热烈欢迎,返舰时兴高采烈的情景。

贺龙同志代表党中央、毛主席对"重庆"舰官兵进行慰问。

"重庆"舰起义士兵与人民解放军派驻舰上的军事联络员在甲板上热情交谈。

为防止国民党飞机的轰炸，3月4日"重庆"舰驶抵葫芦岛港，人民解放军东北军区副参谋长段苏权(左一)在舰长邓兆祥陪同下，到葫芦岛港莅舰视察。

1949年3月18、19两日，国民党空军多次对"重庆"舰轮番轰炸，官兵奋勇还击，牺牲6人，伤17人，图为"重庆"舰被炸起火情景。

"重庆"舰被炸受伤后，中共领导决定"弃舰全人"，于3月20日拆除了舰上的重要装备，然后打开舰底门自沉于葫芦岛码头防波堤旁。

在葫芦岛护舰战斗中，"重庆"舰黄汉民、沈桂根、韩志铭、刘芳圃4人牺牲，图为四烈士墓。另邱标、史德基两烈士在锦州医院救治无效而死亡，坟墓在锦州。

五、"昆仑"舰在上海起义失败

"昆仑"舰是一艘由美国货轮改装的运输舰,3000吨,舰长沈彝懋,福州人,子沈勋在上海当中学教员。沈勋的初中同学陈健藩是中共上海地下党员,介绍沈勋入党并由沈彝懋介绍打入"昆仑"舰任文书上士,不久升中尉书记官,先后发展近10名士兵作起义骨干,还争取了舰长沈彝懋同意起义。1949年4月4日,"昆仑"舰南下福州,陈建藩等决定驶出长江口后即起义北上,但因开航前除运载上海海军机械学校200余名师生外又上来海军陆战队官兵40余人,起义思想准备不足,一些同意起义的官兵产生了动摇,陈健藩仍决定起义,军舰按原命令下驶。这时起义行动已暴露,将到马尾,陈健藩等情知有变,跳水逃离,沈彝懋未听劝告,被扣押,其子逃回家中亦被捕,父子后被杀害于台湾左营。

"昆仑"舰舰长沈彝懋,福州人,烟台海校驾驶第6届毕业。1949年4月4日在上海起义失败,被押往台湾惨遭杀害,同时被害的还有其子沈勋。

"昆仑"舰。

六、第三机动艇队在镇江起义

第三机动艇队隶属于海防第二舰队建制,辖艇24艘,担负镇江至江阴的防务。中共江苏和上海的地下党分别与艇队的轮机中士杨春生、中尉军医彭楚材、艇长朱铭尧等建立了联系,策动起义。解放军渡江前夕,江防形势危急,正副队长急欲逃跑。为拖住他们,彭楚材等串联译电员,将"撤退"电文改译成"待命撤退"。4月22日晚,正副艇队长逃走,各起义领导人下令保护艇只并于23晨接来解放军先头部队,协助接运,解放了镇江市。随同起义的还有国民党联勤总部后勤署的运输艇船8艘,以及焦山炮台驻军官兵共约400人。

在镇江起义的国民党海防第二舰队所属第三机动艇队的炮艇,除逃跑1艘又被俘外,计23艘。

七、海防第二舰队南京起义

海防第二舰队原担任连云港以南至广东的海上防务,1948年国民党政府妄图阻挠解放军渡江,将其调进长江,并拨进江防舰队部分舰艇,由其统一指挥,担负江阴以上至九江的防务,辖舰艇30艘,官兵1271人,舰队司令林遵,驻地镇江。1949年4月23日下午,由林遵根据上午舰长会议多数意见,在南京江面率舰起义。

为争取海防第二舰队起义,中共中央驻沪情报机构地下组织派地下工作人员林亨元进行策动海防第二舰队起义工作。

林亨元,福州人,1909年1月3日生,中共地下党员,民盟盟员。1930年毕业于上海法学院,曾参加反蒋的"福建事变"。后在重庆与沈钧儒,沙千里等合组"平正法律事务所"在"较场口血案"中为郭沫若等爱国民主人士代理律师,与反动派作斗争。

林亨元找到国民党海军《中国海军》月刊上校社长郭寿生,敦请他去动员林遵率舰队起义。

林遵,海防第二舰队司令,见到自己信任的挚友郭寿生亲来引导,又是自己希望找到的中共中央上层关系,当即应允,并指派舰队总轮机长阙晓钟担任联络。1949年春,中共中央应驻沪情报机构的要求,通知第三野战军派孙克骥和杨进渡江与林联系,协助指挥起义,因特务监视很严,未直接会面,仍由阙晓钟和永绥舰长邵仑居间联络。

郭寿生,福州人,与林遵既是同乡又是烟台海校同学,关系密切,郭1925年参加中共,曾在国民党海军内秘密建立进步组织"新海军社",林遵也是成员。1927年2月郭在周恩来直接领导下策动"建康"、"建威"两舰起义,后与党失去联系。一次林亨元对郭说"周恩来同志叫你归队",郭寿生非常兴奋,很快赶到镇江去动员林遵起义。

阙晓钟,原海防第二舰队轮机长,他代表林遵与中共地下工作人员秘密联络。图为起义后参加人民海军的阙晓钟,福州人,马尾海军学校轮机第三届毕业。

中共上海局策反委员会地下工作人员何友恪,通过第二舰队参谋组长欧阳晋,也对林遵做争取工作。欧阳晋,福州人,马尾海校航海班第六届毕业生,后亦成为林遵与地下党的联络员,图为起义后参加人民海军的欧阳晋。

4月22日下午,桂永清急召在芜湖的林遵速回南京,午夜林遵赶回海军总司令部会见桂永清,桂令林遵率舰队立即东下上海,并许愿说:"只要你一人能带一艘军舰到达上海,我马上就保荐你任海军中将副司令。"林遵虚与委蛇,赶到笆斗山锚地,决定组织舰艇起义。图为南京海军总司令部桂永清办公室。

4月23日凌晨,林遵乘此"永嘉"旗舰抵笆斗山,召开舰长会议,首先说明当前形势紧急,军舰下驶困难,引导大家讨论下一步怎么办。会上形成留下和撤退两派主张,经林遵等人私下做工作,最后决定以无记名投票方式表决去留,投票结果:8票赞成留下,2票反对,6票空白,林遵宣布舰队决定留下起义。

决定起义后，当日傍晚"永嘉"、"永修"、"永定"、"武陵"、"美亨"、"永绩"、"兴安"7舰，经过密谋，突然东逃。后在镇江遭到人民解放军岸炮轰击，除"永绩"被击搁浅，"兴安"被击沉外，余5舰逃到上海。

参加"永嘉"旗舰会议以后情况

舰名	舰种	吨位	舰长姓名	级职	备　注
惠安	护卫舰	1020	吴建安	中校舰长	起义后，4月28日遭国民党飞机炸沉，牺牲6人，伤16人
吉安	护卫舰	745	宋继宏	少校舰长	起义后，4月30日被国民党飞机炸沉
安东	炮舰	1000	韩廷枫	少校舰长	起义后，5月4日被国民党飞机炸沉
楚同	炮舰	740	李宝英	中校舰长	起义后，4月28日被国民党飞机炸沉
永绩	炮舰	800	陈清生	少校舰长	会后叛逃在镇江搁浅被俘
永绥	炮舰	600	邵仓	中校舰长	起义后，4月28日遭国民党飞机炸沉
永嘉	驱潜舰	600	陈庆堃	少校舰长	会后叛逃在镇江舵舱被中3弹，后逃到上海
永修	驱潜舰	600	桂宗炎	少校舰长	会后叛逃在镇江中弹起火，后逃到上海
永定	驱潜舰	600	刘德凯	少校舰长	会后叛逃，卒到上海
江犀	炮舰	350	张家宝	少校舰长	起义后被炸伤
太原	炮舰	390	陈务笃	少校舰长	起义后，5月4日被国民党飞机炸沉
兴安	修理舰	3770	刘宜敏	中校舰长	会后叛逃在镇江被击沉没，官兵被俘
美亨	登陆舰	912	陈绍平	少校舰长	会后叛逃，卒到上海
美盛	登陆舰	912	易元方	少校舰长	起义后未被炸
联光	登陆舰	380	郭秉衡	少校舰长	起义后未被炸
武陵	辅助舰	300	刘征	少校舰长	会后叛逃，卒到上海
第一机动艇队	炮艇	11条	张汝檽	少校队长	未参加投票
第五巡防艇队	炮艇	10条	杜激琛	中校队长	未参加投票，去向不明

当晚10时，为了尽快与解放军取得直接联系，林遵的参谋戴照愉和副官王熙华主动请求前往江北浦口找解放军联系，乘炮4号艇登岸会见人民解放军第35军联络部副部长张普生，当夜一同乘艇返回笆斗山锚地。

与此同时在江北浦口的解放军已派2个团过江参加解放南京城。

南京解放。图为进入南京城的人民解放军。南京的迅速解放，美国驻华大使司徒雷登也为之惊叹，他在所著的《在中国五十年》一书中说："共军渡江的效率和静悄悄地接受首都，共军有纪律的行为和旺盛士气，与政府军队的褴褛形状和不守秩序的行为，真是成为两个强烈的对照。"

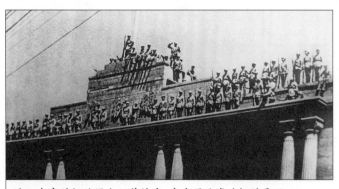

进入南京的解放军占领总统府，宣告国民党政权的覆灭。

海防第二舰队的起义，对人民解放军顺利渡江，取得解放全中国的胜利，有着重大意义。周总理在接见林遵时说："你的起义是协助解放军解放了南京，应将载入史册。"图为在南京起义的原国民党海防第二舰队官兵。

在南京起义的海防第二舰队人员：

前排从左到右：李宝英（楚同舰长）、阙晓钟（总轮机长）、林遵（司令）、麦士尧（参谋长）、邵仑（永绥舰长）。

后排从左到右：宋继宏（吉安舰长）、韩廷枫（安东舰长）、陈务笃（太原舰长）、张家宝（江犀舰长）、吴建安（惠安舰长）。

另有"美盛"舰长易元方、"联光"舰长郭秉衡未参加此照。此照系1949年4月30日合摄于国防二村。

4月27日，人民解放军第三野战军第八兵团司令员陈士榘（右二）在林遵（右一）陪同下巡视起义的"永绥"军舰。

5月11日，人民解放军第二野战军司令员、南京市军管会主任刘伯承（前排左五）接见林遵（前排左六）等主要起义军官，前排左四为陈士榘，前排左七为张克侠，前排左一、二、三为邵仑、陈务笃、何基丰。

起义的军舰之一"永绥"号（舰长邵仑）。解放军第3野战军派第29军第85师政委孙克骥（邵仑的表弟）曾化装居住此舰，由邵仑居间与林遵联络，协助指挥起义。

不愿起义,后在镇江被人民解放军击中沉没的"兴安"舰。

当时报载起义的消息。

1949年8月28日,毛主席在中南海接见国民党海军起义、报到人员,与海防第二舰队司令林遵(左五)、海总部第六署署长曾国晟(左一)、办公室主任金声(左二)、副主任徐时辅(左三)亲切交谈。

"武陵"舰(舰长刘征少校)不愿归顺人民,舰队起义后突围,一度搁浅,终抵上海,后逃往台湾。

在镇江江面缴获的国民党海军舰艇之一。

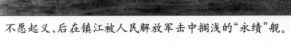

不愿起义,后在镇江被人民解放军击中搁浅的"永绩"舰。

八、"永兴"舰白茆沙江面起义失败

　　1949年5月1日,上海解放指日可待,在江苏太仓浏河口外的白茆沙江面的国民党海军驱潜舰"永兴"号举行起义。该舰的起义是由中共上海局策反委员会地下工作人员林诚、何友恪策动的。他们首先动员"长治"舰副舰长郭成森组织起义,郭因曾任海军军官学校的教官兼学生队长,便召集学生聚会,其中"永兴"舰航海官陈万邦返舰后即联络几名官兵趁在长江下游巡航之机突然行动,打死了反抗起义的舰长陆维源,但由于一个参加起义的轮机下士动摇转向,同反起义分子一起控制舰尾后炮,并猛轰驾驶台,起义领导人牺牲,陈万邦伤后跳水,也被打死,起义遂告失败。

在江苏太仓浏河口外的白茆沙江面起义的"永兴"驱潜舰。

陈万邦,海军军官学校(青岛)第二届航海班毕业(原福州海军学校舰海第十二届),时任"永兴"舰航海官,联络官兵起义,伤后跳水牺牲。

"长治"舰副舰长、海军军官学校教官兼学生队长的郭成森(右)。

九、汉口巡防处5艇与第二机动艇队弃暗投明

1949年5月24日,撤至岳阳待命的汉口巡防处的炮64、65号,巡50、66、70号等5艇,在进步士兵张慎平、曹学海、胡营和中共地下有工作关系徐甫庭等人组织领导下发动起义,击毙反抗起义的巡防处上校处长陈文惠,25日驶回刚解放的武汉市,起义官兵共59人。巡防处其余7艘和"威宁"舰逃至长沙后改编为海军第二机动艇队。长沙解放前夕,"威宁"自沉,其余3艘后在柳洲投诚,另3艘在南宁就地起义。整个汉口巡防处炮艇队分三地三批最后都走上了光明大道。

在岳阳洞庭湖湖口起义的汉口巡防处起义官兵在炮艇上合影。

逃至长沙后的"威宁"炮艇,长沙将解放时,该艇自沉。

十、"长治"舰长江口外举事

"长治"舰原为日本海军"宇治"舰，1350吨。日本投降后被国民党海军接收，改名"长治"，后成为海防第一舰队的旗舰，也是"重庆"舰起义后国民党海军中航速最高、火力最强的又一艘主力战舰。1948年底，由地下党员陈健藩通过何礼汶与"长治"舰士兵陈仁珊、林寿安、李春官取得联系，动员他们策划起义。这三人后成为领导起义的核心小组，陈健藩随"昆仑"舰去后，关系转交中共上海局策反委员会王锡珍、林诚直接联系和领导。1949年9月19日晨，他们在长江口外大戬山海面敲响了起义的钟声，武装起义成功，舰上官兵178人，参加起义活动的士兵43人，击毙反抗起义的官兵11人，随舰起义88人，共167人。

"长治"舰，1949年9月19日在长江口外大戬山海面起义成功，起义后改名"南昌"舰。

1949年9月19日晨由林立坤敲响舰钟为号，起义开始。图为"长治"舰上的舰钟。

负责联系"长治"舰起义的中共地下党员陈健藩。

"长治"舰起义的主要领导人陈仁珊。

"长治"舰起义官兵抵上海，受到热烈欢迎。

"长治"舰起义后驶入上海,21日泊南京燕子矶,因敌机轰炸又移泊采石矶,最后打开海底门自沉,1950年2月打捞,图为打捞起来的"长治"舰。

打捞后在上海江南造船所修复的"长治"舰。

十一、"灵甫"舰起义未遂,半数官兵投向光明

　　"灵甫"舰是英国政府"租借"给国民党海军的一艘护航驱逐舰,担任海军总司令桂永清的座舰。1949年1月,中共地下工作人员、海军总司令部人事处参谋何友恪发展舰上枪炮官陈克为党工作,陈克在舰上又发展了何鹤年、王民彝等军官。"灵甫"士兵尚镭于1948年10月与林诚取得联系并被发展入党,尚镭在舰上先后亦发展高冲天等人,组成起义核心小组。1949年3月24日,"灵甫"奉命南下广州,尚镭按指示找陈克接头,准备途中起义,因航行中有英舰"康巴斯"监视,起义未能举行。"灵甫"被英舰"押"到广州,后又被骗去香港加油,4月22日港英当局宣布提前收回,至此起义已不可能。起义人员后抵制国民党海军当局的威胁和利诱,于5月21、28日、6月4日分3批共73人离港起义回到天津,转赴沈阳,最后进入安东(今丹东)海军学校和"重庆"舰起义官兵一起学习。

"灵甫"舰。

"灵甫"舰舰尾2尊4英寸口径主炮,为双联装配,平射与高射兼用,被港英当局提前收回,起义未遂,半数官兵离港回国。

"灵甫"舰副舰长池孟彬中校(左3)在炮塔前。

十二、"美颂"舰在港起义失败,舰长毛却非殉难

　　1948年秋,中共驻沪地下工作人员郭春涛和秦德君夫妇策反了国民党海军第一巡防艇队少校副队长杨沦活,并通过杨又策动了他的青岛海校第5期同学毛却非、王显琼等人,在中共地下组织领导下成立海军反蒋地下核心小组,酝酿和策划起义。1949年4月毛调往广州接任"美颂"舰舰长,他们相约在广州继续接头联系。上海解放后,杨沦活被派往香港,到港后先后派人赴广州与毛却非恢复联系,决定毛却非利用率舰经港赴台的机会,在港正式宣布起义,后因事机不密,警惕不够,被轮机长谢恒等人抢先破坏,逮捕了舰长等人,起义功败垂成,毛却非、枪炮官张纪君等被押往台湾,1950年2月4日惨遭杀害。

在港起义失败的"美颂"舰。

毛却非,"美颂"舰舰长,青岛海军学校第5期毕业,1949年10月18日率舰起义失败后,在台湾惨遭杀害。

杨沦活,国民党海军第一巡防艇队少校副队长,后被派往香港组建工作站,策动毛却非等率"美颂"舰起义。

王显琼,青岛海校第5期毕业,参加策划"美颂"舰起义核心小组成员之一。

十三、"联荣"舰澳门海面举义

　　"联荣"舰是美国赠送给国民党海军的步兵登陆舰,原名"632"号舰,450
吨,是国民党海军第4巡防艇队的指挥舰,驻泊广州,后撤到澳门,艇队长柳
炳镕,舰长张孟敩。中共地下工作人员李作健,曾任"太和"舰副舰长等职,与
柳、张同学。他因逃避国民党特务的追捕,转移香港,在香港中共地下党的领
导下工作,主动要求去广州策动柳、张投向人民。1949年10月24日,李作健去
澳门通过柳炳镕联系上"联荣"舰上曾与他关系较好的士兵刘景龙、李振华、
曲振华,刘又介绍下士杨成德,他们一起组织了10月26日的"联荣"舰由澳门
海面驶向广州的起义。随同起义的原有第4巡防艇队的几艘炮艇,但最后到
达的只有"联荣"舰和炮25号艇。"联荣"起义后改名"勇敢"号,后加入解放海
南岛的行列。

在澳门海面举义的"联荣"舰。

李作健,策动"联荣"舰起义的幕后人,马尾海校第
9届航海班毕业,曾任"太和"舰副舰长等职。1949年4月
在上海参加了中共上海局策反委员会领导的情报和策
反工作,8月初为躲避特务追捕,转移香港,在中共驻港
地下组织领导下,主动去广州策动"联荣"舰起义。

十四、"永明"舰31位官兵离舰起义回国

"永明"舰原是一艘美制扫雷舰,1600吨。1949年6月美国将它赠送国民党海军。9月驻厦的国民党军告急,"永明"舰奉命驰援,在海上因主机故障停驶,又遇10级台风,在海上漂流,国民党军舰未与援救,他们不得不发出国际呼救信号,后被香港当局海军拖到香港。舰上官兵对国民党的腐败和凶残十分不满,愈益增强摆脱的决心。在港期间,宋平等利用同学关系争取"永明"舰上舰员苏云飞、陈立辉等人并由其动员同舰人员起义。在中共香港地下党大力协助下,10月31日"永明"舰31名官兵离舰起义回国。12月底,我华东海军把他们接回南京。

"永明"舰上31位官兵离舰起义回国,在中共香港地下党策动下,由陈立辉、苏云飞、袁光庭、高炳文、张绍白5人组成临时领导小组,陈立辉任总领队,苏云飞任联络员。

十五、"光国"艇南澳岛反正

"光国"艇,日本制造的炮艇,100吨。原属台湾左营第3炮艇大队,1948年夏调往广东汕头南澳至大亚湾一带巡逻。艇长袁福厚,山东人,骄横跋扈,克扣军饷,欺压渔民,搜查渔船,枪杀无辜,广大士兵积满仇恨。艇上电讯上士黄维鸿、信号上士杨朝顺、文书上士施德贤等人,密谋起义。他们争取副艇长吴高远、轮机兵黄国云等参加起义。1949年10月底,"光国"奉命随大舰开往台湾,中途故意制造故障漏水被拖回南澳岛修理,11月9日晨,驶离南澳岛,起义人员将顽抗的艇长投入海中,用枪击毙,将艇转向汕头,起义成功,后改名"十月"号炮艇,归属人民解放军中南军区海军。

1949年11月9日国民党海军"光国"艇在广东南澳岛起义后,主要领导人黄维鸿(左2)、杨朝顺(左6)、施德贤(左4)、吴高远(左1)在汕头港艇舷边合影。

十六、江防舰队在川江先后反正

　　人民解放军直逼武汉后,江防舰队仅剩8艘军舰,除"威宁"舰外,均溯江而上,退向重庆,经万县时,留下"永安"、"郝穴"两舰归国民党川鄂边区绥靖公署主任孙震指挥,余下5舰驻泊重庆。

(1)"郝穴"、"永安"忠县起义。

　　"郝穴"舰原名"永济"舰,1948年在湖北郝穴镇因阻击解放军有功,改名为"郝穴"。与"郝穴"同型的"永安"舰,原是日本"二见"舰,都是江河炮舰。11月28日,2舰到达忠县后奉命装运弹药等增援被解放军围困的重庆守军,"郝穴"副舰长王内修、军医杨元礼等人密商决定起义,舰长李世鲁同意。"永安"舰以李子雷、张增富等20余名福建籍士兵为主,争取了舰长聂锡禹、副舰长严志馨等军官参加,决定与"郝穴"舰一同起义。29日晨两舰同时起锚,收缴舰上押运官兵的枪支,掉头东下,边驶边打,战斗近10个小时,航程400公里,30日到达巴东解放区,两舰各牺牲1人,负伤4人,后加入人民海军序列。"郝穴"改名为"湘江","永安"改名为"珠江"。

1949年11月29日在四川忠县长江江面与"永安"舰同时起义的"郝穴"舰。

李世鲁,"郝穴"舰少校舰长,福州人,烟台海校第18届驾驶(亦称寄闽班)毕业,参加起义。

聂锡禹,"永安"舰任中校舰长,福建闽清人。烟台海校第13届航海毕业,起义后任华东区人民海军"遵义"号舰长。

左"永安"舰(后改名"珠江"),中"江岸"(后改名"涪江")。

(2)江防舰队5舰在重庆起义。

"郝穴"、"永安"起义后,江防舰队剩下"民权"、"常德"、"英山"、"英德"、"永平"5舰,司令叶裕和、参谋长兼"民权"舰长程法侃等人都倾向革命,叶暗示少校参谋江家驹设法与中共联系,并接上关系后,又联合各舰准备起义。蒋介石逃离重庆前召见叶裕和,命破坏舰船,撤退人员,叶回舰后拒绝执行,断绝与岸上交通,准备起义。1949年11月29日,当解放军渡江时,叶裕和遵照预先约定,令各舰统一拉长笛表示欢迎,解放军未费一枪一弹顺利解放了重庆山城,30日江防舰队正式宣布起义。

叶裕和,广东人,马来西亚归侨,烟台海校第11届航海班毕业,曾赴欧美考察测量管理法制,历任海军测量队队长、"景星"、"青天"测量舰长,江防舰队司令等职。1949年11月30日率舰起义,后任海军司令部研究委员会委员。

程法侃,福建闽侯人,烟台海校寄闽班毕业,曾留学英德,历任教练官、航海官、布雷队队长、舰长等职。战后任江防舰队参谋长、"民权"舰长,受郭寿生影响,倾向革命,11月30日率舰起义。

江家驹,福州人,江防舰队司令部少校参谋,烟台海校驾驶第18届毕业,在舰队起义中他起了促进作用。

江防舰队的旗舰"民权"号炮舰,464吨。舰长兼舰队参谋长程法侃上校,11月30日率舰起义,"民权"舰起义后改名为"长江"舰。

在重庆起义的"常德"炮舰(舰长陈行源),该舰原是日本江河炮舰"势多"号,486吨,日本投降时在上海被国民党军扣留,命名为"常德"。起义后改名为"闽江"舰。

在重庆起义的"英山"舰(舰长陈迪),345吨,起义后改名"怒江"舰。

在重庆起义的"英德"浅水炮舰(舰长王大恭),375吨,起义后改名"嫩江"舰。

十七、"同心"舰万县起义

"同心"舰是国民党联勤部运输署借用海军的一艘运输舰。1949年12月7日在中校舰长江淦三的率领下宣布起义,这是解放战争时期国民党海军在大陆的最后一艘军舰起义。1949年9月间,地下党员孙明义通过姐夫李杰策动"同心"舰报务员唐志隆去做舰长江淦三的工作,此前8月"同心"舰在重庆修理时,江淦三的青岛海校同学,时任国民党国防部第5厅海军处处长的杨之光也启发江认清形势待机应变。"郝穴"等舰起义后,国民党重庆江防司令部两次急电"同心"舰立即沉船,人员乘机逃台。"同心"舰一到万县,江淦三与唐志隆商定抗命起义。他们派人上岸与中共万县地下组织取得联系,12月7日宣布起义。

"同心"号运输舰,起义后改名"长江9"号船。

国民党海军起义、投诚、被俘一览表

舰 名	舰 种	排水量(吨)	时 间	地 点	舰 长 情 况					军舰重新命名	备 注
					姓 名	籍 贯	军 阶	毕 业 海 校	起义、叛逃、投诚、被俘		
黄 安	护航驱逐舰	745	1949年2月12日	青岛-连云港	刘广超	辽宁海城		青岛海校第3期将校班航乙	航长下舰未参加起义	沈阳	起义后被炸沉，打捞后改名
201号	扫雷艇	215	1949年2月17日	长山岛-烟台	蒋 德				艇长下艇未参加起义	秋风	由轮机兵万成岐独自驾艇起义
接29号	辅助布雷舰	430	1949年2月22日	青岛蒋家岛	刘建胜	山东黄县		东北葫芦岛海校	起义失败被杀	仍用原名	舰被拖至基隆未再出海
固 安	巡防舰	870	1949年2月	青岛港	何尔亨		少校	马尾海校第1届轮机	青岛解放被俘	长白	改装为布雷舰
重 庆	轻巡洋舰	5270	1949年2月25日	吴淞口-烟台	邓兆祥	广东高要	上校	黄埔水师16届航海 烟台海校驾驶14届	舰长参加起义	舰沉，打捞后未修复	改为他用
昆 仑	运输舰	3000	1949年4月4日	吴淞口-马尾	沈彝懋	福州	中校	烟台海校第6届驾驶	起义失败，舰长被杀	仍用原名	后归海防第3舰队
信 阳	驱逐舰	1289	1949年4月22日	江阴	白树绵	辽宁辽阳	中校	青岛海校第4届航海	在江阴拖带炮50小艇	不愿起义自行突围抵台	隶海防第1舰队
营 口	巡防舰	745	1949年4月22日	镇江	邱仲明	四川	少校	马尾海校第6届航海	不愿起义	改名瑞安舰	隶海防第2舰队
威 海	巡防舰	740	1949年4月22日	镇江					不愿起义在江阴被击搁浅	虏获后改名济南舰	隶海防第2舰队
楚 观	炮舰	740	1949年4月22日	镇江					不愿起义抵上海后赴台	仍用原名	隶海防第2舰队
英 豪	浅水炮舰	185	1949年4月22日	芜湖	蒋宝璋	福州	少校	马尾海校第3届航海	泊芜湖上游土桥，官兵先离舰逃跑后被俘		原隶江防舰队，后拨归海防第二舰队
第3机动艇队	炮艇、登陆艇、巡逻艇	20~50(吨)23艘	1949年4月23日	镇江	壶良煦		少校艇队长	青岛海校第5届航海乙班	艇队长逃跑，炮艇等起义	起义的计有1,5,52,53,69,88,102,104,及登32,302,305,306,308,314,317,318,708,713和快10,21,121,123艇	隶海防第二舰队
联勤运输艇队	登陆艇、运输船	35(吨)8艘	1949年4月23日	镇江	/	/	/	/	起义	起义的有111,113,207,317,407及登甫轮，同湘大轮和1运输船，改名号略，随第3机动艇队起义。	
惠 安	护航驱逐舰	1020	1949年4月23日	南京笆斗山	吴建安	长沙	中校	马尾海校第6届航海	起义，舰被炸沉	打捞修复后更名瑞金舰	隶海防第2舰队
永 绥	炮舰	600	1949年4月23日	南京笆斗山	邵仑	福州	中校	马尾海校第2届航海	起义，舰被炸沉	/	隶海防第2舰队
太 原	炮舰	390	1949年4月23日	南京笆斗山	陈务笃	武汉	少校	青岛海校第5届航海乙班	起义，舰被炸沉		隶海防第2舰队
江 犀	浅水炮舰	350	1949年4月23日	南京笆斗山	张家宝	江苏宝应	中校	马尾海校第5届航海	起义，舰被炸伤	修复后更名洁江舰	隶海防第2舰队
楚 同	炮舰	740	1949年4月23日	南京笆斗山	李宝瑛	福州	中校	烟台海校第7届驾驶	起义，舰被炸沉		隶海防第2舰队
安 东	炮舰	1000	1949年4月23日	南京笆斗山	韩廷枫	杭州	少校	烟台海校第13届驾驶	起义，(原舰长唐涌离舰，副长代)舰被炸沉		隶海防第2舰队
联 光	步兵登陆舰	380	1949年4月23日	南京笆斗山	郭秉衡	南京	少校	青岛海校第5届航海甲班	起义，舰未被炸	更名古田舰	隶海防第2舰队
吉 安	护航驱逐舰	745	1949年4月23日	南京笆斗山	宋继宏	长沙	少校	青岛海校第4届航海	起义，舰被炸沉	/	隶海防第2舰队
美 盛	中型登陆舰	912	1949年4月23日	南京笆斗山	易元方	醴陵	少校	青岛海校第5届航海乙班	起义，舰未被炸	更名黄河舰	隶海防第2舰队
第1机动艇队	炮艇、登陆艇、巡逻艇	11艘	1949年4月23日	南京笆斗山	张汝栖	江苏连云港	少校艇队长	青岛海校第5届航海乙班	起义	均系20~50吨小艇，更名略	起义的有炮2,3,4,54,56及登301,311,312,315和巡20快105共11艘
第5巡防艇队	炮艇、登陆艇、巡逻艇	10艘	1949年4月23日	南京笆斗山	杜淑琛		艇队长中校	电雷学校第2届航海	队长先参加起义，后又逃跑	均系20~50吨小艇，更名略	起义的有炮103,105,106登303和巡1,3,4,22,23,46号快10艘
永 嘉	扫雷舰	600	1949年4月23日	南京笆斗山	陈庆堃	广东	少校	黄埔水师学堂第22期军事科	不愿起义，率舰突围至沪转台	仍用原名	隶海防第2舰队

国民党海军起义、投诚、被俘一览表(续)

舰名	舰种	排水量(吨)	时间	地点	舰长情况					军舰重新命名	备注
					姓名	籍贯	军阶	毕业海校	起义、投诚、被俘		
永修	扫雷舰	600	1949年4月23日	南京芭斗山	桂宗炎	广东	少校	青岛海校第5届航海乙班	不愿起义,率舰突围至沪转台	仍用原名	隶东海防第2舰队
永定	扫雷舰	600	1949年4月23日	南京芭斗山	刘德凯	沔阳	少校	青岛海校第4届航海	不愿起义在江阳一度被击,卒至沪后转台	仍用原名	隶东海防第2舰队
美亨	中型登陆舰	912	1949年4月23日	南京芭斗山	陈绍平	湖南临沣	少校	青岛海校第5届航海甲班	不愿起义,率舰突围至沪转台	仍用原名	隶东海防第2舰队
武陵	辅助舰	300	1949年4月23日	南京芭斗山	刘征	湖南新化	少校	电雷学校第2届航海	不愿起义,率舰突围至沪转台	仍用原名	隶东海防第2舰队
兴安	修理舰	3770	1949年4月23日	南京芭斗山	刘宜敏	山东高唐	中校	青岛海校第3届航海甲班	不愿起义,在江阴被击沉		隶东海防第2舰队
永绩	炮舰	800	1949年4月23日	南京芭斗山	陈清生	湖北应城	少校	青岛海校第5届航海乙班	不愿起义,在江阴被击搁浅虏获后,舰长在学习中逃走	改名延安舰	隶东海防第2舰队
永兴	驱潜舰	900	1949年5月1日	江苏大仓白茆沙	陆维源	河北玉田	中校	青岛海校第3届将校班航乙	起义失败,舰长被起义官兵击毙	改名维源舰	起义航海官陈万邦等被杀
汉口巡防处炮艇队	炮艇、木壳巡逻艇	20~25吨5艘	1949年5月24日	岳阳-武汉	陈文惠	河北定县	上校处长	青岛海校第3届将校班航乙	艇防处长反对起义被击毙	均系小艇更名略	起义的有炮64、65及巡50、66、70号艇计5艘
接5号	海防舰	740	1949年5月	上海					被俘(上海解放)	修复后改名为武昌舰	
灵甫舰人员	77人起义	/	1949年5-6月	香港-天津	郑天杰	福州	中校	马尾海校第3届航海	舰长赴台,舰被英方在港扣下收回转交埃及	改名穆哈默练·阿里号	
长治	驱逐舰	1350	1949年9月19日	长江口外-上海	胡敬端	江西丰城	上校	电雷学校第1届航海	舰长被起义士兵击毙	起义后改名南昌舰	原副舰长郭成森任首任舰长
美颂	中型登陆舰	912	1949年10月18日	香港	毛却非	四川简阳	少校	青岛海校第5届航海甲班	起义失败舰长在左营被杀	仍用原名	
舞凤	炮艇	200	1949年10月22日	新会-广州	李皋	广西	上尉		起义	改名舞凤3-522艇	另有炮38号、巡40号艇随同起义均隶第4巡防艇队
联荣	步兵登陆舰	380	1949年10月26日	澳门-广州	花友筠	宜春	少校	青岛海校第5届航海乙班	起义	改名勇敢号	另有炮25号艇随同起义,均隶第4巡防艇队
永明舰人员	31人起义	/	1949年10月29日	香港-深圳	谢光武		少校	电雷学校第2届航海	舰长及舰后赴台	仍用原名	改隶海防第2舰队
光国	炮艇	90	1949年11月9日	南澳岛-汕头	袁福厚	山东	/	/	艇长被起义士兵击毙	改名十月号	
第2机动艇队	木壳巡逻艇、登陆艇	20~35吨3艘	1949年11月25日	柳州	郑克谦	福州	中校参谋	马尾海校第2届航海	率3艇投诚	巡53、74号及登55号艇	原隶汉口巡防处炮艇队
联勤船舶运输队	登陆艇、运输船	7艘	1949年11月25日	柳州	/	/	/	/	随第2机动艇队投诚	略	
郝穴	炮舰	800	1949年11月29日	四川忠县-湖北巴东	李世鲁	福州	少校	烟台海校第18届驾驶	起义	改名湘江舰	郝穴原名永济舰隶东江防队
永安	炮舰	370	1949年11月29日	四川忠县-湖北巴东	聂锡禹	闽清	中校	烟台海校第13届驾驶	起义(后任"遵义"舰长)	改名珠江舰	隶东江防舰队
民权	炮舰	464	1949年11月30日	重庆	程法侃	福州	兼上校参谋长	烟台海校第18届驾驶	起义(后任"五四"舰长)	改名长江舰	隶东江防舰队
常德	炮舰	486	1949年11月30日	重庆	陈行源	福州	中校	马尾海校第4届航海	起义	改名闽江舰	隶东江防舰队
英山	浅水炮舰	345	1949年11月30日	重庆	陈迪	福州	少校	烟台海校第12届驾驶	起义	改名怒江舰	隶东江防舰队
英德	浅水炮舰	375	1949年11月30日	重庆	王大恭	福州	少校	马尾海校第1届航海	起义	改名嫩江舰	隶东江防舰队
永平	浅水炮舰	370	1949年11月30日	重庆	钟子舟	福州	少校	烟台海校第12届驾驶	起义	改名乌江舰	隶东江防舰队
第2机动艇队	木壳巡逻艇	20吨3艘	1949年12月4日	南宁	柳家森	湖北当阳	少校艇队长	青岛海校第5届航海乙班	起义	巡59、69、79号艇3艘	原隶汉口巡防处炮艇队
同心	浅水运输舰	500	1949年12月7日	四川万县-云阳	江淦三	宜兴	中校	青岛海校第3届航海甲班	起义	改名长江9号船	原海军军舰被联勤运输署借用

● 第四节　解放军炮轰侵入长江向我挑衅的英舰

　　1943年1月,英国已正式签订放弃在华各种特权的新约,军舰在中国内河航行的权利,早已废除。1949年4月20日至21日,英帝国主义未得中国人民解放军的许可,擅自派"紫石英"号护航驱逐舰侵入中国内河及中国人民解放军战区,溯江上驶南京,名为"撤侨",实则示威,途经三江营乐成洲时,不顾我鸣炮示警,向我挑衅,被我人民解放军炮击搁浅挂起白旗,死17人,伤20人,60人泅水登岸抵沪。下午另派驱逐舰"协同"号来援,又被我炮轰,死10人,伤12人,折返上海。21日英远东舰队副总司令梅登海军中将立即乘坐旗舰"伦敦"号并率驱逐舰"黑天鹅"号全速驰援,不顾我警告,反向我猛烈开火,我多炮齐发,击中其司令塔,死15人,伤13人,并击中"黑天鹅",伤7人,英舰又被迫返沪。解放军单靠北岸炮火,便把英帝国主义4舰打得遍体鳞伤,狼狈逃窜,大显中国人民的威风,捍卫了中国的领土主权。

从炮镜中拍摄到的英舰"紫石英"号(一译"紫水晶"号)。

英舰"紫石英"号不顾我鸣炮示警,被我炮击搁浅,死伤多人,舰长斯金勒少校伤重身亡。图为"紫石英"号。

驰援的英远东舰队"协同"号又被我击中,舰长罗伯逊中校负伤,图为"协同"号(亦译"伴侣"、"伙伴"号),箭头指处为被我炮击之洞。

英远东舰队副总司令梅登海军中将乘旗舰"伦敦"号巡洋舰并率"黑天鹅"号护航驱逐舰再度来犯,我多炮齐发,"伦敦"号中弹百余发。舰长卡扎勒负伤。被迫返沪,图为"伦敦"号。

侵入长江内河的英舰

舰　名	舰　种	排水量	舰长姓名
紫水晶 HMSAMETHYST(亦称紫石英)	护航驱逐舰	1350吨	斯金勒少校伤重身亡，后由克仁斯少校接
协同 HMSCONSORT(亦称"彩伴"、"伴侣")	驱逐舰	1730吨	罗伯逊中校负伤
伦敦 Hmslondon	巡洋舰	9850吨	卡扎勒负伤(船长)
黑天鹅 Hms Black Swan	护航驱逐舰	1250吨	

注："伦敦"号有双联8英寸主炮8门。

据《字林西报》4月22日引自英国海军当局发布伤亡情况，另有103名官兵"失踪"。

英舰炮击我阵地，也造成我军伤亡252人。

经过数次谈判，英方要求安全放行"紫石英"号，我方则要求英方承认错误并向我道歉和赔偿。在"侵入"和"进入"用词上拖了三个多月。图为我方镇江前线司令袁仲贤将军的代表康矛召(中右)上校与英远东舰队总司令布朗特海军上将的代表、原英驻华使馆副武官、临时接任"紫石英"号舰长的克仁斯少校(中左)正在谈判桌上。

我方谈判代表康矛召，时任三野八兵团炮三团政委。

英方利用谈判和我方的善意，获得加油、维修等种种方便，最后出尔反尔，于7月30日晚"紫石英"号趁我"江陵"客轮经过该舰停泊处驶往上海之际，挟该轮之傍，强行东逃，终逃出长江口，图为仓惶东逃的"紫石英"号。

●第五节　国民党海军退守台、澎

中国大陆和沿海岛屿的战争基本结束后,除起义舰艇97艘,官兵3800余人外,国民党余下舰艇331艘,官兵约3.6万人,全部退守台湾、澎湖列岛的左营、马公、基隆等军港。国民党海军虽然在美国第七舰队的保护下存在,但早已失去代表中国海军的资格,只能成为在台湾的国民党军的一部分。

1949年1月21日蒋介石"引退"后居奉化故乡,但在幕后仍继续统驭军政大权,桂永清特派"太康"舰为蒋下野后的座舰。上海解放前,蒋于4月25日乘"太康"至上海,要汤恩伯等死守上海6个月至1年,待机东山再起。5月6日蒋离上海,巡视舟山,18日乘"太康"前往马公,5月27日上海解放,汤恩伯率残部从海上逃跑。图为蒋介石乘"太康"舰赴台。

1949年底撤退到台湾的国民党海军官兵。

国民党政府从上海撤退到台湾基隆。

国共内战期间国民党军队被歼数字 (1946～1950)

逐年	被歼灭	被毙伤	被俘虏	投诚	被改编	起义
第一年度	1,120,000人	426,000人	677,000人			17,000人
第二年度	1,521,400人	540,200人	953,000人			28,200人
第三年度	3,050,000人	571,610人	1,834,010人	242,780人	271,000人	130,600人
第四年度	2,379,950人	173,300人	1,122,740人	390,730人	22,030人	671,150人
四年总计	8,071,350人	1,711,110人	4,586,750人	633,510人	293,030人	846,950人
	内有高级军官1666人	内有高级军官85人	内有高级军官1310人	内有高级军官273人		

战后国民党海军的变动

抗战胜利时幸存舰艇	15艘	7249吨	海军起义:1949年2月至12月	
接收日伪及英美赠舰	428艘	19.43万吨	舰艇起义14起	
(据1948年统计,重庆,灵甫尚未到华,美赠舰艇仍在陆续交接中)			人员集体起义(不带舰艇)2起	
除去辅助和待修的舰艇外,编入战斗序列的275艘			投诚1起	
其中:			起义发动后不幸失败的4起	
海防第一、第二舰队(吨位较大、火力较强)	23艘	3.661万吨	总共21起	
江防舰队(吨位较小,不适远洋航行)	17艘	7949吨	起义舰艇97艘,占总舰数的22.7%	
运输舰队(载运量较大,续航力强)	16艘	3.721万吨	起义海军官兵3800余人,占总人数的9.5%	
炮艇队10个(百吨上下小型炮艇)			俘获及仓皇溃逃时遗弃的舰船	86艘
官兵总人数:1947年春3.2万人			总计国民党海军舰艇起义、遗弃以及被我俘获的共183艘,	
1947年8月扩充3.45万人			4.3268万吨余下舰艇及官兵退守台、澎,成为中国台湾境内的国	
1948年春以后海军舰上及陆上人4万人			民党军的组成部分	

　　这是美国的第七舰队在台湾海峡或附近地区阻挠人民解放军解放台湾。

第二十四章
人民海军的诞生

●第一节　人民海军组建经过

　　人民海军诞生于1949年全国解放前夕。但早在抗日战争期间,中共领导的人民军队中就有两支具有海军特色的部队:一支是1941年新四军在苏北琼港组建的海防大队,以后扩建为海防团,抗战胜利后与浙东海防大队合并成立海防纵队;另一支是1944年原汪精卫驻刘公岛的海军起义部队,参加了八路军,后被命名为"八路军山东胶东军区海军支队"。1949年1月,江苏泰州解放,长江下游国民党海军舰艇正在酝酿起义,中共中央军委命令华东军区组建海军,4月23日正式成立,然后向华南、华北发展,并成立全国性的海军领导机构。这标志着人民海军已正式成为中国人民解放军的一个军种,在中国人民解放军历史上写下了崭新的篇章。

一、抗战期间组建的两支具有海军特色的部队

1941年新四军在苏北琼港组建一支海防大队,以后扩建为海防团,抗战胜利后,与浙东海防大队合并成立海防纵队,陶勇兼任司令员,吉洛(姬鹏飞)兼任政治委员。图为海防队在海上巡逻。

海防纵队也没有现代化的舰艇,1947年仅俘获一艘搁浅的国民党坦克登陆舰,这是人民解放军历史上拥有的第一艘现代舰艇,但后来被敌机炸沉。

海防纵队曾将上海等地的地下采购站集中的各种军需物资送到新四军驻地,并护送从江南经海上去延安参加革命的知识分子,立下不少战功。图为准备去截击敌人货船的海防纵队的船。

1944年11月,驻刘公岛汪伪海军600余人,在练兵营卫兵队长郑道济等领导下,英勇杀敌起义,奔向胶东参加了八路军,被正式命名为"八路军山东胶东军区海军支队",在解放战争后期,以余下人员成立"山东胶东军区海军教导队"。图为刘公岛练兵营卫兵队兵舍。

二、中国人民解放军第一支海军的诞生
——华东军区海军的成立

红军最早的一艘小型军舰
——1928～1932年湘鄂西
的"列宁"号兵舰

1949年1月21日,江苏泰州已经解放,4月4日第三野战军副司令员粟裕为便于指挥渡江作战,率领部分人员到泰州靠近长江的白马庙乡一座小楼内设立了前线指挥部。图为中外闻名的常胜将军粟裕——华东军区海军创造者之一。

到1949年5月,海军教导队拥有学员500余人,辖有"海鹰"、"海燕"2艘炮艇。人民海军诞生后,教导队和散处在各部队的原刘公岛起义人员陆续调到海军,真正实现了他们建设中国人民自己海军的宿愿。图为活跃在胶东的海军教导队。

在泰州白马庙乡这座小楼内设立的渡江前线指挥部,4月21日渡江开始时改称"第三野战军东路渡江作战指挥部"。(陆石生摄)

华东军区海军第一任领导人

姓 名	职 务
张爱萍	司令员兼政治委员
林 遵	第一副司令员
赵启民	副政治委员
袁也烈	副司令员兼参谋长、第二任司令员
康志强	政治部主任

"黄安"、"重庆"舰起义后,国民党海防第二舰队正在酝酿起义,有鉴及此,中共中央军委命令华东军区负责组建军区海军,图为起义的"重庆"舰。

林遵，华东军区海军第一副司令员。

张爱萍，华东军区海军首任司令员兼政治委员，原为华中军区副司令员，是一位久经革命斗争锻炼的优秀指挥员，由粟裕向中央提名调来组建新中国第一支人民海军。在他领导下，初步奠定了海军的组织基础和技术基础。1955年被授予上将军衔。

华东军区海军初期组成人员

一、从解放军陆军调来的指战员，其中：

   1、第3野战军教导师师部偕步兵第3团和师部兵营

   2、苏北海防纵队

   3、胶东军区海军教导大队(原海军支队)

   4、从30军、35军等部队抽调共约1万余人

二、原国民党海军人员，其中：

   1、起义人员3300余人(中原"重庆"、"灵甫"号起义舰员347人)

   2、公开招收散处各地的原国民党海军人员788人

三、公开招收的知识青年，其中：

   从华东军政大学调来的约500余人

从上表看人民海军主要是陆军调来的新海军和原海军为主的两部分人员组成，正如张爱萍司令员说：新海军人员政治上较强，但不懂海军技术；原海军人员懂海军技术，但政治较弱。

袁也烈，华东军区海军副司令员兼参谋长，湖南洞口人。曾任黄埔军校政治部干事，国民革命军第四军独立团连长，第十一军七十二团营长，第二十五军七十二团参谋长。参加北伐战争，参加南昌起义。抗战时曾任济南军区、渤海军区参谋长、副司令员。解放战争时期任山东军区副司令员兼参谋长。新中国成立后任华东军区海军副司令员兼参谋长、司令员、海军副参谋长。1955年被授予少将军衔。

奉命组建海军的陆军部队正在行军途中。

1949年4月23日，正当国民党海防第二舰队起义的这一天，我华东军区海军在白马庙乡第三野战军东路渡江作战指挥部驻地宣告成立，这是成立时大会会址。

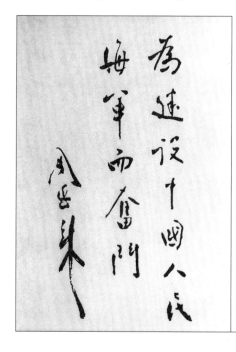

1949年8月28日，周恩来副主席为华东军区海军题词

1949年8月28日毛泽东在接见张爱萍(前左3)和原海军起义人员林遵(右1)等时，勉励他们学习人民解放军的优良政治工作传统和战斗作风，共同为建设强大的人民海军而奋斗。

张爱萍司令员和刚从陆军调来海军工作的指战员在一起。

陆军同志调到舰上工作受到海军战友的热烈欢迎。

1949年8月5日华东军区海军学校在南京原国民党海军总司令部旧址成立，以新海军为基础，吸收部分老海军参加，前者学技术，后者学政治，取长补短，教学相长，分期学习。

华东军区海军司令员张爱萍向从陆军调来海军的指战员作动员报告。

华东军区海军学校1949年9月14日开学,图为校长兼政委张爱萍作报告。该校先后突击培养4800余名学员后,于1950年12月扩建为海军联合学校,归海军直接领导。

新海军人员在学习海军技术。

华东海校学员在练习游泳。

原海军人员在传授操纵技术。

1949年9月21日,中国人民政治协商会议开幕,毛泽东宣告"占人类总数四分之一的中国人民从此站立起来了"。

1949年10月1日毛泽东在开国大典上向全世界庄严宣告:中华人民共和国成立了。

接受检阅的海军部队。

在"开国大典"上，安东(今丹东)海校和南京海校学员代表人民海军组成2个受阅方队，首次威武雄壮地通过天安门，接受党和国家领导人的检阅，初次显示出人民海军的力量。

"长治"舰起义人员庆祝中华人民共和国成立纪念

萨镇冰墨宝。

共产党礼贤下士。一生跨越四个历史时期的爱国海军宿将萨镇冰，虽耄耋之年，仍被邀赴京共商国事，任全国政协委员、中央人民革命军事委员会委员、华侨事务委员会委员等职。图为海军元老萨镇冰。

1952年4月10日，萨老不幸病逝，享年94岁。他对新中国的诞生，有很多颂诗，"何期及见新邦盛，偃武修文在眼前。""尚望舟师能再振，海表一扫捍岩疆。""薄海人民同吐气，遐方草木亦含滋。"表达了晚年及睹盛世的喜悦和希望人民海军日益强大的赤子之心。图为萨镇冰墓道。

陈绍宽(1889~1969)，字厚甫，福建闽侯胪雷乡人，江南水师学堂驾驶第六届毕业。曾任国民政府海军部长，海军一级上将。被蒋介石免职后，愤而归隐家乡，福州解放后，他欣然同意参加革命工作，历任华东军政委员会委员，福建省人民政府副主席、副省长，全国人大代表，民革中央副主席，福建省政协副主席，以及中华人民共和国国防委员会委员等职。曾先后赴前苏联、印尼和缅甸等国参观访问。1969年7月30日病逝，终年80岁。

突击性的技术学习

学习操舵。

　　华东军区海军司令部制订了第一期为时3个月(1949年12月~1950年2月)的舰上军事训练计划,突击学习各种单人技术,图为学员们到舰上学习。

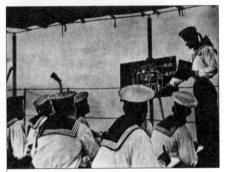
学习技术理论。

学习射击技术。

学习上膛。

擦拭火炮。

经过分批分期学习,结业后学员们开赴海防前线。

向苏联学习

　　在人民海军初创时期,海军提出"向苏联海军学习"的口号,一面请苏联专家来中国教授,一面派中国陆军人员到苏联海军高校学习,另一部分派往旅顺苏联潜艇分队学习。

1951~1953年海军先后派出166人赴苏联海军院校学习。图为1953年在列宁格勒市苏联海军高级军官学校小花园内,张序三(前右1)所在舰长班全体中国学员同该校战术教授海军上校一起合影。

1949年10~11月第一批苏联顾问90人先后到达,第二批621人于1950年12月到达。图为苏联海军舰员帮助中国海军水兵学习技术。

在苏联留学回国后，个个成为新中国一代海军人才。如张序三回国后历任舰长、驱逐舰大队长、舟山基地参谋长、海军司令部军训部部长、副参谋长、海军学院院长、海军副司令员兼参谋长，被授海军中将，后又升军事科学院政委，从陆军茁壮成长为海军新一代优秀将才，证明派员到苏联学习当时起了重要作用。图为1992年海军副司令员张序三(中)重访母校同副校长阿·维·巴甫洛维克(左二)等在演练室合影。

华东军区海军初期主要舰艇

舰 种	艘数	吨位	备 注
一、战斗舰艇			华东军区海军拥有的舰艇较多，除国民党海军舰艇起义、投诚、俘获和溃逃时遗弃外，在上海解放后还接收了上海招商局拨给的"元培"、"万寿花"等船20余艘改装。同时接收上海水产公司渔船56艘，上海公用局和海运局以及救济总署等各类船共计79艘。但其中一些舰艇陈旧，装备简陋。
护卫舰			
炮舰	17		
江防炮舰	9		
扫雷舰	6		
巡逻舰	19		
小　计	51	16382	
二、登陆舰艇			此外还打捞早年沉船6艘并向香港购买旧船48艘，在1950年一次敌机轰炸，就有"万寿花"等26艘被炸毁炸伤。
大型登陆舰	8		
中型登陆舰	7		
小型登陆舰	4		
登陆艇	33		本表仅列主要一些主要舰艇、表中二所列登陆舰艇，均指坦克登陆舰艇。
小　计	52	20131	
三、辅助船			
油船	1		
水船	1		
拖船	8		
海测艇	5		
工程船	1		
驳船	4		
修理船	1		
交通艇	10		
机帆船			
小　计	31	7458	
合　　计	134	43971	

上海解放后，军管会成立，以张爱萍兼任部长的海军接管部，为接管和修理舰船装备，又成立了舰艇调查修装委员会，先后接收上海招商局可改装为军舰用的部分船只，有"德州"、"丁香花"、"金香花"、"常州"、"万福"、"中116"等。后被敌机炸毁炸伤26艘，图为被敌机炸毁的"万寿花"舰。

在南京燕子矶即将打捞起来的"长治"舰，该舰起义后为免国民党飞机轰炸自行沉入江底。

从1949年9月开始，前后用了半年时间，在长江中下游打捞出被敌机炸沉和自沉的舰船6艘，图为张爱萍(前左一)和员兵一起打捞"长治"舰。

打捞修复后的"长治"舰命名为"南昌"舰。

华东军区海军舰艇命名

1950年4月23日华东军区海军成立一周年之际，在南京草鞋峡江面举行了舰艇命名典礼，舰艇分类命名并使之具有爱国主义和革命传统的含义。

护卫舰以省城命名，如"西安"舰、"长沙"舰；

炮舰以具有光荣革命历史的县城命名，如"兴国"舰、"瑞金"舰；

大型坦克登陆舰以革命根据地的山岭命名，如"井冈山"舰、"大别山"舰；

中型坦克登陆舰以河流命名，如"辽河"舰、"淮河"舰；

小型坦克登陆舰以华东地区小集镇命名，如"陈集"舰、"车桥"舰；

扫雷舰以解放区著名村镇命名，如"张店"舰、"枣庄"舰；

辅助船只和小艇则以数码编号命名。

这种命名方法，沿用了多年，被命名的舰艇总共计134艘，43971吨。

舰艇命名典礼是在这艘"井冈山"号军舰上举行的，时泊在南京草鞋峡江面。

华东军区海军司令员兼政委张爱萍授予各舰艇以中央人民政府颁发的命名状、军旗、舰长旗、舰首旗等。

上左一为华东军区海军司令部政治部主任康志强。左二为袁也烈司令员，右二为海军刘道生副政委，右三为华东军区副司令员粟裕，前排右站立者为作战处长赵汇川。

华东军区海军舰队的成立

1949年11月8日，华东军区海军决定以海军学校第一期结业学员中第5大队和第1大队为基础，组建华东海军第1舰大队和第2舰大队，这是一个登陆护航战斗编队，既有作战舰艇（护卫舰、炮舰），也有登陆舰，各辖9艘军舰，这也是新中国第一支护卫舰部队。1950年3月23日由第一纵队改编组建了江防舰队。

1950年4月23日，根据中央军委电令：

第一舰大队改编为华东军区海军第6舰队（护卫战斗舰队）

第二舰大队改编为华东军区海军第7舰队（护卫战斗舰队）

华东军区海军第6舰队成立会场。

华东军区司令员陈毅在第6舰队成立大会上讲话。

第6舰队首任领导人

姓　名	职　　　务
饶子健	司令员兼政治委员
刘中华	副政治委员
方　莹	副司令员
傅继泽	参谋长
张奎乙	政治部主任

饶子健(1909～)，华东军区海军第六舰队首任司令员兼政委，后调任苏北军区司令员，江苏军区副司令员，上海警备区司令员，南京军区副司令员。1955年授中将军衔。

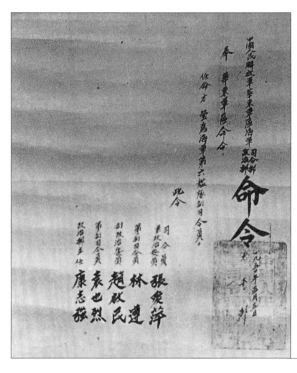

华东军区海军司令部政治部任命方莹为第6舰队副司令员的命令。

第6舰队旗舰"广州"号舰长卢振乾，马尾海校航海第9届毕业。

第6舰队旗舰"广州"号。

第6舰队下辖6艘护卫舰

舰　名	原　名	舰　长	政　委
广　州	元　培	卢振乾	张力平
沈　阳	黄　安	鞠庆珍	赵　凯
长　沙	接12号	宋继宏	苏　军
西　安	接14号	吕美华	习愈文
武　昌	接5号	伍　岳	王安居
济　南	威　海	章钟樵	许玉乾

饶守坤(1915~　)，第7舰队首任司令员，江西德兴县人。1931年入团，次年加入红军，1933年入党，历任红军班、排、连、营、团长，闽东北军分区司令员。抗日战争任新四军团长，淮南军区第四军分区副司令员；解放战争任旅长、师长，三野第30军副军长；新中国成立后任第7舰队司令员，继任海军淞沪基地司令员，东海舰队副司令员，第7研究院院长，北海舰队司令员，济南军区司令员等职。1955年授中将军衔。

第7舰队副司令员叶可钰。

第7舰队旗舰"南昌"号首任舰长郭成森，浙江杭县人，马尾海校航海班第8届毕业。

第7舰队首任领导人

性　名	职　　　务
饶守坤	司令员
张　雄	政治委员
叶可钰	副司令员
肖　平	参谋长
陈绍海	政治部主任

第7舰队下辖6艘护卫舰

舰　名	原　名	舰　长	政　委
南　昌	长　治	郭成森	夏　峰
延　安	永　绩	戴照愉	赵贡祥
瑞　金	江　通	张家宝	李和堂
盐　城	丁香花	陈沪生	谈寒光
邯　郸	紫罗兰	陈秉坤	张志成
兴　国	江　达	钱恩沛	范豫康

华东军区海军第7舰队旗舰"南昌"号。

张爱萍司令员宣布第5舰队（登陆运输舰队）首任领导人名单：

司令员：胡大荣（未到职）

政　委：谢立全

副司令员兼参谋长：张元培

副参谋长：李伯钧

政治部主任：赵昭

下辖14艘登陆舰：

"井冈山"（原"538"舰改名）

"黄河"（原"美盛"号改名）

"淮河"（原"万忠"号改名）

……（下略）

同时，还宣布组建华东军区海军扫雷大队：

大队长兼政委：孙公飞

下辖5艘扫雷舰艇：

"古田"（原名"联光"）、

"周村"（原名"伟仪"）、

"张店"（原名"海联"）、

"枣庄"（原名"美安"）、

"秋风"（原名"201号"）。

第5舰队旗舰"井冈山"号，是一艘大型坦克登陆舰，舰长张凤仁。

谢立全，先任华东军区海军第5舰队政委，1952年调任军事学院海军系主任。

华东军区海军更名为海军东海舰队

1951年2月15日，华东军区海军司令员张爱萍调离海军，不久，第6舰队司令员饶子健也调离，分别由陶勇、马龙接替。1951年3月第7舰队改编为海军舟山基地。1955年10月24日，华东军区海军更名为"中国人民解放军海军东海舰队"。

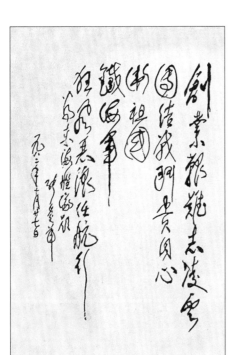

第5舰队副司令员兼参谋长张元培。

张爱萍素有儒将之称，调任华东军区参谋长之后，1955年成功地指挥陆海空三军解放了一江山岛。这是他1982年为东海舰队的题词。

陶勇，1952年11月任华东军区海军司令员，是一员著名战将，抗日战争时期曾兼任新四军海防一团团长，单身收降海匪孙二虎，传为美谈。到海军担任领导职务之前，为中国人民志愿军第九兵团代司令员兼政委。

三、中南军区海军的初建

  1949年10月广州解放后,成立了广州市军事管制委员会海军接管处,12月成立广东军区江防司令部,1950年12月成立了中南军区海军领导机构,1955年10月24日更名为"中国人民解放军海军南海舰队"。广东军区江防司令部是以海军接管处和两广纵队2师部分人员为基础组成。

洪学智,广东军区副司令员兼任广东军区江防司令部司令员。

广东军区江防司令部成立时只有5艘小艇,后在华南各地接收有关单位41艘船只。图为东江纵队海上游击队。

中南军区海军战士在岛上学习文化。

中南军区海军更名为海军南海舰队

  1950年12月3日,在增调第173师,直属队第4野战军补训2师的部分人员之后,成立了中南军区海军。1952年10月又增调陆军第44军部分机构和人员充实。1955年10月24日更名为"中国人民解放军海军南海舰队"。

中南军区海军第一任领导人

姓　名	职　　　务
方　强	司令员兼政治委员
周仁杰	副司令员兼参谋长
吴　罡	政治部主任

  方强(1911～),首任中南军区海军司令员兼政委,湖南平江人。1926入团,次年入党,参加长征。抗战时历任八路军旅政治部主任、军委总政组织部长;解放战争时历任军区司令员、政委、副军长、军长;新中国成立后任广东军区副司令员、中南军区海军司令员兼政委、中国人民解放军海军副司令员。1955年赴苏联海军学院学习,回国后任海军副司令员兼海军军事学院院长、政委,第一机械工业部副部长,国防工办副主任、秘书长,六机部部长,国防工办主任,海军副司令员。1955年授予中将军衔。

四、海军青岛基地的成立

　　1950年4月以第四野战军后勤二分部部分人员和第十二兵团部分机构和人员为基础组成海军青岛基地筹委会,9月9日与第二野战军十一军军部和直属队合并,正式成立海军青岛基地,辖有两个巡逻艇中队。

海军青岛基地第一任领导人

姓　名	职　　　　务
易耀彩	司令员
段德彰	政治委员
赵一萍	副司令员,原青岛基地筹委会主委
郑国仲	副司令员
杨国宇	参谋长
胥治中	政治部副主任

　　易耀彩(1917～　),首任海军青岛基地司令员,江西泰和县人。1929年入团,次年参加红军,1931年入党,历任排长、干事、连政治指导员、军委科员。抗日战争时历任科长、营长、团长、军分区参谋长、冀察军区参谋长;解放战争时任张家口卫戍司令员、旅长、副军长;新中国成立后首任海军青岛基地司令员,1953～1958年入苏联海军学院学习,回国后任海军潜艇学校校长,北海舰队第一副司令员、政委,海军军事学术委员会副主任。1955年被授予少将军衔。

五、海军旅顺基地的成立

　　苏联将旅顺海军基地移交给中华人民共和国后,1955年5月以铁道公安部队领导机关为基础正式组建海军旅顺基地。

　　罗华生(1910～　),海军旅顺基地首任司令员,湖南湘潭人。1930年参加红军,次年入党,参加长征。抗日战争时期,任中国人民抗日军政大学队长、大队长,八路军115师教导第5旅政委,新四军独立旅政委,山东滨海军区第二军分区司令员;解放战争时期,任东北民主联军第二师师长,松江军区第一军分区司令员,东北野战军独立第七师师长,第四野战军三十九军152师师长;新中国成立后,任中国人民解放军师长兼南宁军分区司令员、政委,第四航空学校副校长,铁道公安部队司令员,海军旅顺基地司令员,防空军高炮指挥部司令员,铁道兵副司令员。1955年被授予少将军衔。

海军旅顺基地第一任领导人

姓　名	职　　　　务
罗华生	司令员
彭　林	政治委员
刘昌毅	副司令员
邵　震	副司令员
宋景华	副政治委员
谢正浩	参谋长
邓可运	政治部主任

六、海军北海舰队的成立

1960年8月，在海军青岛基地的基础上成立海军北海舰队。

海军北海舰队第一任领导人

姓 名	职 务
刘昌毅	司令员
丁秋生	政治委员
刘华清	副司令员兼旅顺基地司令员
易耀彩	副司令员
张元培	副司令员
邓兆祥	副司令员
卢仁灿	副政治委员
黄忠学	副政治委员

刘昌毅(1914～　)，首任海军北海舰队司令员，湖北黄安人。1929年入团，1931年入党。抗战时历任八路军科长，青年纵队第三团参谋长，太行军区第三军分区副司令员；解放战争任旅长、副司令员；新中国成立后任铁道公安部队副司令员，海军旅顺基地司令员，北海舰队司令员，济南军区副司令员兼北海舰队司令员，南京军区副司令员，广州军区副司令员等职。1955年授中将军衔。

刘华清(1916～　)，海军北海舰队副司令员兼旅顺基地司令员，湖北大悟人。1930年入团，次年参加红军。1935年入党，历任中共中心县委书记、红十五军团政治部敌工科科长、红三十一军司令部机要科科长，参加长征。抗战时任八路军129师宣教科长，师供给部政治处主任，冀南军区组织部部长；解放战争任晋冀鲁豫军区第二纵队第6旅政委、二野第11军政治部主任；新中国成立后，任西南军区军政大学政治部主任，军区副政委、第一海军学校副校长兼副政委。1958年毕业于苏联伏罗希洛夫海军学院，回国后任北海舰队副司令员、国防部第七研究院院长、海军副参谋长、国防科委副主任、副参谋长、海军司令员。1955年授少将军衔。

邓兆祥(右二)，原"重庆"号舰长，起义后任丹东海军学校校长，时任海军北海舰队副司令员。

七、海军领导机关成立

　　为统一管理指挥各地人民海军，中央军委早于1949年12月发出电令，调12兵团司令员兼政委萧劲光组建海军领导机构，次年1月12日正式任命萧劲光为中国人民解放军海军司令员，4月14日正式建立海军领导机构，标志着人民海军已正式成为人民解放军的一个军种，在中国人民解放军历史上写下了崭新的篇章。

海军第一任领导人

姓　名	职　　　　务
萧劲光	司令员
王宏坤	副司令员
刘道生	副政治委员兼政治部主任
罗舜初	参谋长

　　萧劲光，湖南省长沙人。1903年生，1920年加入中国社会主义青年团，次年赴苏入莫斯科东方劳动者共产主义大学学习。1922年加入中国共产党。调入海军前任第4野战军副司令员兼第12兵团司令员和政委。在任海军司令员的30年间，为人民海军的建设作出了重大贡献。

　　王宏坤，海军副司令员，湖北麻城人。1927年参加麻城起义，1929年入党，参加长征。解放战争时期任晋冀鲁豫军区副司令员兼第6纵队司令员，第四野战军第58军军长，湖北军区第一副司令员。新中国成立后任海军副司令员，第二政委。

　　刘道生，海军副政委兼政治部主任，湖南茶陵人。1930年入党并参加红军，参加长征。抗战时任八路军团政委、军分区政委；解放战争历任察哈尔军区政委兼省委书记等职；新中国成立后，历任十二兵团副政委兼政治部主任。1953年赴苏学习海军，回国后任海军副司令员兼海军军事学院院长、海军航空兵司令员、海军第一副司令员等职。

　　罗舜初，海军参谋长，福建上杭人。1929年参加闽西暴动，1931年加入红军，次年入党。历任红一方面军司令部参谋、科长，军委二局副局长，并参加长征。抗战时历任军委总参二局局长，八路军总部作战科长、第一纵队参谋处长、山东纵队参谋长、鲁中军区司令员兼政委；解放战争任辽东军区副司令员兼参谋长，四野40军政委、军长；新中国成立后任海军参谋长、第二副司令员，国防部第一研究院院长，国防工办副主任等职。

1951年初,海军司令员萧劲光深入华东军区海军舰艇部队调查研究。

1951年8月7日,朱德总司令和罗瑞卿、萧华等在萧劲光司令员陪同下视察了"西安"舰。

毛泽东首次视察海军舰艇并题词

1953年2月19~24日,毛泽东主席先后乘坐"长江"、"洛阳"军舰从武汉到南京,航行了4天3夜,首次视察了海军舰艇并题词。

毛泽东(中)在"长江"舰上观看舰炮

毛泽东和"洛阳"舰上官兵交谈。

毛泽东1953年2月首次视察海军舰艇部队,为"长江"、"洛阳"、"南昌"、"黄河"、"广州"5舰题词。

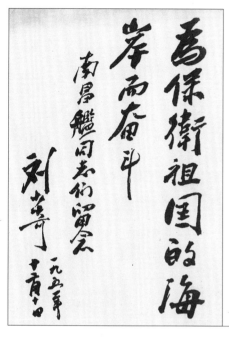

1951年12月10日刘少奇副主席视察了"南昌"舰并为该舰题词。

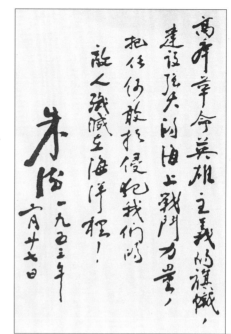

1953年2月27日朱德总司令为海军首届英模代表会议题词。

八、人民海军的建设方针和建军路线

1950年8月,海军领导机关在北京召开建军会议,制订了海军建设方针和建军路线。

海军建设方针:"从长期建设着眼,由当前情况出发,建设一支现代化的、富有攻防能力的、近海的、轻型的海上战斗力量。首先组织利用和发挥现有的力量,在现有力量的基础上,发展鱼雷艇、潜水艇和海空军等新的力量,以逐步建设一支坚强的国家海军。"

海军建军路线:"在我党的绝对领导之下,以工农为骨干,以解放军为基础,吸收大量的革命青年知识分子,争取团结和改造原海军人员,建设人民的海军。"

建国初期海军组成人员比重(截至1955年底止)

来源	人数	占百分比
来自解放军陆军	11.4万余人	60.6%
从解放军空军调来	6000人	3.2%
吸收知识分子	30000人	16%
吸收原国民党海军人员	4000余人	2.1%
总数	18.8万余人	100%

注:先后拨归海军的陆军有第4野战军的第十二兵团部;第二、三、四野战军的第十军部、第十一军和第三十军、第三十五军的军部和直属队;第四十四军军部及各野战军的11个师级单位和28个团级单位。

九、对原国民党海军人员的政策和措施

政策:"争取、团结、教育、改造。"

(1)组织政治学习。

在丹东、南京设海军学校,组织原海军人员学习政治,与剥削阶级的军队划清界限,树立坚定为人民服务的立场。图为原"重庆"、"灵甫"舰起义人员在丹东海校学习,整齐地行进在校园里。

(2)政治上给予信任。

历史问题既往不咎,视为革命同志和战友,政治上一律平等,符合条件的吸收入团入党和评为英雄模范。

原海军人员所在单位	入　团	入　党	评功臣模范
安东海军学校	200余人		
华东军区海军第7舰队	55人	3人	83人
华东军区海军第6舰队		担任舰长的4人	

1950年9月召开全国战斗英雄、劳动模范代表会议时,原海军起义人员梁魁庭、赵孝庵被选为代表参加。

(3)量才使用。

革命不分先后,沧海容纳百川.对原海军人员不分其原来派系,一律量才使用,对其下层官兵中的优秀分子则予以破格提拔.初期绝大部分舰艇长、部门长均由原海军人员担任。

林遵(1905~1979),原国民党海军海防第二舰队司令.起义后任中国人民解放军华东军区海军副司令员、海军学院副院长、东海舰队副司令员等要职.1955年被授予海军少将军衔.还先后担任全国政协委员、全国人大代表、国防委员会委员等职.1979年7月16日病逝。

邓兆祥(1903～1998)，原"重庆"舰舰长。起义后先后担任安东海军学校校长，后又领导创建新中国第一所海军快艇学校并任校长，还担任大连第一海军学校副校长。1955年被授予人民海军少将军衔并调到海军青岛基地，先后担任副参谋长、副司令员。1960年任北海舰队副司令员，1982年任海军副司令员，并当选全国政协副主席。

方莹(1889～1965)，原国民党海军上海第一基地司令。福州解放前，自请退役回福州协助叶可钰进行地下工作，解放后被选为"在闽海军人员联谊会"总干事。1950年5月任华东军区海军第6舰队副司令员，次年奉调为海军干部轮训班副主任，协助正主任张爱萍培训在职干部，并兼任华东海军司令部航海业务长及海军联合学校专科主任。1951～1963年任海军研究委员会副主任。1963年10月离休回福州，任省政协委员、省府参事等职。1965年2月26日病逝。

曾以鼎，原国民党海军总司令部参谋长、舰队司令海军中将。解放后任海军研究委员会主任。

郭寿生，原国民党海军总司令部新闻处《海军月刊》社社长，中共地下党员，解放后任海军研究委员会副主任。

叶可钰，原国民党海军练营营长。1950年4月任华东军区海军第7舰队副司令员。

曾国晟，原国民党海军总司令部第6署署长。起义后任华东军区海军后勤部领导。

鞠庆珍，原"黄安"舰的上尉航海官。起义后任"沈阳"舰长，后任"兴国"舰长、战舰大队副大队长、舰队后勤部辅助船大队大队长、舰队后勤部副参谋长、淞沪水警区副司令员。最后任上海海军基地司令部顾问，少将军衔。

戴熙愉，原国民党海防第二舰队参谋。起义时曾主动前往江北找解放军联系。起义后任"延安"舰舰长、华东海军司令部航海业务长、南京海军学院海军军事学术研究所正师职研究员等职。

原"重庆"舰起义的组织者之一——士兵毕重运(右一)，得到重用升为大尉，后任"广州"舰副舰长。左一为原"重庆"舰军官，后任海军工程师的周方光少校。

海军研究委员会——新中国人民海军的咨询机构,主要成员:

曾以鼎(中坐),原国民党海军参谋长、舰队司令,任研究委员会主任

郭寿生(前排右3),原在国民党海军总司令部新闻处,中共党员,海军研究委员会副主任

李天钧(前排右4),解放军派来,任秘书长

韩玉衡(前排右4),原厦门、马尾海军造船所所长

陈可潜(前排右3)

陈景芗(前排右2),原国民党海军总务处少将处长

何希錕(前排右1)

蔡世滢(前排左2)

方莹(前排左1)

刘孝鉴(后中),原国民党海防舰队部舰队长、海防第二舰队首任司令

叶可钰(后右1)原国民党练营营长

金声(后右2)

陈书麟(后右3)原国民党海总第6署副署长(上校)

蔡鸿干(后右4)

郭则汾(后左2),俄文翻译,教授

张衍学(后左3)

杨廷纲(后左2)

陈藻藩(后左1)

海军研究委员会(后期)主要成员:

郭寿生(右5)

方莹(右6),副主任

叶裕和(左3),原江防舰队司令

刘孝鋈(左2)前排

聂锡禹(左1)前排

曾国晟(右1)前排

郑震谦(右2)前排

陈景芗(右3)前排

陈昕(2排左2),原"重庆"号轮机长

陈书麟(2排左4)

蔡鸿干(2排右4)

于非(前排左4),解放军派来

王浴滔(前排左4),解放军派来的,任主任

陈宗孟(2排右1),原"重庆"号航行官、航海官

吴正昌(2排右2),原"重庆"号准尉

李干城(2排右3)

刘隽(2排右5)

陈景支(2排右6),原"重庆"号枪炮官

陈嘉镔(2排左3)

(其他为工作人员)

刘孝鋈,原国民党海防第二舰队首任司令。1950年任海军研究委员会委员。

韩玉衡,原厦门、马尾海军造船所所长,解放后任海军研究委员会委员。

陈景芗,原国民党海军总司令部总务处少将处长,1950年任海军研究委员会委员等职。

十、创办正规、新型的海军学校

　　新中国成立后,中共中央军委本着治军先治校的指导思想,及时提出了"办学校培养干部是建设国防军的中心工作"和"今后军队干部主要靠学校培养"的方针,海军党委明确提出了"培养干部是海军当前和今后长时期各项建设工作中的中心任务"。在这种形势下,海军创办了各级各类正规、新型的学校,在建国初期短短的几年中,就相继创办了10所学校和6所预备学校。

(1)海军学校(大连海校)。

创办时间:1949年11月22日

开学时间:1950年2月1日

性质:人民海军第一所培训水面舰艇初级干部的正规学校

任务:培养航海、枪炮、鱼水雷、观通和机电等部门长

校长兼政委:萧劲光

副校长兼副政委:张学思(原安东海校副校长)

政治部主任:李东野(原安东海校政治部主任)

基础:以安东海校为基础

　　　(安东海校只存在半年)

系科设置:航海指挥系和机械工程系

分校:1950年12月两系分别扩编为指挥分校和机械分校

聘请苏联海军顾问84人帮助创办

教员来源:参加安东海校学习的原国民党海军人员选调

班级:分普通班和速成班

1950年4月,大连海校校长萧劲光(三排中)和副校长张学思(三排左三)与学员合影。

大连海校学员利用自制的教具学习技术。

1951年6月,周恩来、邓颖超在大连接见大连海校副校长张学思并乘坐炮艇视察海岸。

海校学员在举行马拉松赛跑。

受检阅的海校学员。

(2)海军联合学校。

创办时间：1950年12月
基础：以华东海校扩建改名
隶属：归海军司令部直接领导
主要任务：培训水面舰艇军士和水兵
系科：设兵器、机械、通信、舰务4所分校
校长：夏光
政委：孔繁彬

(3)海军航空学校。

创办时间：1950年6月
地点：青岛
开学时间：1950年11月1日
任务：培训海军航空兵空勤和地勤人员
校长：赵汇川
政委：桂绍彬
专业设置：空勤设水鱼雷、轰炸机驾驶、领航、通信和射击等
　　　　专业地勤设机械、军械、水鱼雷、无线电和特设等专业

1952年8月扩建为两所

海军第一航空学校

校长：赵晓丹
政委：桂绍彬
培养任务：海军航空兵空勤
　　　　人员
专业设置：水鱼雷轰炸机驾
　　　　驶、领航、通信和
　　　　射击等

海军第二航空学校

校长：胡鹏飞
政委：何　辉
培养任务：海军航空兵地勤
　　　　人员
专业设置：机械、军械、水鱼
　　　　雷、无线电和特
　　　　设等专业

海军航空学校教员与飞行员研究提高教学质量问题。

海军政治委员苏振华(前排右3)观看某次被我击落的国民党P2V飞机残骸。

1951年8月萧劲光司令员视察炮兵学校。

鱼雷快艇雾中出航。

(4)海军炮兵学校。

> 创办时间:1950年8月
> 校址:青岛
> 开学时间:1950年10月9日
> 主要任务:培训营连排指挥干部和各类专业兵
> 校长:王效明
> 政委:宋景华

炮兵学校领导与苏联专家一起研究教学工作。

(5)海军快艇学校。

> 创办时间:1950年8月
> 校址:青岛
> 开学时间:1950年10月
> 主要任务:培训鱼雷艇艇长以上的指挥干部和轮机长、水手长以及各类专业兵
> 校长:邓兆祥
> 政委:朱　军

飞驰在海上的海军快艇。

(6)海军潜艇学校。

> 筹建时间:1952年11月
> 正式成立时间:1953年8月
> 开学时间:1954年3月28日
> 校　　　址:青岛
> 主要任务:培训潜艇指挥干部和专业水兵
> 校　　　长:傅继泽(旅顺潜艇学习队大队长兼)
> 副 校 长:李克明
> 党委书记:吴　西
> 副政治委员:何明智

海军副司令员方强到海军潜艇学校作教改报告。

　　中央军委副主席彭德怀视察山东沿海海军学校时说,海军建设步骤应该"先艇后舰",首先发展鱼雷艇、潜艇……图为中国中型潜艇。

(7)南京军事学院海军系。

> 创设时间:1952年5月
> 开学时间:1952年5月30日
> 主要任务:培训海军中高级指挥干部
> 系 主 任:谢立全
> 副系主任:林遵

(8)海军政治干部学校。

> 创设时间:1952年7月
> 地　　　点:青岛
> 开学时间:1952年10月15日
> 主要任务:培训海军舰艇、海岸炮兵、航空兵部队营连级政
> 　　　　　治干部
> 校　　　长:刘道生(海军副政委兼)
> 副 校 长:阚中一

(9)海军后勤学校。

> 创设时间:1952年7月
> 主要任务:培训后勤各专业勤务干部
> 校　　　长:刘仕香
> 政　　　委:袁　超

(10)军事工程学院海军工程系。

增设时间:1953年9月
主要任务:培训海测、舰炮、指挥仪、水雷、鱼雷、无线电、有
　　　　　线电、雷达、声纳、造船和船机等工程技术干部
系　主　任:黄景文(代理)

海军工程系正在进行电化教学。

军事工程学院副院长陈绍炘是海军机械学校第一期毕业学员,正在讲课。

(11)海军指挥学校。

创建时间:1954年4月16日
基　　础:原大连海校指挥分校独立分建
培养任务:培训舰艇航海、枪炮、鱼雷、水雷和观象、通信部门长
政　　委:李东野
副　校　长:白兆麟

(12)海军机械学校。

创建时间:1954年4月16日
基　　础:原大连海校机械分校独立分建
培养任务:培训舰艇机电部门长和造船等专业干部
校长兼政委:于笑虹

1955年11月7日,彭德怀、贺龙、聂荣臻元帅在萧劲光司令员陪同下视察海军指挥学校。

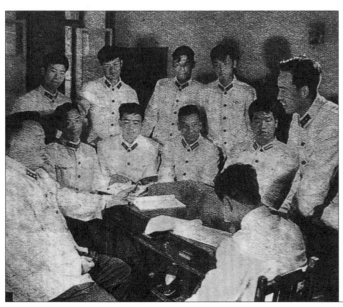

海军机械学校继任校长张晓冰(右二)、石峰政委(左一)和教员在一起研究教学问题。

十一、海军自行设计建造的艇船

人民海军诞生后,在修复、打捞、改装旧舰艇的同时,开始自行设计建造小型巡逻艇、登陆艇、机帆船及运水船等。1950年冬筹建海军造船部,1952年改为海军舰船修造部,设立设计室,开始设计适合中国海域情况的、优异船体线型的各型巡逻艇等,到1955年底共计自行设计建造各型巡逻艇、登陆艇、运水船、自动驳船等236艘,12556吨。

海军舰船修造部第一任负责人

部 长:林 真
政治委员:于笑虹
副 部 长:薛宗华、任秀生
副政治委员:柳谦
设计室主任、总设计师:徐振骐

海军自行设计建造的巡逻艇

设 计 人:徐振骐
施工单位:江南造船厂
第一代50吨级,代号为53甲型,航速11.5节,木壳。到1955年共建造82艘
第二代75吨级,代号为55甲型,航速22.5节,铁壳。到1955年共建造75艘

代号为55甲型75吨级的第二代巡逻艇。

徐振骐(1901~1982),福建人,1916年考入福州海军艺术学校,1918年转入福州海军飞潜学校乙班,1924年8月毕业,曾留学英国,1937年派赴德国监造潜艇并研习潜艇技术。回国后历任江南造船所工程师、造船课长等职。1944年赴美参加服务团研习新式舰船技术。解放后任人民海军舰船修造部设计室主任、总设计师等职,主持设计建造人民海军第一、二代炮艇,为海军建设做出重要贡献。

十二、向外国购买的舰艇等武器

　　海军初创时期,曾通过香港向外购买舰艇和材料,由于帝国主义国家对新中国实行封锁禁运政策,遂转向苏联订货。抗美援朝时期,财政十分困难,1953~1955年向苏联购买了一批战斗舰艇、辅助船只等武器装备。另外,1955年2月~4月,自旅顺基地有偿接收苏军撤退时留下的部分装备及部分无偿接收设备。原计划向苏联购买战斗舰艇81艘,27234吨,飞机148架以及22个海岸炮兵连的装备,因苏方不同意以军事贷款方式解决,国内又进入第一个五年经济建设计划时期,财力主要用于建设重工业,所以向外购买舰艇等武器装备,受了影响。

向外国购买情况

　　1950年初先后从香港购进美英日制造的超龄舰船48艘

　　1953~1955年向苏联购买主要有战斗舰艇新、旧成品和半成品,辅助船只、各型飞机、海军专用火炮、水中兵器、弹药和专用车辆设备、配件等。其中:

驱逐舰　4艘("鞍山"、"抚顺"、"长春"、"太原")

潜艇C型(旅顺直接接收2艘,1943年造)

M—15型(50年下水)

扫雷艇　1948年造

猎潜艇　1952年下水

鱼雷艇　大部是二战期间的,1951年的18艘

火　炮　大部是二战的,76.2毫米

飞　机　1950年31架(中杜—2型水鱼雷轰炸机即高级教练机12架,乌特伯—2型教练机中级6架,雅克—18型初级教练机12架,雅克—12型通信机1架)

　　　　1953年113架(各种型号)1955年6架(别—6型水上机)

中苏海军双方在青岛举行驱逐舰交接签字仪式(赵辑民提供)。

扫雷艇。

猎潜艇。

自旅顺基地有偿接收苏军撤退时留下的舰艇等装备

护卫艇9艘	100毫米岸炮　　　8门
小型鱼雷艇39艘	85毫米高射炮　　96门
各型补助船18艘	37毫米高射炮　　26门
依尔—28型水鱼雷机64架	里—2型领航教练机2架
乌依尔—28型教练机12架	及其他器材
180毫米岸炮4门	总计付出2.7亿卢布
130毫米岸炮42门(内14门装在铁道炮车上)	

无偿接收装备

布雷舰	1艘
护卫舰	2艘
护卫艇	2艘

码头、阵地、工厂、营房等设施和器材。

小型鱼雷艇。

中苏两国水兵在交接火炮。

十三、海军各兵种建设

　　海军各兵种部队包括水面、水下、空中、陆上战斗部队和各种勤务保障专业部队。组建总的原则是边打边建,在执行战斗任务的同时,又不失时机地安排长远建设,各兵种全面展开,但又有重点建设。

1955年底前中国人民海军拥有的装备

战斗舰艇(含登陆舰艇132艘)	519艘
辅助船只	341艘
共计	860艘
备种飞机	515架
各种口径海岸炮	343门
各种口径高射炮	336门

(1)水面舰艇部队的组建。

第一支护卫舰部队

1949年11月正式组建,即前面所述华东军区海军所辖的第一舰大队和第二舰大队。1950年4月扩建为华东军区海军第6舰队,1955年10月改名为护卫舰6支队,下属3个大队,拥有护卫舰14艘。第一任领导人及舰艇名称见"华东军区海军"。

第一支护卫舰部队中的"沈阳"、"济南"、"长沙"、"西安"、"武昌"等舰,在编队训练。

第一支驱逐舰部队

1954年3月筹建,抽调500余人组成海军青岛基地第一、第二训练大队,准备接收从苏联购买的两艘驱逐舰。7月22日命名为海军驱逐舰大队,10月13日第一批2艘驱逐舰抵青岛,次日交接验收,26日命名为"鞍山"、"抚顺"。10月底又组建了第三、第四训练大队,舰员以华东海军护卫舰6舰队为基础组成。1955年6月第二批向苏联购买的2艘驱逐舰抵达青岛,分别命名为"长春"、"太原"号,编入驱逐舰大队序列。这就是海军第一支驱逐舰部队。

驱逐舰掩护登陆舰前进。

第一支鱼雷艇部队

1950年8月海军快艇学校成立后,经过1年多的培训,共培训出学员897人,配备了42艘鱼雷艇,成立了4个鱼雷艇大队。海军第一支鱼雷艇部队就此宣告诞生。

第一支鱼雷艇部队编队出击。

苏联海军顾问团驻驱逐舰大队的大队长专家格里戈里夫妇(左起第四、五人)等在青岛同中国海军驱逐舰干部合影。(右一为张序三)

解放初期的驱逐舰。

中国研制的第一艘导弹驱逐舰正在进行试航。

(2)潜艇部队的组建。

潜艇兵力包括常规动力潜艇、攻击型核潜艇和导弹核潜艇,中国首先组建的是常规动力潜艇。1951年4月成立了275人的潜艇学习队到苏联在旅顺的潜艇分队学习,同时修建中国第一个潜艇基地。1954年6月19日正式成立海军独立潜水艇大队,下辖4艘潜艇。这就是人民海军的第一支潜艇部队。

1957年6月我国首批转让制造成功的常规动力潜艇。

解放初期的潜水艇。

中型潜艇。

(3)海军航空兵部队的组建。

海军航空兵包括水鱼雷机、轰炸机、强击机、歼击机、侦察机、反潜机、运输机、各种专业飞机和防空部队。主要任务是消灭敌舰船,破坏敌基地、港口和岸上目标,掩护、支援水面舰艇和潜艇的战斗行动,参加沿海要地防空,保障海军基地安全以及进行侦察、巡逻、反潜、布雷、扫雷、通信、引导、救生和运送人员物资等。

继1950年建立海军航空学校之后,1952年6月在上海组建了海军航空兵一师,配备了苏制飞机。在此之前,于1950年12月26日成立了海军第一支高射炮兵部队,番号是海军高射炮兵第一团,使用装备主要是苏制37毫米高射炮。

人民海军的水上飞机。

海军航空兵一师机务人员为飞机起飞作准备。

海军高射炮兵在练习。

(4)海军岸防兵部队的组建。

岸防兵包括海岸炮兵和海岸导弹部队,主要任务是保卫海军基地、港口和沿海重要地段,消灭敌舰船,掩护近岸交通线,封锁航道,支援在濒海活动的舰艇,支援岛岸、要塞的守备部队作战。

1950年10月21日,海军炮兵学校结业258名学员在青岛的团岛组建了海军第一个海岸炮兵营,与此同时在沿海抢修了一批海岸炮阵地,当时,主要是向苏联购买的130毫米海岸炮,此后自己仿制。

朱德(中)视察第一个海岸炮阵地。

海军领导罗舜初(左二)在检查海岸炮工程建设。

海军岸防兵部队初建时使用的火炮,主要是向苏联购买130毫米的海岸炮。图为自己仿制的双联装130毫米海岸炮。

(5)海军陆战队的组建。

海军陆战队的主要任务是独立或协同陆军实施登陆作战,夺取登陆点和登陆地段,保障后续梯队登陆。1954年12月9日,以海军原有的一个陆战团和水陆坦克教导团为基础,抽调华东军区水兵师师部及水兵2团,合并组建了第一个海军陆战师,后因任务变化,于1957年撤销,1979年重建。

海军陆战队在一次演习中抢滩登陆。

此外,海军还陆续组建了各种专业勤务部队,包括侦察、观察、通信、工程、航海保障、水文气象、防险救生、防化、后勤供应和装备修理等部队,以保障海军各兵力顺利进行战斗任务。

1955年底前海军组建的各兵种部队

名称	数量	其 中 包 含
舰艇大队	23个	潜艇、驱逐舰、护卫舰、登陆舰、猎潜艇、扫雷舰、鱼雷艇、护卫艇、辅助舰艇
航空师	6个	轰炸机、歼击机、侦察机、水上飞机、
航空独立团	2个	教练机、运输机
海岸炮兵团	19个	
防空兵团	8个	
各种专业勤务部队		

从人民海军的诞生,到1955年底的7年中,人民海军建设从无到有,已经初具规模。中国人民的一支新型的海上战斗力量已崛起在世界的东方。

在一次登陆作战演习中,海军陆战队士兵正登上登陆舰。

●第二节　海军初创七年战绩

　　1950年春,中国大陆上的解放战争基本结束,但沿海岛屿和海上重要航线仍控制在国民党军手中,许多港口航运未畅通,影响了国内经济恢复和对外贸易,东南沿海时有海匪骚扰。当时,人民海军力量还很弱小,主要是进行反袭扰斗争以及扫雷、清剿海匪、护渔等,并解放华北和华南的一些沿海岛屿。抗美援朝战争结束,中央军委决定"力量向前伸",进行浙东沿海岛屿的解放战争,到1955年1月才解放了除台湾、澎湖、金门、马祖以外的全部岛屿。

　　人民海军在战火中诞生,在战斗里成长。1955年,初创阶段结束,为其后的成长壮大阶段奠定了坚实的基础,也为向现代化迈进创造了重要的条件。

一、长山列岛战役

　　华北解放后,国民党军残部踞守长山列岛,妄图作为封锁华北的基地。人民解放军第三野战军的一部于1949年8月11日向该岛国民党军发起攻击,12日即占领南北长山列岛、大小黑山岛等7个岛,19日向北猴矶岛、砣矶岛等攻击,守敌逃遁,20日收复该岛。

长山列岛位置

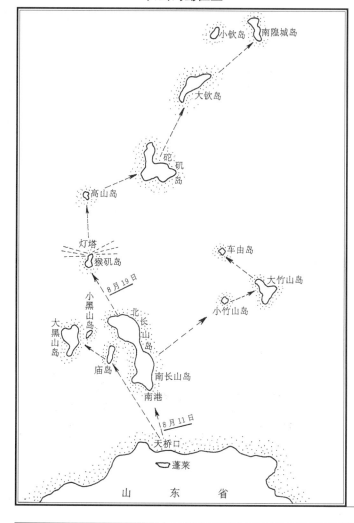

胶东半岛名胜蓬莱阁。长山列岛战役,人民解放军指挥所就设在这里。

战士把长山列岛上的俘虏押上帆船运送到大陆。

1949年8月11日至20日,人民解放军第三野战军解放了长山列岛。

二、海南岛战役

　　1950年4月16日，人民解放军第四野战军一部，在没有海军、空军配合的情况下，发起海南岛战役，至4月30日解放了中国第二大岛——海南岛。这对蒋介石以台湾、舟山、金门、海南岛互为犄角，伺机重返大陆的企图是一个沉重的打击。

1950年4月16日，人民解放军第四野战军一部，为突破敌人海陆空的海上封锁，以木船为战船，万船齐发，直奔海南岛。

4月20日，解放了中国第二大岛海南岛，共歼国民党军3万余人，创造了以木船胜军舰的奇迹。

三、解放万山群岛

　　万山群岛位于广东珠江口外香港、澳门之间，控制港澳主要航道与珠江入口孔道，国民党军队驻守该岛，给我华南海上交通造成了严重障碍。1950年5月25日，人民解放军第四野战军一部在海军配合下，协同作战，向万山群岛发起攻击，至8月3日，经过71天的战斗，解放了万山群岛全部岛屿，彻底粉碎国民党军企图封锁珠江口的阴谋。

万山群岛中的垃圾尾岛。1950年5月25日，人民海军协同陆军以突然袭击的战术向这个岛冲击。在这场血战中，"桂山"舰100多位战士英勇牺牲了，但却为万山群岛的解放铺平了道路。人民为纪念"桂山"舰光辉业绩，遂将垃圾尾岛改名为"桂山岛"。

参战部队出发前宣誓坚决解放万山群岛。

万山群岛位置

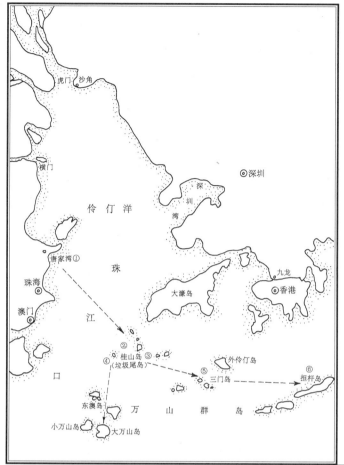

人民海军协同陆军向万山群岛进发。(成山、张举 摄)

说明:
　①登陆输送船队及战斗舰艇由唐家湾出发。
　②在海战区域,我"奋斗"、"先锋"两舰协同击沉国民党军"26"号炮艇,并俘获"25"号炮艇(后沉没)。
　③我"桂山"和"解放"两舰冲进垃圾尾马湾锚地,对敌20余艘舰艇进行突然袭击。
　④"桂山"舰在垃圾尾岛钓庭湾抢滩登陆。
　⑤1950年6月26日登上三门岛,在此之前已攻下大小万山岛。
　⑥1950年8月3日登陆担杆岛,解放了万山群岛全部岛屿。

　万山群岛共40多个岛屿,在这次战役中,我"先锋"炮艇先后击沉敌运输舰、"26"号炮艇各1艘,俘敌"25"号炮艇1艘,并重创敌驱逐舰、中字号登陆艇。图为"先锋"号炮艇。

　曾参加垃圾尾海战的"解放"号英雄艇,后来仍在这里执行护渔、护航等战斗任务,与人民群众建立了血肉关系,深得群众欢迎。

　胜利登上万山群岛之担杆岛。

建立在黄埔岛上的林文虎烈士纪念碑。

在解放垃圾尾岛海战中英勇牺牲的指挥员林文虎烈士。

四、解放舟山群岛

　　1949年4月,从苏浙沿海撤逃的国民党军队以4个军共9万余人,配以海军第一、二舰队部分舰艇驻守舟山群岛,华东军区海军奉命准备配合陆军渡海作战。1950年5月中旬,岛上国民党守军慑于人民解放军的威力,不战而逃,舟山群岛获得解放。

我军进驻舟山群岛后在山上欢呼胜利。

舟山群岛解放时国民党军留下的伤残船只。

舟山群岛解放后我军乘胜追歼残敌。

五、解放佘山、滩浒山、嵊泗诸岛

江苏、浙江、上海解放后，国民党收买一些海匪在长江口布设水雷并盘踞一些岛屿，进行海上骚扰。华东军区海军奉令组建扫雷大队对长江口进行清扫，并于1950年9月奔袭佘山岛，又配合陆军向长江口南侧滩浒山小岛上惯匪发起进攻，接着以海军4艘舰船，两艘炮艇分3路进攻嵊泗诸岛，全歼守敌，解放了佘山、滩浒山、嵊泗诸岛。

华东军区海军组建扫雷舰大队，对长江口进行扫雷爆破工作。

我海军舰艇驶出长江口解放嵊泗列岛。

长江口及嵊泗列岛剿匪示意图

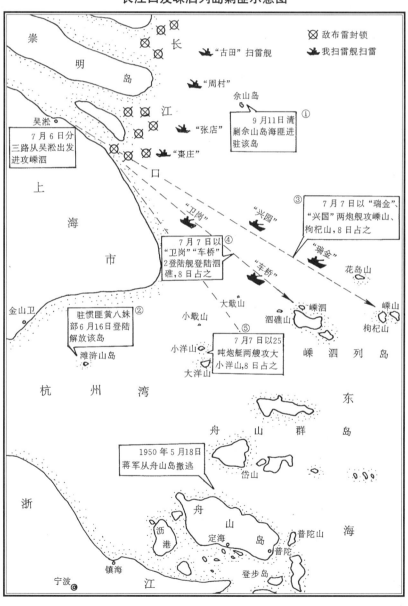

我海军"卫岗"、"车桥"、"兴国"、"瑞金"等舰协同陆军进攻嵊泗列岛，1950年7月8日，嵊泗岛全部解放。（景涛 摄）

六、佯攻大陈,暗击披山岛

大陈岛位于浙江台州湾的东南海面,披山岛在隘顽湾玉环对面海面。1950年7月10日,人民海军炮3号单艇未经请示,擅自迎击吨位大于自己十多倍的敌艇,在琅矶山失利。11日,我军兵分两路,一路佯攻大陈,牵制敌舰,一路奔袭披山。12日,以5艘炮艇,4艘登陆艇对披山岛国民党守军进行突袭,击沉敌"新宝顺"号炮艇,俘获"精忠"1号炮艇,另还俘获机帆船1艘,帆船2艘;俘敌大队长以下官兵60余人,毙伤50余人;登岛陆军俘敌480多人。

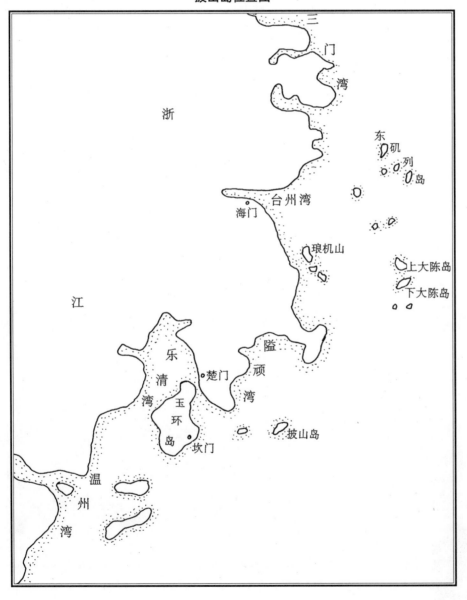

披山岛位置图

七、头门山海战

　　1951年6月,浙东台州湾外的大陈、一江山和头门山都是国民党军队占领的岛屿。应渔民、商船的要求,海军派出"414"号等4艘炮艇从石浦出发,南下南北泽设伏袭击匪船。24日,华东财经委员会有3艘运粮船由坡坝港南驶海门,途中被敌帆船4艘拦截,"414"等炮艇闻枪声即往支援,在头门山海域进行护航战斗,救出被围的3艘运粮船,击沉敌船1艘,击伤3艘,毙敌30余人,伤敌20余人。"414"艇屡建战功被授予"头门山海战英雄艇"。分队指导员陈立富、枪炮兵王维福被授予战斗英雄称号。

头门山海战示意图

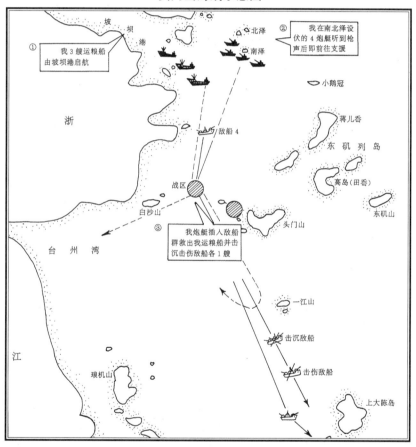

头门山海战英雄艇。

海军战斗英雄,后任"414"炮艇艇长的王维福在对水兵们讲解操作性能。

八、解放羊屿等四岛及积谷山岛

　　温州口外的羊屿、鸡冠山、大鹿山、小鹿山4座岛屿,历来"我进敌退,我走敌来"。1952年冬国民党派"反共突击军"42纵队司令何卓权率部200余人占据4岛,骚扰温州港,严重威胁海上运输和渔业生产。1953年5月29日,人民解放军陆海军参战部队渡海进攻顺利夺取了4岛。6月19日胡宗南率舰反扑,我守军只有1个排,处境危急,后得增援,敌乘船溃逃,4岛仍收复。6月24日乘胜解放淑江口外积谷山岛,全歼残敌。

羊屿、鸡冠山、大小鹿山位置图

注:①人民解放军陆海军参战部队联合指挥所,5月29日炮轰羊屿、鸡
　　冠山并以巡逻艇8艘由楚门、坎门向二岛推进,于当日21时占领
　　4岛。
　　②"反共游击总指挥"胡宗南率舰从大陈向羊屿、小鹿山登陆。6
　　月20日我增援羊屿、大鹿山,敌乘船溃逃。
　　③6月21日7时在我增援下,小鹿山之敌亦逃窜,4岛复夺回。

　　4岛争夺战,全歼国民党军并活捉其"反共突击军"42纵队"正副"司令,图中第一人为其"副司令"徐克强。

　　4岛解放后,为进一步控制南北航线,6月24日我华东军区海军和浙江军区决定拔除航线的障碍积谷山岛之敌(淑江口以南,距大陈岛9.5海里),当日18时登陆,22时全歼守敌。

九、解放东矶列岛

东矶列岛包括田岙(高岛)、头门山、雀(蒋)儿岙等数十个岛屿,位于台州湾与三门湾之间,扼石浦至海门近海航道之要冲,岛上驻有国民党游杂部队。1954年5月15日,人民解放军向东矶列岛发起总攻,敌人望风而逃,我顺利进占头门山、田岙、雀儿岙等岛。16日敌舰5艘4次进行反扑。18日,"瑞金"、"兴国"舰返航中遇敌机4架来袭,被我击伤2架,但"瑞金"不幸被炸沉没。随后在头门山、高岛等上空发生空战,敌机被我击落8架,击伤5架,东矶列岛几个主要岛屿仍牢牢掌握在人民解放军手中。20日战斗结束。

东矶列岛位置图

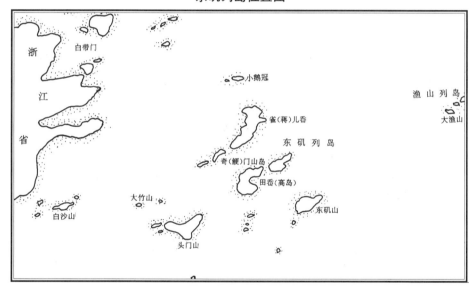

华东军区海军兵力和任务:

①"碾庄"、"卫岗"二登陆舰及16艘登陆艇组成登陆输送队;

②台州、嵊泗二巡逻艇大队12艘炮艇组成警戒队,掩护登陆;

③"南昌"、"广州"、"长沙"、"开封"、"瑞金"、"兴国"等组成护卫队,打击出扰反扑的敌舰;

④鱼雷艇一个中队待命配合;

⑤海军航空兵部队及宁波机场的航空兵大队掩护海上舰艇对敌机作战。

作战从1954年5月11日至20日结束,战斗14次,击伤敌舰5艘,击落敌机8架,击伤5架,俘敌帆船1艘,毙敌13名(含飞行员6名),俘敌15名。

人民解放军登上头门山。

解放头门、田岙(高岛)、雀(蒋)儿岙3岛的人民解放军出发情形。

十、击沉国民党海军"太平"及"洞庭"号军舰

1954年11月1日,人民海军31大队的6艘鱼雷艇在4艘护卫艇拖带、掩护下首次南下,在海上隐蔽待机13天,终于14日晨发现国民党海军主力舰之——"太平"号护航驱逐舰,遂即命令"155"号等4艘鱼雷艇出击,"太平"号中雷后于7时42分沉没。

1955年1月10日晚,国民党海军"洞庭"号炮舰掩护1艘登陆舰由大陈向台湾驶去,解放军指挥所即令鱼雷艇"105"、"106"、"102"号3艘出击。23时许,"102"号航至积谷山以东4海里处与"洞庭"号遭遇,我鱼雷艇当即发起攻击,命中"洞庭"舰中部,"洞庭"舰于11日2时27分沉没。

国民党海军主力舰之一的"太平"军舰,原是美国海军"戴克尔"号。1946年赠送给国民党海军,排水量1430吨。

先后击沉国民党海军"太平"号及"洞庭"号军舰的人民解放军海军鱼雷快艇部队。

"太平"舰沉没前的一刹那,沉没地点在田岙(高岛)方位140度,距岛18海里处。

欢迎击沉"太平"舰的战友胜利归来。

十一、解放一江山岛

一江山岛位于浙江省椒江口外,距大陆13海里,离大陈7.5海里,面积1平方公里,驻有国民党所属"反共救国军"等1000余人。1954年12月,美国与台湾当局签订"共同防御条约"。为打击其协防阴谋,中央军委决心解放上、下大陈和一江山岛,成立了华东军区浙东前线指挥部,由张爱萍任司令员兼政委,组织陆海空军协同作战。1955年1月18日发起进攻,17时30分攻克了一江山岛,19日肃清全部残敌,击毙国民党"一江山地区司令部"司令王生明,歼敌519名,俘敌567名,大获全胜。

一江山岛位置图

①一江山岛驻有国民党"一江山地区司令部"及"反共救国军"1000余人。

②华东海军参战兵力:海军航空兵5个团、护卫舰4艘、炮舰2艘、鱼雷艇12艘、护卫艇24艘、火箭炮船6艘、各型登陆舰艇、运输船140余艘,共3700余人;

战役掩护队:护卫舰4艘、鱼雷艇12艘、护卫艇8艘组成;

火力支援队:炮舰2艘、护卫艇8艘、武装渔船4艘组成;

登陆输送大队4个:以各型舰艇、运输船组成;

后勤运输大队1个。

1954年12月18日至1955年1月10日为战役准备阶段。图为准备渡海解放一江山岛的华东海军部分舰艇。

1955年1月18日发起总攻,航空兵先对大陈、一江山轰炸,头门山海岸炮兵也对一江山持续炮击。图为海军舰艇向一江山抵近射击。

14时30分至15时,由140余艘组成的登陆舰船先后突击登陆。

在空军配合下,登陆后仅用35分钟就抢占了主峰,迅速向纵深发展,17时30分全部收复了一江山岛。

解放一江山战果

击毙:
国民党"一江山地区司令部"司令王生明以下官兵519名
俘敌:
突击4大队长王辅弼以下官兵567名

海军运输船为攻占一江山岛上部队运送主副食品。

十二、解放大陈、渔山、披山、南麂山岛

一江山岛解放后,浙东尚有大陈、渔山、披山、南麂山等岛屿尚在国民党军队手里。国民党军队已面临覆灭的命运,丧失固守的信心。1955年2月在美国第七舰队掩护下,从8日至12日,大陈、渔山、披山等岛的国民党军队2.5万人及被掳走的居民1.5万人全部撤至台湾。2月中旬人民解放军相继解放了北麂山、北龙山、台山列岛,南麂山陷于包围之中。2月23日至25日,南麂山守军胁迫岛上居民2000余人一起撤逃台湾,解放军遂即相继进驻上述各岛。至此,除台湾、澎湖、金门、马祖外,东南沿海岛屿全部解放。

1955年2月,守大陈岛的国民党军在美国第七舰队掩护下撤往台湾,人民解放军遂即乘登陆艇在大陈登陆。

被我击毁的国民党海军"中"字号舰,被渔民当作晒网场。

大陈、渔山、披山、南麂山岛位置图

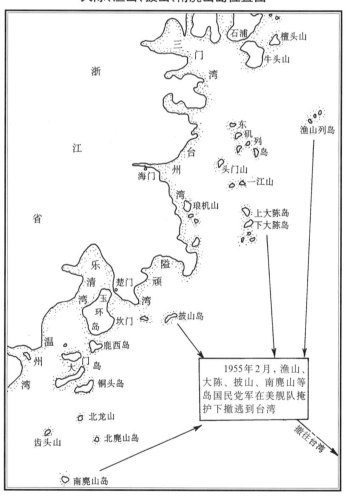

1955年2月,渔山、大陈、披山、南麂山等岛国民党军在美舰队掩护下撤逃到台湾

解放后的大陈岛繁荣起来了。

五星红旗飘扬在大陈等岛上。

小　结

从1949年至1955年,人民海军舰艇部队、航空兵部队、岸炮部队、高射炮部队共计:

对空对海作战　　500余次

先后击沉击伤俘获敌舰船　　292艘

击落敌机(包括击伤)　　106架

解放了除台、澎、金、马和东沙、南沙以外的全部岛屿

人民海军时刻严密地监视着海面,随时准备着给予胆敢进犯的敌人以致命的打击。

巡逻在祖国海洋上的人民海军舰队。

日夜巡逻在祖国海洋上的炮艇。

严密监视海面的海军岸防部队。

保护人民和平劳动的人民海军,深受人民欢迎。

结束语——勿忘历史兴我中华

　　一部中国海军史也是中华民族的兴衰史。中国的海洋文化有其深厚和辉煌的一面，但中国的近代史和现代史，就如章振乾先生所说——"实际上是一部灾难深重的内忧外患史（或国耻史）和人民大众前仆后继的斗争史两相结合的历史。"海军史就象征着这一时代的命运。

　　全世界中华民族，不论台湾、香港、澳门以及华人、华侨，都是炎黄子孙，应勿忘历史，勿忘落后就要挨打。以民族大义为重，以史为鉴，着眼未来，团结起来，兴我中华，为和平统一祖国，建立一个富强、民主、文明的现代化国家而奋斗。

中华民族文化始祖黄帝庙。

黄帝陵位于陕西中部县(今黄陵县)桥山，史称"桥陵"，历代每年都举行祭典。

中华民族文化始祖轩辕黄帝。全世界中华民族都是炎黄子孙。

1992年8月开始整修黄帝陵。图为整修后的黄帝陵庙前区新貌。

西安事变后,国共合作,全国一致抗日。1937年4月4日,国共两党派代表同祭黄帝陵。图中前排右3为中共中央代表林伯渠,右7为国民党中央代表张继,右8为陕西省政府主席孙蔚如。

行祭典时,林伯渠以鲜花时果之仪致祭,并献上毛泽东亲笔撰写的祭文。祭文曰:

赫赫始祖,吾华肇造;胄衍祀绵,岳峨河浩。
聪明睿知,光被遐荒;建此伟业,雄立东方。
世变沧桑,中更蹉跌,越数千年,强邻蔑德。
琉台不守,三韩为墟;辽海燕冀,汉奸何多!
以地事敌,敌欲岂足;人执笞绳,我为奴辱。
懿维我祖,命世之英;涿鹿奋战,区宇以宁。
岂其苗裔,不武如斯;泱泱大国,让其沦胥。
东等不才,剑屦俱奋;万里崎岖,为国效命。
频年苦斗,备历险夷;匈奴未灭,何以家为。
各党各界,团结坚固;不论军民,不分贫富。
民族阵线,救国良方;四万万众,坚决抵抗。
民主共和,改革内政;亿兆一心,战则必胜。
还我河山,卫我国权;此物此志,永矢勿谖。
经武整军,昭告列祖;实鉴临之,皇天后土。
尚飨。

海峡两岸同胞,同根同源。图为1997年清明,台湾同胞祭奠始祖黄帝陵。

全国政协主席李瑞环。

相传轩辕黄帝亲植的柏树。愿中华民族大团结，为建立一个富强、民主、文明的现代化国家而奋斗。愿祖国像柏树一样，万古长青，再显辉煌！

李瑞环说……

祖先留下的土地无论如何不能在我们这一代人手中变小变少

李瑞环在会见拉那烈时说，中国人民十分赞赏西哈努克国王数十年来一贯坚持一个中国的立场。第一首相阁下多次表示将继续奉行这一政策，我们对此表示衷心感谢。中国人民历来重视守护祖先的基业，特别是保护领土完整。"宁失千军，不丧寸土"，这种观念在中国人民心中是根深蒂固的。祖先留下的土地无论如何不能在我们这一代人手中变小了、变少了。中国在百余年近代史上屡遭帝国主义侵略瓜分，深知丧失领土和主权的痛楚。台湾自古以来就是中国领土的一部分，任何把台湾从中国分割出去的企图，任何搞"两个中国"、"一中一台"的行径，都将严重伤害中国人民的民族感情，都将遭到中国人民的坚决反对。

李瑞环对柬埔寨人民为重建国家所作的巨大努力和所取得的成就表示钦佩，表示中国政府将一如既往提供力所能及的帮助。

李瑞环的讲话表达了中华民族的意志。

附录

附录一：马江阵亡将士英名录

当年，昭忠祠奉旨中祀栗主12，东西配飨各24人，均舰上弁目及练童、医生等，两庑祀阵亡兵士736人，船政大臣裴荫森制文立碑，以慰忠魂而垂不朽。

阵亡将士姓名附下：

"飞云"督带总兵衔准补广东平海营参将高腾云

"福〔胜〕"、"建胜"督带蓝翎参将衔补用游击尽先都司吕翰

"福星"管驾都司衔五品军功陈英

"振威"管驾都司衔留闽尽先守备许寿山

"福胜"管驾都司衔留闽补用守备尽先千总叶琛

"建胜"管驾都司衔五品军功林森林

"扬武"兵船副管驾花翎都司衔升用守备尽先千总梁梓芳

平海左营三号师船管驾蓝翎留闽尽先补用都司蔡福安

平海左营一号师船管驾蓝翎尽先补用都司蔡接

平海左营四号师船管驾蓝翎尽先补用守备张启

镇海右营渔船管驾闽浙督标守备衔尽先千总李来生

闽四师船管驾闽安左营千总陈猛

"建威"大副六品军功陈善元

"飞云"大副六品军功尽先拔补外委谢润德

"建胜"大副六品军功补用把总丁兆中

"振威"大副六品军功梁祖勋

"扬武"二副五品军功林鹏

"福星"二副六品军功张春

"振威"二副六品军功邝咏钟

"飞云"正管轮五品军功潘锡基

"振威"正管轮都司衔水师提标尽先守备林维三

"福胜"正管轮七品军功任三穆

"建胜"正管轮五品军功陆崇业

"福星"副管轮五品军功补用把总尽先外委陈士秀

"福胜"副管轮七品军功戴庆涛

"建胜"副管轮六品军功从九职衔郑守三

"扬武"三管轮七品军功庞廷桢

"振威"三副五品军功邱芳泉

"济安"医生吴进阶

"建胜"学习管轮学生陈锦超

"济安"管炮六品军功梁琛

宁船三号队长黄得才

宁船三号队长黄有福

宁船三号队目王益年

平海左营一号师船司事五品蓝翎候选州吏目林荣光

平海左营二号师船司事五品军功尽先外委广东平连学武生胡定魁

平海左营四号师船司事尽先都司倪竹虚

宁船三号总头目长乐学武生郑景涛

"扬武"正管队五品军功郑葆辰

"扬武"副管队蓝翎闽浙督标水师尽先补用守备郭玉麟

"扬武"管炮正头目六品军功张涌泉

"扬武"留美回国练生六品军功杨兆楠

"扬武"留美回国练生六品军功薛有福

"扬武"留美回国练生七品军功黄季良

"飞云"三管轮五品军功马应波

"福星"三副五品军功王涟

"福星"三管轮六品军功陈常筹

"福星"管炮六品军功陈维杰

"福胜"大副五品军功翁守正〈原名守恭〉

"建胜"管炮六品军功江鸿珍

"扬武"水手正头目余怀

"扬武"水手副头目杨保

"飞云"水手头目六品军功刘就

"福星"水手头目王良庆

"福胜"水手头目杨昌胜

"福胜"升火头目任阿焕

"建胜"升火头目郑德春

福靖老后营差弁花翎游击衔尽先补用都司胡轼翼

看管坞口差弁世袭云骑尉候选守备陈俊

"建胜"炮船升火从九职衔李绍芬

"扬武"水手副头目杨宝

"扬武"练生梁绍广

平海左营一号师船炮手五品军功从九职衔蔡五坝

平海左营一号炮手六品军功张林

平海左营一号炮手尽先把总殷明恒

"扬武"：

管水缸林奇山，管水汽表陈仁图，号手吴进福，鼓手黄扶，舵工邱济、陈裘、陈三、陈承、欧模、孟长雅，水手洪来、林鼎、林俦、朱必、洪集、吴聘、陈胜、林金钊、翁从、黄化、李灿、林实、林魁、黄安、庞翰、吴百达、郭灶、何洪宽、林长安、邱永丰、徐发、洪同，炮勇周世源、张祝、谢恒升

"济安"：

管水汽表李顺升，号手周凤翔，鼓手杨豹，舵工陈全、周容根，水手魏成灿、孟长振、陈春淦、许坚、王贞、陈朝、冯福培、庄顺、李炳、梁基、何显、萧正、黄世、卓庆、黄就、吴立、何世弟、李礼、张洪、吴哨、炮勇陈九如、严允、沈硁、陈蒂、黄菜、陈章、李日、李婺、李恩、吴波、薛游、刘大、吴玉、黄鸟、梁祖同、陈床、林堆、黄别、吴永华、郑有、许兴、陈云章、刘清、欧文彬、梁同、梁安、陈关明、何国华、卢三娘、龚秉衡、黄生、文福庆、林有、郭彬、麦祈、江朝志、冯明清、林安、林平、江福，升火杨松柏

"福星"：

管水汽表彭容富，号手林榆、吴安南，鼓手林呈光，舵工杨国安、翁有华、张如委，水手欧发贵、黄章、欧合美、欧合明、阮猷睢、王大发、郑在旺、陈用恭、郑金球、翁合渐、江论冬、连贵、张天才、杨连年、吴玉安、龚寿、林福成、王得标、卞蓝鱼、炮勇郑枝元、苏玉、王春旺、陈孝弟、吴学成、郑永太、任朗、任国礼、王木霖、张天福、林升发、郭升杨、张新月、林邦玉、王仁齐、郑金略、董阿标、李德、高天瑞、邓制诚、刘绩、王天良、高定机、杨绍年、

升火李泉、任利发、董连升、唐忠、林得才、裴得胜、严仪侯、陈常利、林宝

"振威"：

管油陈兆新，管水汽表郭子廉，鼓手林春涛，舵工郑仁律、杨合平、卞兰如，水手张天禄、张得利、李波、江一鹏、欧天寿、欧万美、林良得、吴得胜、陈钟祺、卢高标、林成禹、洪益瑞、侯钟淇、萨福星、张吉景、欧一鉴，炮勇林有福、钱以通、严文法、陈恒祥、梁其扬、郑济通、林以宝、吴瑞发、杨国兴、潘其英、许定胜、任胜标、欧绥智，水勇林红其、林木、潘声庸、曾伍、张玉成、王春钿、任如仁、林云悌、陈阿太，升火陈汝安、倪一顺、黄胜友、林畦发、林春兴、木匠陈以扬

"福胜"：

舵工林玉胪，水手陈双喜、林振新、郑兴、唐顺金、林景、王才利、郑福、薛心思、任成材、任秋、任玉龙、陈胜基、郑家和、升火曾文辉、王竹卿、叶志麟、陈慎水、陈心良

"建胜"：

舵工翁长吉，水手林天才、戴本道、刘锦江、郑凤岐、吴得胜、杨细弟、江大任、郑桂芳、郑庄、江大训、陈煊、陈宽、王庆兰、陈恺、陈锦章、王利夏

"扬武"：

水手张举、何汉、张绍文、冯福平、李秩祥、林保升、余明、余振升、陈叶、张兴泉、杨泉、梁新，水勇林阿松、严连登、张禄、林鸿标、杨淡、孙梅、陈白、杨喜、唐瑞标、孙世长、孙双、张忠、侯平安、林金才、陈进隆、蔡德雄、任世德、杨平、陈捷西、陈占魁、梁亨承、林一枝、陈庆标、王孙兴、陈济惠、张量、林天豹、邵金利、严其韬、任得福、林登深、刘其济、林金同、林长有、卞有顺、王天金，升火黄水、区荣业、周玖、陈得贵、张森、陆逸、严良喜

"飞云"：

管水气表吴介，水手林元、林贵、叶前、叶东、许贤、刘谟、刘添福、翁金培、洪霄、许楚元，炮勇许回清、仪来焱、林崇勋、黄安、林养、许福水、洗珠、周池、周因、傅益宗、余荣标、刘赞廷、冯

焕、姚得华、翁得升、薛细弟、吴其清、黄更新、薛道灼、邹得胜、升火林胜发、黄福胜、庚根、梁功珪、蔡和辉、裘得胜、廖鸿春、梁松

"济安"管油周玉书

"建胜"水手姚锡桢、张宝升、张微、陈木金、任阿题、林清英、升火陈家铨、郑捷光、邓建祥、任国柱、陈坤和、李绍芬

"永保"舵工林裕，水手叶达、林亦水、林鲁、江亦辉、萧旺英

"琛航"舵工黄祖培、黄金满，水手薛诗群、卢金、王天申、杨天赐、严贞祥、郭胜喜、蔡柏，炮勇薛干、霍义、木匠陈昌

"伏波"舵工纪牙

"扬武"报效勇丁严良善，厨夫周理、周细弟，跟丁林泉泉

"飞云"差丁何航、林容

"济安"厨夫吴清

"福星"厨夫王利用、任细弟、郑依妹，理发匠陈嫩弟

"振威"厨夫梁望望、林承贵、张猴弟、吴国定、周双旺、跟丁吴保定，理发匠陈春汉

"福胜"厨夫任鼎鼎、跟丁陈嫩弟

"建胜"水手郑昱，厨夫张细弟、郑国凤，跟丁陈喜、张升，理发匠陈春荣

"琛航"厨夫姜细胜、林生，押江陈源、郑吉、黄得标、徐春华、徐官寿、李晓、卢锦标、万先卑、陈容华、陆事福、郑合、陈斌贵，船户程敏修，副舵陈贵、蔡忠，炮手吴德彪、吴德康，添五品军功蔡性芬，五品军功外委勇丁萧羿，五品军功外委李光华、卢孔炽、容通、容郁满、刘大地、林升、涂浚廷、沈殿祥、陈元、吴义、刘爽、庄金獭、陈和畅、陈瑚、林月镇、邱见、邱年、吴满、陈坤、陈道、林振忠、林宾、许有魁、蔡懋珠、蔡亮、何以金、林月明，船户张国勋，班手冯来，副舵卢好，炮手洪养、李华，六品军功勇丁张容九、郭四、王改、林金胜、蔡德耀、郭细汉、郭连登、庄宝庆、卢城、高天顺、潘贤郎

霆庆前营凌万意、萧德云、洪得胜、黎七、王文保、黄柏、陈标、金水、陈忠、王胜、陈为珠、郭连进、朱元臣、陈芳、龚保湖、陈芳、李五、张吉

四号师船张沾晃，班手张福喜，五品军功炮手蔡东发，五品军功应起顺、何兴、梁得胜、黄成、黄灿、庄滩、郑冠英、林技、杨乐、郭禧、何光淋、庄有得

平海右营一二号师船雷殿球，副舵布聚，班手赵细，押江林依孙，炮手谭九，水勇郑卓芬、邓澜胜、陈成贵、何东、林允长、吴大标、余福

三号师船船户古蓝芬，水勇吴龙标、徐顺彪、陈昭、陈长留、郑远、林宝富、黄春发、吴进

闽安左右营师船炮手魏胜标、林昌松，碇手田永隆，缭手江升铨，舢板手郑成标、施朝顺

得胜一号船正舵林春升、陈再成

福靖老新后营把总戴汉超、李云海、罗桂生、张维贵、张大德、郭胜春、余金元、陈宝堂、姚爱、陈海棠、严贞祥、姚玉田、陈俊才、欧鹏飞、李海楼，花翎都司什长李俊云，勇丁魏得清，炮队勇丁刘得朝、谢福华

全福右营练兵林得亮、段少仪、江启厚，县丞戴伟、齐从九、戴进思、莫维汉、莫廷晋、张成

督水营捷字师船水勇刘拱星、王景福、方龙光、林观德、陈乌枣

宁字三号勇丁陈清胜、朱江连、朱桂元、黄声木、朱火品、朱本标、李汉被、陈惠、陈金芦、游泳桂、陈永清、林金龙、郑宝国、邵雄武、陈新正、陈增福、吴康、吴则发、林道巧、陈成芬、陈同木、何如珍、黄仁春、赵炳天、陈宝泰、五先达、郑玉贵、李绍先、徐锦泰、吴福荣、吴宝蓉、范文炳、黄自申、程锦祥、郑身标、王天成、谢飞彪、王有金、黄有才、王金谭、陈文连、蔡得标、李得中、陈用兵、郑枚春、黄青标、朱联标、王玉熙、陈有贵、陈得胜、陈金金、江犬犬、金益寿

商船出海洪由

镇海左右营勇丁林祥经、林弟、陈备、黄连升、李宝春、王德春、郑得升、郑连升、吴天喜、朱佶、柳信春、陈春福、刘春弟、

许子春、李春发、黄永泉、潘福、林明包、蔡升、蔡炽、蔡子、王銮、朱合义、赵栋、李阿桂、曾抛、刘四、柯玉成、杨进、林捷为、朱科、朱兆准、李升、张正旺、李传彩、赵只海、林化、王金、林天送、李子兴、黄身标、王发兴、游木龙、赖得川、郑高升、郑凤章、王海元、朱嫩面、王吉水、林开春、程福星、李得春、林大高、杜奇、严中、任得、卢得泰、伍何忠、曾玉琳、郑福标、吴玉蓉、陈国寿、张大有、何春、何宇、陈春贵、郭海、谢金松、吴皆标、王未泉、李金标、李连高、连得生、李凌云、蔡长琴、丁兴旺、蒋仁利

镇海水师营谢朝福、王得升、叶大标、杨保年、林金鉴、吴学龄、潘魁

潮普营什长许尚、杨顺、杨山、萧甲、陈进、李立、余启、赖发、方信福

潮水军勇丁王福、陈松、蔡兴、陈德、陈铨、黄亨宝、王进、陈福标、黄春瑞、何经元、王人堪、陈阿元、陈得标、苏国芳、林友利、李玉坦、黄天送、郑胜春、陈世福、郑国全、许定方、林四四、林韩川、李发升、黄进得、吕宗庙、杨来成、林福春、林春、郭向、魏前、吴金胜、吴文林、邱进生、邱进世、吴朝进、邱进隆、杨文查、吴万隆、李庚、吴乞、杨得成、林尔泉、陈求、刘锦、林成高、林枚花、蔡曰、柳火生、刘得升、林有祥、林文齐、傅如清、倪春芳、陈复春、倪天良、张阿木、黄房、陈东罗、倪阿来、陈得安、柯道、吕执、万和、秦游、庄顺、黄日升、陈旺亮、黄春元、李正兴、柯江水、李聚升、张歪、张叠、张班、张良泗、黄得调、陈蕙、翁华林、版筑所土匠汪齐金、汪齐善、鄢阿十,巡更严香,广储所长夫宋履冰

(池仲祐:《海军实纪·述战篇》)

(另据《长乐六里志》载,尚有李全寿、郑禄敬、李连安、张十三4烈士遗漏未列入)

附录二：甲午海战海军阵亡将士姓名

北洋海军中营中军副将

记名简放总兵管带"致远"军舰邓世昌

帮带大副升用游击陈金揆

鱼雷大副〈名未详〉

二副薛振声

二副黄乃谟

三副谭英杰

三副杨澄海

总管轮刘应霖

大管轮郑文恒

大管轮

二管轮

二管轮

三管轮

三管轮〈以上名均未详〉

管轮英员余锡尔

枪炮教习沈维雍

正炮弁李 兰

副炮弁阮山玫

副炮弁陈 书

雷弁张 清

正头目宁金兰

正头目王在基

舱面正头目周细

水勇副头目张学训

管旗头目王德魁

雷匠张 成

雷匠边仲启

一等水勇梁细美

二等水勇蒲青爱

二等水勇杨振鸿

二等水勇龙凯月

二等水勇杨龙济

水勇李信甫

水勇匡米生

水勇匡米方

水勇任新齐

水勇邹道铨

水勇陈可基

升火邵鸿清

升火王春松

"靖远"军舰枪炮教习汤文经

水勇邹云龙

水勇任新钊

水勇高登魁

管汽李务才

一等升火杨振声

二等扒炭林道灿

"定远"军舰英员尼格路士

候补员史寿箴

管炮孙景仁

管炮孙毓英

正炮弁李 申

正炮目李铭山

正炮弁李 森

副头目邵穆甫

管旗邵长豪

一等水勇王兰芬

三等水勇王田友

水勇祁连山

升火卓 板

"镇远"军舰千总三副池兆瑸

水勇头目任正涛

副头目张金盛

副头目任振道

管旗头目林 坤

正管旗林 孔

一等水勇于德有

一等水勇何荣祥

二等水勇张成玉

水勇邵聚

水勇杨春泰

水勇林金麟

三等升火王 三

北洋海军左翼右营副将

管带"经远"军舰林永升

大副陈策

大副李联芬

二副韩锦

二副陈京莹

三副张步瀛

三副李在汉

总管轮孙 江

大管轮卢 金

大管轮陈金镛

二管轮陈应虞

二管轮刘昭亮

三管轮王举贤

三管轮高来

候补副张海鳌

枪炮教习陈恩照

枪炮教习江友仁

正炮弁任其德

正炮弁陈 书

炮弁万玉宾

炮弁傅嘉三

炮弁万其昌

副炮弁任升灿

水手总头目李在灿

水勇头目张 绥

正头目朱国平

正头目任金仁

鱼雷勇目张文藻

副头目任金荣

副头目任新銮

舱面副头目任弟

管旗邵长振

管舱张阿森

一等水勇徐继昌

一等水勇任成标

二等水勇任玉秋

三等水勇任勃

水勇邹允魁

水勇吴世昌

水勇张长胜

水勇陈丕喜

水勇邵发兴

水勇张祥琛

水勇张信

水勇陈启植

水勇袁福禄

水勇黄新品

水勇任信标

管油高木水

一等升火林瑞安

二等升火李在铨

升火邵黎

升火张祥安

"来远"军舰大副徐希颜

三副邱勋〈即依富〉

三副蔡馨书

大管轮梅葶

大管轮陈景祺

二管轮陆国珍

二管轮陈天福

三管轮杨春燕

学　生陈幼泉

副炮弁陈　书

正头目李得顺

管旗头目邹道务

升火头目邵宏灿

升火头目张阿细

正管油任世梅

副管油陈经魁

一等水勇刘吉中

二等水勇于顺元

二等水勇杨辉发

二等水勇王福胜

二等水勇黄正榜

二等水勇杨辉耀

二等水勇尤川原

水勇王连生

水勇袁国仁

水勇王芝秀

水勇林茂祺

电灯匠彭肆三〈原名泽三〉

一等升火胡喜昌

一等升火陈汉西

一等升火张城

升火郑时福

升火林茂鼎

三等升火丁待山

三等升火张镇刚

"济远"军舰大副沈寿昌

　二副柯建章

　二副杨建洛

　管旗头目刘鹏

　正头目王喜山

　水勇正头目王锡山

　水勇副头目陈生元

　水勇头目陈森元

水勇头目王益山

号兵郭宝长

号兵宁宝书

管旗陈正旺

升火崇振雨

升火王春来

升火陈　基

升火王阿根

升火陈　祈

北洋海军左翼右营参将
管带"超勇"快船黄建勋

　大副翁守瑜

　二副周　琳

　总管轮黎星桥

　大管轮邱庆鸿

　二管轮叶羡恭

　副炮弁李镜堂

　水勇头目陈成串

　正头目李双

　升火头目邹　基

　升火副头目林茂略

　水勇陈秉钗

　水勇林学珠

　水勇林　福

　水勇冯　山

　厨役毕士德

北洋海军右翼右营参将
管带"扬威"军舰林履中

　候补炮首李长温

　候补炮首王　浦

　正头目林本立

　水勇副头目马庭贤

　管旗头目杨细悌

木匠头目陈　春

一等水勇俊　甫

二等水勇张　悦

水勇陈玉起

水勇薛文元

水勇王文清

水勇王文彩

"威远"军舰三副冯家咏

　正管轮陈国昌

　副管轮黎晋洛

　炮首高大德

　练勇龙振邦

"平远"军舰水勇吴宝春

"广乙"军舰一等水勇袁怀张

　三等水勇曲福友

派驻各舰候补员黄承勋　浦先民　王宗墀　张炳福
　　　　　　　　　罗忠霖　何汝宾　郭耀忠　张金盛
　　　　　　　　　王锡山　王兰芬　陈来祥　徐怀清
　　　　　　　　　段续熙　高鹤龄　叶世璋　王子元

"定远"雷艇管带陈如升

　左一雷艇大副吴怀仁

　左二雷艇大副倪居卿

　左二雷艇管轮李绰椿

　左二雷艇管轮郭文荣

　左三雷艇管轮霍家桢

帮办仁字军营务处高善德

副管驾李兆瑞〈未详何艇〉

死难将弁姓名列后：

北洋海军提督丁汝昌

代理北洋海军提督北洋

海军右翼总兵管带"定远"

军舰刘步蟾

北洋海军左翼总兵管带

"镇远"军舰林泰曾

"超勇"军舰大副郑文超

"镇远"军舰见习生林徽春

（池仲祐：《海军实纪》）

附录三：关于《李泰国——阿思本舰队》的一些史料

此时，安徽钦差大臣袁甲三告知北京方面，俄国与法国均表示愿向清朝提供战舰和水兵。北京对此疑虑重重，尤其是当英国也表示了同样意向时，更是如此。他们想挑动洋人相互争斗，自己从中渔利，此时正是良机——英国对俄国极不信任，又在与法国竞争海军装备。再者，当前歼灭中国沿海的海盗的任务，主要依赖英国海军，一旦朝廷力量加强，这一重任必将发生转移。此外，在驻京公使弗雷德里克·卜鲁斯看来，这将导致中国权力集中，促使外交问题简单化。

洋人在北京对海军的改革起着推动作用，因为这些人可以避开宫廷的繁文缛节，直接与恭亲王接触，而且洋人说话也无所忌惮。1861年6月，受雇于新建的朝廷海关的英国人罗伯特·赫德建议恭亲王向英国购买一支小型舰队，以加强朝廷的海军力量。当时英国尚处于中立状态，故卜鲁斯不便涉入此项交易。这就是后来夭折的李泰国——阿思本协定的由来。该协定因霍雷肖·纳尔逊·李和肖拉德·李泰国——阿思本而得名。前者为朝廷海关总税务司李泰国，当时正在英国度假，经恭亲王授权购买这批船只；后者原为皇家海军一舰长，奉李泰国——阿思本之命指挥该舰队。

李泰国——阿思本协定之所以夭折，是因为中国购买的这8艘船只既未参与镇压起义，也未用于消灭海盗，在1863年底又如数归还了英国。这件事颇耐人寻味。朝廷在得知俄国和法国有意提供战舰和水兵时，曾经向曾国藩征询，曾的回答是轮船在上游作战太不灵活，中国不需要轮船。1861年9月安庆从起义者手中收复之后，曾国藩遂在安庆建立了总部，另建了一个船厂和一个兵工厂。关于赫德的建议，曾国藩给朝廷的回答表明他之所以热衷此事，并不因为购买舰队一事会使中国立即受益，而是认为中国不妨购买一些船只作为研究之用，以便将来壮大本国海军。所以，他主张购买这个舰队，保留英国军官，而士兵则全部换作曾国藩的湘勇。曾国藩对轮船的未来前景颇感兴趣，早在初次见到轮船时就在当地购买了一只。他对李泰国——阿思本舰队的配员计划也体现了他拥有这批船只的欲望。

在英国，李泰国正与英国政府展开漫长的谈判，争取为中国购买舰队以及为该舰队配备英军人员（由于英国始终保持中立，直至1863年1月9日的法令颁布，才准许领取半薪的英国军官和士兵参加中国的御林军）。他购进8艘船，任用了阿思本。李泰国与阿思本私下签订了一份秘密协约，规定由阿思本指挥这8艘船以及中国购买的其他外国船只，这支舰队只听从皇帝一人的使命——该命令只能通过李泰国一人传达，但必须是李泰国认为合理的命令。恭亲王听说这项协约后，当即断然拒绝接受。在他眼中，30岁出头的李泰国仅仅是皇帝的一个手下而已，如此一来竟成为海军统领，中国的权力分散由来已久，当前正日趋明朗，如此一来也会遭到破坏。就连希望加强"中国政权"的卜鲁斯也不得不退出李泰国的立场。北京这场错综复杂的谈判把美国公使安森·伯林根姆也卷了进来，当时正值美国内战，他担心一旦舰队解散，船只将会落入南部邦联的手中，从而影响联邦统一大业。后由于阿思本态度强硬，拒绝放弃与李泰国签订的协约，最后各方一致决定归还船只，除此别无他法。截至1863年底，这8艘船在中国水域逗留时间仅约3个月。

在船队到达中国之前，即恭亲王得知李泰国——阿思本协定之前，朝廷已经就船只的用途向曾国藩征询。当时曾国藩购买的第一艘轮船已经损坏，他的手下蔡国祥在安庆的船厂又制造了一艘轮船。早在1862年曾国藩就乘坐这只"黄鹄"号下水，并为此得意非凡。制造发动机的徐寿从前只见过一次发动机，几乎是凭借阅读贺伯森的《自然哲学》一书的译本，根据书中的描述把发动机仿造出来的。曾国藩有了自制的轮船，为了奖励蔡国祥，准备任命他为李——阿思本舰队的总统（即司令）。船上的士兵自然要用湘军，连舰队的使用地点都已落实。对于曾国藩来讲，这几只船听候调遣已经不再是奇事了。上海的商人急于让曾国藩派遣李鸿章来防守上海城，于1862年4月租用了几艘外籍轮船开往安庆，将李鸿章的军队运到上海。但是如果朝廷不肯对卜鲁斯、李泰国、阿思本妥协，坚持由曾国藩一人独揽李泰国——阿思本舰队的指挥权，又担心曾国藩操纵舰队的权力太大。于是朝廷与曾国藩进行了数次交涉,连续提出几个方案。关于舰队上的人员配备,朝廷提议由满族人、菲律宾人和外省人(包括适当数量的湖南人)组成,并提出将该舰队用于守卫北方通往北京的水路,远离曾国藩的家乡湖南。曾国藩言词委婉地坚持自己的条件,直到谈判破裂时,他还在为船员的配备据理力争。当时购船已付了一半,尽管这些船可以成为绝妙的原型,供曾国藩的造船厂进行研究和仿造,但是曾国藩并未竭尽全力保住这批船只。至于李鸿章,这批船只在上海逗留的短暂时间里,他所作的全部工作就是力劝英国水手留下来,在他的军队里服役。

中国的海军现代化,虽经曾国藩提倡,却不得不受到政治因素的影响。当时西方一位有识之士这样写道:

"中国政府……除了让它自己的部分军队接受外国训练和使用外国武器以外,从来就没有表示出任何更多的愿望。即便中国政府极为渴望建设一个短小精悍的可供任意调遣的军队,从而改进国家的军事体系,在曾国藩及其他一些多年来镇压起义的功臣的抵制下,这种愿望也是难以实现的。倘若真要实行军事改革,恐怕北京官员中的鞑靼人也不会反对,因为曾国藩、曾国荃、李(鸿章)以及南部和中部的汉人权势日益增强,这样的改革将大大有利于权力均衡。但是曾国藩等人抵制改革是会得到百姓的支持的。"

除了李泰国、阿思本野心太大,朝廷与曾国藩无法达成一致这两个因素以外,李泰国——阿思本协定的夭折还有一个原因。曾国藩的弟弟曾国荃想不靠外国力量独自收复南京,尤其在恭亲王与李签订了关于南京战利品分配的协约之后更是如此。该协约规定,收复南京后,战利品的1/3归阿思本舰队所有;如该舰队独立攻陷南京,则应分得全部战利品的七成。

李泰国——阿思本事件中出现的复杂情况,后来在中国海军的现代化的历史中,演变出了多种后果,但有一件事却起了积极的推动作用。当时,迫于法国的竞争,英国正在进行海军革命,在这个过程中,由于大量的实验,船只淘汰率非常高,这样,英国一旦对一种船只失去兴趣,中国可以立刻买到手。

1863年5月8日的《伦敦时报》提到李泰国——阿思本舰队中的"江苏号",盛赞其为"有史以来最漂亮的型号之一",这艘船全长241英尺,航速18海里,在试航中表现"非凡","航海界的科学权威一致赞誉为当今海面上最快捷的船只之一"。然而,这艘船却是木制的。1860年,英国海军又有了铁壳的三帆快速战舰"勇士号",全长380英尺,于是"江苏号"便过时了。

李鸿章对轮船十分欣赏,如上所述,曾用轮船运送军队到上海。1863年2月,他对曾国藩谈及西方的"装备精良的炮舰"时,对西方是否会把最好的船只和武器卖给中国表示怀疑,并说有些中国人不肯学习,这说明李鸿章是很愿意学习的。

然而,李鸿章最感兴趣的似乎是陆军的军械和服饰。1863年8月,李鸿章眼见常胜军(重新组建的一支军队,由李鸿章属下的英国军官查尔斯·戈登指挥)打了胜仗,用的就是他自己办的淞江兵工厂制造的武器弹药。1864年初,李鸿章将该厂迁至苏州。厂长哈里代·马卡特尼是个英国人(原为英军中的一名随军医生),从阿思本手中购买了几台机器,这些机器是精明的阿思本利用为中国购买船只的机会带来准备私售的。李鸿章起初大为震怒,指斥马卡特尼花钱买"废铁"。但是,当马卡特尼变魔术般地开动了机器,请李鸿章过目时,李立刻转怒为喜。李鸿章不愿完全依赖一个外国人办工厂,便在苏州另开了两家兵工厂,一家交与武官韩殿甲,另一家交与上海道台丁日昌,其中韩殿甲的工厂完全由中国人掌管。曾国荃从起义军手中收复南京后,曾国藩便将安庆的设备迁到南京。1865年,李鸿章就任南京总督后,将苏州工厂的部分迁至南京,其余迁至上海。李鸿章的机器,加上容闳为曾国藩从美国购买的设备,便成了上海江南兵工厂的核心。

……

注释67:李泰国——阿思本舰队部分见约翰·L·罗林森所著《中国文件》一书中的《李泰国——阿思本舰队:发展与意义》,4:58-93(哈佛大学东亚研究中心,1950)。

王晶摘译自J.L.Rawlinson,China's Struggle for Naval Development,1839~1895,Cambridge,Mass.Harvard University Press,1967.

附录四：关于方伯谦问题的讨论

方伯谦管带的"济远"舰，是北洋海军八"远"中质量最差的一艘第三等战舰，但在丰岛海战中方伯谦用诱敌战术，以一敌三，使敌舰受伤而逃；黄海海战中，"济远"奋战，中弹70余处，阵亡70人，伤13人，炮械全坏，船头裂开，在失去战斗力后离开战场。

　　方伯谦是北洋舰队中唯一经历丰岛和黄海两次海战的战将，在丰岛海战中，他以一小型三等巡洋舰击伤了日本新式装甲舰"吉野"和"浪速"，创造了世界装甲舰海战史上第一次以弱胜强的战例，受到了清廷传令嘉奖。可是不到两个月，在黄海海战后7天，未经任何审问，于一夜睡醒之后，突然在旅顺被就地正法。百年来，不断有人为其鸣冤辩诬，也有人仍否定他。改革开放后在党的实事求是思想路线指引下，加之新史料的发现，对方伯谦的历史旧案，又掀起了争论的高潮。不可否认，对方案的深入研究，不仅与正确评价历史人物有关，而且有助于探讨甲午海战的败因。这绝不是个人、亲族而至地方的荣誉问题，而是近代史上一件大事。1991年后福州等地先后召开了有关方伯谦问题研讨会，两岸史学界、海军界人士展开了有益的讨论，取得了许多共识。当然，今天来谈中日甲午战时的人与事，因时代不同或处境悬殊，或以识见不一，先入为主，要求绝对客观公正，确非易事，但我们只要平心静气，言之有理，持之有据，问题总会得到解决。

寄丁提督刘镇
光绪二十年八月二十四日戌刻

　　总署电，本日奉旨："李鸿章电奏，查明海军接仗详细情形，本月十八日开战时，自'致远'冲锋击沉后，'济远'管带副将方伯谦首先逃走，致将船伍牵乱，实属临阵退缩，著即行正法。'广甲'管带守备吴敬荣，随'济远'退至中途搁礁，著革职留营，以观后效。钦此。"希即钦遵，将方伯谦即行正法具报。余照行。[①]鸿

　　黄海海战后，李鸿章、丁汝昌受朝野谴责，为转移舆论对其指挥失误的谴责，便以方伯谦为替罪羊，以莫须有的罪名，未经审问，下令把方处斩。这是光绪二十年(1894年)八月二十四日(9月23日)处死方的电文及罪名。

方伯谦(1854～1894)，字益堂，福建侯官(今福州)人，船政学堂驾驶第一届毕业，第一批留学英国皇家海军学院。回国后历任教习、管带、北洋海军中军左营副将，恩赏捷勇巴图勇号。在丰岛海战中以一敌三，受到清廷嘉奖。黄海海战参加鏖战3小时30分以上，直至舰炮受损无以应敌而撤退，是一员英勇善战的爱国将领。卒被诬而处斩，"军中冤之"。

方伯谦墓。

电文下达次日,即八月二十五日(9月24日)凌晨把方伯谦处斩。这是刑场地点:今旅顺黄金山脚下。据《卢氏甲午前后杂记》记载,当时"济远"士卒闻知"均奔麓伏尸而哭,声闻数里,见者无不泪下"。图为旅顺黄金山脚下。

方伯谦遗物:

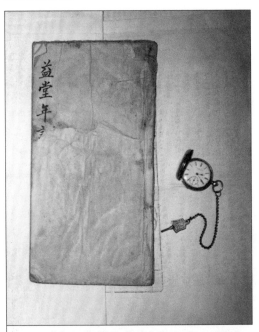

方伯谦故居当年陈设的灵堂,吊奠者络绎不绝,其妻背黄状进京告御状,为夫鸣冤。

1.《益堂年谱》是方的手稿,记载了1854~1893年间的大事。

2.方伯谦的挂表,至今仍存方家。

最早为方伯谦鸣不平的《冤海述闻》在方被冤杀后的第二年(1895年)出版(当时作者不敢用真名),记载详实,是亲自参加海战的舰上人员所撰写的第一手资料,局外人无法杜撰,因此是可信的,当时的统治者亦未见批驳。《卢氏甲午前后杂记》也是知方之冤情的海军人士卢毓英的手稿。卢氏是广东"广甲"舰管轮,记载了他在黄海海战中的亲身经历和所知情况,也是目击者的第一手资料,近年才发现,现珍藏在福建师大图书馆。

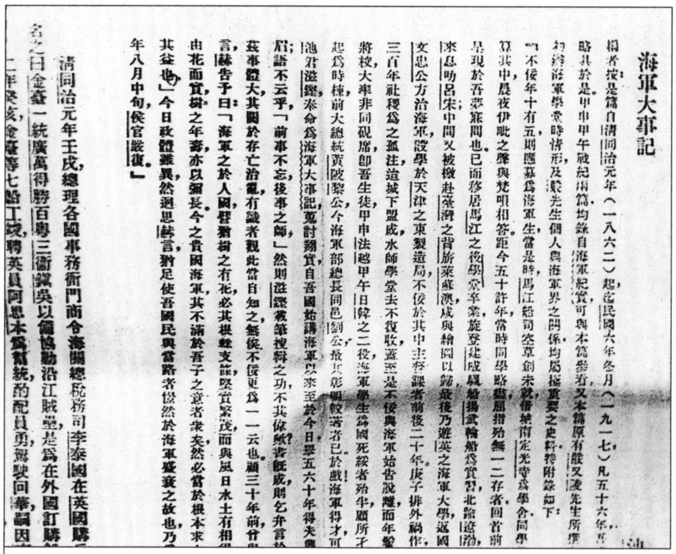

海軍大事記

民国初期海军部编史处池仲祐编纂出版了《海军大事记》，由总纂严复作序，提出了“方伯谦被诿以逃军军前正法，军中冤之”，肯定了方伯谦是被冤杀。《海军大事记》代表了清末民初广大海军的意见，他们中许多人参加了甲午海战。

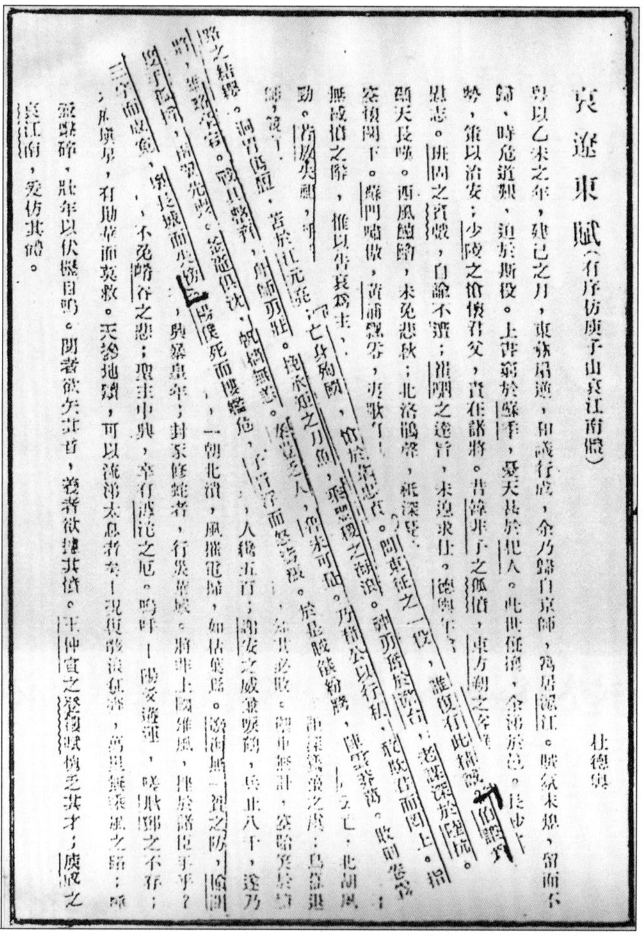

哀遼東賦（有序仿庾子山哀江南賦）

杜德輿

方伯谦被冤杀后，不仅军中愤愤不平，当时一些诗人、士大夫都作诗为方蒙冤叹惜。杜德舆的“哀辽东赋”，认为“指三字而成冤，坏长城而失傍”，同时歌颂方伯谦为将“雄略豪宕，战具整齐，舟师勇壮，挽承矩之刀鱼，乘丰稷之海浪，神勇奋于澹台，老谋深于陆抗”，当时脍炙人口，为人们所传诵。这也是抨击李鸿章假公济私加害方伯谦的代表作。

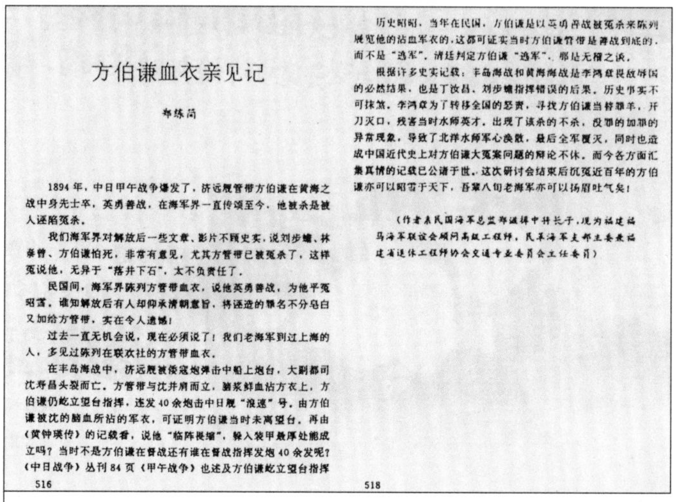

方伯谦血衣亲见记

郑练尚

1894年，中日甲午战争爆发了，济远舰管带方伯谦在黄海之战中身先士卒，英勇善战，在海军界一直传颂至今，他被杀是被人诬陷冤杀。

我们海军界对解放后一些文章、影片不顾史实，说刘步蟾、林泰曾、方伯谦怕死，非常有意见，尤其方管带已被冤杀了，这样冤说他，无异于“落井下石”，太不负责任了。

民国间，海军界陈列方管带血衣，说他英勇善战，为他平冤昭雪，谁知解放后有人却仰承清朝意旨，将诬造的罪名不分皂白又加给方管带，实在令人遗憾！

过去一直无机会说，现在必须说了！我们老海军到过上海的人，多见过陈列在联欢社的方管带血衣。

在丰岛海战中，济远舰被倭寇炮弹击中船上炮台，大副都司沈寿昌头裂而亡。方管带与沈并肩而立，脑浆鲜血沾方衣上，方伯谦仍屹立望台指挥，连发40余炮击中日舰“浪速”号。由方伯谦被沈的脑血所沾的军衣，可证明方伯谦当时未离望台。再由《黄钟瑛传》的记载看，说他“临阵畏缩”，躲入装甲最厚处能成立吗？当时不是方伯谦在督战还有谁在督战指挥发炮40余发呢？《中日战争》丛刊84页《甲午战争》也述及方伯谦屹立望台指挥

516

历史昭昭，当年在民国，方伯谦是以英勇善战被冤杀来陈列展览他的沾血军衣的，这都可证实当时方伯谦管带是善战到底的，而不是“逃军”，清廷判定方伯谦“逃军”，那是无稽之谈。

根据许多史实记载：丰岛海战和黄海海战是李鸿章畏敌误国的必然结果，也是丁汝昌、刘步蟾指挥错误的后果。历史事实不可抹煞，李鸿章为了转移全国的怨责，寻找方伯谦当替罪羊，开刀灭口，残害当时水师英才，出现了该杀的不杀，没罪的加罪的异常现象，导致了北洋水师军心涣散，最后全军覆灭，同时也造成中国近代史上对方伯谦大冤案问题的辩论不休。而今各方面汇集真情的记载已公诸于世，这次研讨会结束后抗冤近百年的方伯谦亦可以昭雪于天下，吾辈八旬老海军亦可以扬眉吐气矣！

（作者系民国海军总监郑滋樨中将长子，现为福建福马海军联谊会顾问高级工程师，民革海军支部主委兼福建省退休工程师协会交通专业委员会主任委员）

518

民国时期，方伯谦的血衣被海军界放在上海“海军联欢社”展出，并介绍他在丰岛、黄海海战中英勇善战的事迹。方虽含冤而死，但还活在海军同仁心中。

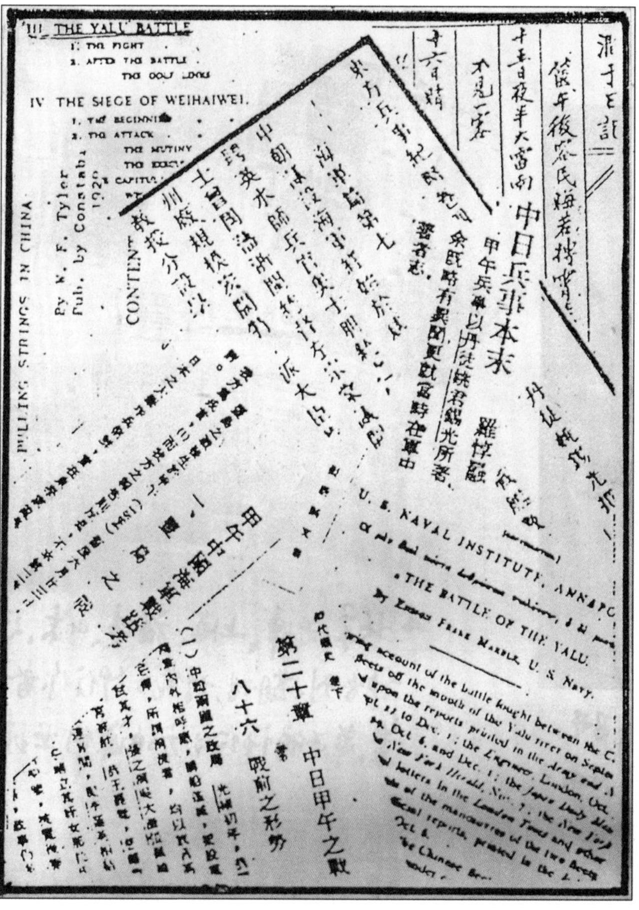

东方兵事纪略

中日兵事本末

THE YALU BATTLE

THE SIEGE OF WEIHAIWEI

PULLING STRINGS IN CHINA

By W. F. Tyler

U. S. NAVAL INSTITUTE, ANNAPOLIS

THE BATTLE OF THE YALU

中日甲午之戰

1896年出版的《东方兵事纪略》作者姚锡光，系李鸿章幕僚，站在官方立场论述，多与事实不符，且别有用心，其影响迄未澄清。

《甲午中日海战见闻记》，作者泰莱(W.F.Tyler)，英人，出身商船，英海军后备中尉(我国留英学生在英舰实习已是中尉)，时任“定远”舰副帮带兼汉纳根顾问。因其愿望要购置新巡洋舰由其指挥未能实现，常感职不副名，把林泰曾、刘步蟾、方伯谦说成三巨奸，诬“济远”舰各炮“为巨锤击坏，以作临阵先逃之借口”，流毒很广。是个“劣洋员”，人称其“谰言不可信”。

《?》(为方伯谦鸣冤)
　　方念祖　　《黄海潮报》　　　　　193?年
《甲午中国海军战绩考》
　　张荫麟　《清华学报》十卷第一期　1935年
《中日甲午战争"济远"舰先逃与方伯谦问题》
　　赵捷民　《新史学通讯》　　　　　1953年8期

方念祖,广东人,光绪三十二年(1905年)与沈鸿烈等被选赴日本留学海军,后任葫芦岛海校教育长,属东北系海军,20世纪30年代在《黄海潮报》撰文为方伯谦鸣冤。

《甲午中国海军战绩考》著者张荫麟,广东人。早年卒业于清华学堂,后赴美留学,归国后历任清华大学、西南联大、浙大等教授。该文对方伯谦问题作了全面的考订,得出了方系被陷害冤杀的结论。

赵捷民,河北邢台北关师专副教授,是解放后第一个为方伯谦鸣冤的学者。

《清代通史》,著者萧一山,江苏铜山人,19岁考入北大,后在清华执教。1932年先后赴英德法日收集有关资料,1923年手撰《清代通史》上卷,1935年中卷刊行后经重写于1963年完成在台印行。其有关甲午海战部分多以姚锡光著作为蓝本并参以官书而成。

《中国近代史》,著者范文澜,浙江绍兴人,曾任北大、北师大等教授,解放后任中国科学院近代史研究所所长。长期从事《中国通史简编》的修订,是马克思主义历史学家。对丰岛海战虽无挂白旗记载,但有述及方伯谦躲入舱内铁甲最厚处。对黄海海战抨击李鸿章最烈,但未提方伯谦其人其事。

中国史学会主编的《中日战争》(共七册),1957年由上海人民出版社出版,是研究中日甲午战争不可多得和不可不读的好书。书中收集了许多日本军国主义者侵略中国的大量史料,也收集了中国人民进行了正义的、英勇的反侵略斗争的史料,对方伯谦的资料正反兼收。

由山东社科院研究员戚其章撰写的《北洋舰队》、《甲午战争史》,对方伯谦持否定态度。

《龙旗飘扬的舰队》作者姜鸣是青年史学工作者。1994年出版《中国近代海军史事日志》(1860~1911),对方伯谦持否定态度,但认为方伯谦是替罪羊。

20世纪80年代出版的一些著作,几乎一边倒,对方伯谦均持否定态度。

《近代中国海军》,海军司令部《近代中国海军》编辑部编,海潮出版社1994年北京出版,对方伯谦在海战中的叙述实事求是。

《甲午战争启示录》,孙克复、焦润明主编,辽宁人民出版社出版。该书则认为方伯谦不是逃兵,而是一名有爱国心的海军将领。这个观点已得到多数人的共识。

(台湾)海军中将林濂藩著《中日甲午海战百年祭》,北京中国社会科学出版社1995年出版。该书在丰岛、大东沟两次海战的叙述中肯定了方伯谦的战绩,正确评价方伯谦。

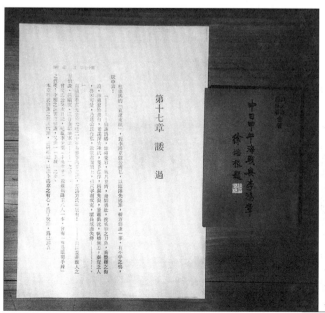

(台湾)海军少将郑天杰、赵梅卿合著的《中日甲午海战与李鸿章》一书,第十七章专述李鸿章诿过方伯谦。该书1979年在台湾出版,书中澄清了许多对方伯谦诬陷的问题。

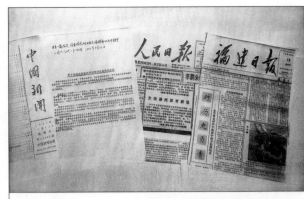

人民日报、福建日报及港、澳、美国等16种报纸报道了有关史学界召开研讨会和出版《方伯谦问题研讨集》的消息，还发表了26篇文章，正确评价了方伯谦。

1991年9月，由福建省史学界、海军界等8个单位共同发起召开了"甲午海战中之方伯谦问题研讨会"。海峡两岸60多位专家、学者参加，论文数十篇，省政协副主席、林则徐直系后裔五世孙凌青同志到会讲话，侨居美国的方伯谦侄孙女方俪祥亦赶回福州参加。

1993年8月，《方伯谦问题研讨集》首发式在福州举行，福建省政协秘书长刘贤儒致词，中共福建省委统战部、民革、民盟等领导以及专家学者、新闻界等数十人参加了首发式。与会者即席发言，正确评价了方伯谦。

1991年7月，由上述联合召开研讨会的8个单位编印了《方伯谦问题研究资料汇编》，收集了有关原始资料和过去对方伯谦评价的正反两面文章，发给将被邀请的专家、学者。1993年7月出版了林伟功、黄国盛主编的《方伯谦问题研讨集》，由凌青题写书名，收集了新撰论文40多篇，其中有8篇来自海外。该书由知识出版社出版。

　　1993年9月，由知识出版社邀请在京的海军界、学术界知名人士参加《方伯谦问题研讨集》首发式。会议由中国大百科全书副总编辑、知识出版社社长刘志荣主持，原省政协副主席、现全国政协外委会副主任凌青，民革中央名誉副主席贾亦斌，全国政协常委民盟中央副主席吴修平出席了首发式。出席首发式的还有国防大学、总参政治部、海军军事学术研究所、军事科学院战略部、海军司令部编研室、《当代中国海军》编辑部、国家教委、中国社科院近代史研究所以及人民大学、北师大历史系等单位的专家、教授。图为贾亦斌在首发式上发言，庆贺《研讨集》的出版。

　　中国人民大学历史系著名教授郑昌淦在会上发言说，他过去否定方伯谦，想法简单，并拿出他过去撰写的《中日甲午战争》一书说，"可以推翻"，"方伯谦没有投降"，也不能说是"逃军"，当时想法简单，强调拼搏，或壮烈牺牲……郑教授坚持真理，修正错误的学风令与会者十分钦佩。

　　图左为郑昌淦教授。

　　图右为全国政协常委、民盟中央副主席吴修平。

纪念甲午战争100周年学术研讨会述略

陈 宇

　　由中国军事科学学会和海军军事学术研究委员会联合举办的"纪念甲午战争100周年学术研讨会"，于1994年8月17日至18日在北京举行。中共中央政治局常委、中央军委副主席刘华清在会上作了重要讲话，中央军委副主席张震出席了会议。刘华清、张震分别为纪念甲午战争100周年题词。刘华清的题词是"祭甲午百年，兴爱国精神"，张震的题词是："弘扬甲午爱国精神，增强现代海防意识"。海军司令员张连忠致开幕词。出席研讨会开幕式的有解放军三总部领导、中国军事科学学会高级顾问以及二炮、国防大学的领导同志，军内外的60余名有关专家、学者及海军机关、院校、部队的代表出席了研讨会。中国史学会会长戴逸等9名代表在大会上发言，20余名代表在分组会议上发言。

　　由中国军事科学学会和海军军事学术研究委员会联合举办的"纪念甲午战争100周年学术研讨会"，于1994年8月在京举行。中央军委领导及解放军三总部等领导和军内外有关专家、学者60余人参加，海军司令员张连忠致开幕词。研讨会评价方伯谦不是逃兵，是一位有爱国心的近代海军人才。

（原文见《军事历史》1994年第6期）

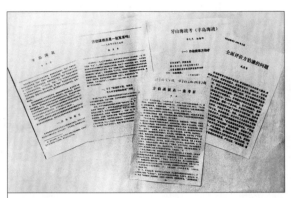

争论的一些重要文章。

　　1994年9月,在威海召开的《甲午战争一百周年国际学术讨论会》上,侨居美国的方俪祥女士应邀回国参加,并在大会上发言,为其伯父方伯谦鸣冤。

　　一些重要刊物刊登了海峡两岸著名人士研究方伯谦问题的论著,多数文章正确评价了方伯谦。

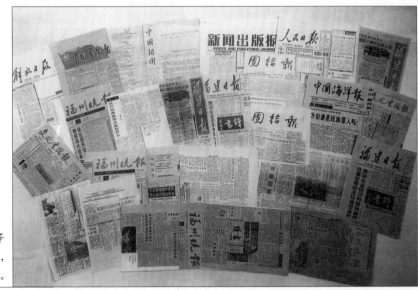

　　北京、天津、上海、福建、山东、辽宁、河北、台湾等省、市、地区的33种书刊,刊载了59位作者的94篇文章,肯定了方伯谦确属冤案,并正确评价了方伯谦的业绩。

（一）丰岛海战争论的主要问题

一、关于方伯谦战时"匿铁甲最厚舱中"问题

《李文忠公全集》电稿二（见《中日战争》〔四〕第269页）：

"方伯谦牙山之役，敌炮开时躲入舱内……"

蔡尔康等《中东战纪本末》（见《中日战争》〔一〕第168页）：

"至管带济远之方伯谦，即七月间护送高升运船至牙山，途遇日舰，匿铁甲最厚舱中……"

萧一山《清代通史》：

"（吉野追济远）势将及，济远管带方伯谦匿，日舰迎时，即藏身于铁甲最厚处……"

（按：不知所据，未有出处。）

戚其章《北洋舰队》第81页载：

"济远管带方伯谦也是一个贪生怕死之徒，他在炮战激烈的时候，竟躲进舰内铁甲最厚处，以躲避炮弹，根本放弃了指挥作战的职责。"

吴杰章、苏小东、程志发《中国近代海军史》第214页载：

"济远管带方伯谦顿时惊慌失措，竟不顾指挥之责躲藏到舰内铁甲最厚处以避敌炮火，大副都司沈寿昌急登台代为指挥……"

张墨、程嘉禾《中国近代海军史略》第253页载：

"日舰集中火力猛烈轰击济远舰，济远舰管带方伯谦贪生怕死，放弃指挥，躲到舰只铁甲最厚处，帮带大副沈寿昌主动指挥……"

（台湾）郑天杰、赵梅卿：《中日甲午战争与李鸿章》第157页载：

"查当时所有军舰，其铁甲最厚之处除水浅一段外，即为天桥下之指挥塔，亦即指挥官指挥作战之岗位。海上备战，全舰官兵均按既定之部署，分别进驻其各特定岗位，人司其职，……而管带在其岗位上，又焉能妄指其'藏'？其'匿'？"

（台湾）林濂藩《中日甲午海战百年祭》第28页载：

"在较大型之舰上，除在主甲板之上设有横跨全船之桥状建筑物（称为驾驶台，俗称为舰桥或天桥）外，还有的在驾驶台之下或主甲板之下另建一间围以钢板护甲舱间，称为指挥塔（或护身台），其中设备一如驾驶台……舰上设有两所驾驶台，一所系供平时航行指挥之用，一所系供作战指挥之用……指挥塔位置较秘，防护较周…在战时给予指挥官以较多之安全护卫，以免指挥官轻易遭受伤害……战时指挥官必须进入指挥塔……绝不能视之为'怕死畏葸'，躲进避难……凡此指责，都因治史之人不明军舰舰制，有以致之。"

程伟国《百年冤案今评说》（《方伯谦问题研讨集》第120页）：

"'方管带屹立望台，指挥发令'，后又'击中日舰浪速'，而并没有藏匿舱内，这一点有沾满大副沈寿昌脑浆与鲜血的军衣为证，同时，试想在大副二副都已阵亡的危急情况下，如方伯谦藏匿舱内，那么又是谁指挥济远舰安全驶回威海？"

（台湾）包遵彭《中国海军史》下册第941页载：

"忽有日弹中济远望台，大副都司沈寿昌头裂而死，方伯谦与并立，脑浆溅及其衣……方伯谦屹立望台，连发40余炮，叠击中日舰浪速……"

（按：包著此段系采用池仲祐《甲午战争纪》（海军纪实·述战篇）未有挂白旗、躲进铁甲最厚处等记载，不采用是说。）

张荫麟《甲午中国海军战迹考》（《张荫麟文集》第175页）：

"避匿之事，于方氏为不类，夫汉城之变，敌舰之来，方氏先一日已有所闻，孤军拒敌，上令未颁，果亟偷生，曷勿舍广乙宵遁？既遇敌舰，战力倍蓰于己，苟其畏死，亦何难如厥"

后操江之所择,立即纳降,此皆不为,而托庇于济远之铁甲,已非吾人所能想象,且方氏避匿之事,若有实据,丁汝昌、刘步蟾辈何以不加纠弹?"

(按:丁汝昌曾派人拷问济远管旗头目,"久不诬服,案乃寝息",说明并无避匿情事,若有此事则济远舰上岂止管旗头目,众多弁兵均可告发,予以论罪,更不待大东沟之战方予正法也。)

△有人说《卢氏甲午前后杂记》的作者卢毓英当时是广甲轮机管理官,海战时始终在舱底,并没有亲眼看到战斗场面,其书是事后根据传闻写的,不足信。此说法值得商榷。卢

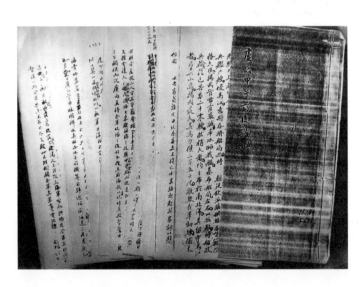

毓英在马尾船政毕业后,被调到广东黄埔海校深造,毕业后任广甲管轮,管轮是管汽(锅炉)、管机(轮机)、管电、管灭火、管堵塞漏水……等等,不全在舱底,而且管轮是官不是兵,具体操作是弁(班长)、目(兵)。据《清末海军史料》第472~478页载,一般舰上设总管轮一员、大管轮、二管轮、三管轮,各二三员,还专设舱面管轮,因此并非全挤在舱底,《杂记》中卢氏曾亲自上舱面观战的记载可资为证。

二、关于水手王国成尾炮击敌问题

姚锡光《东方兵事纪略》(最早记载)第65页载:

"倭追如故,时有水手王姓者甚怒,而力素弱,问'何人助我运子?'又有一水手挺身愿助,乃将15生特尾炮连发4出,第一炮击中倭船柁楼,第二炮亦中,第三炮走线,第四炮中其要害,船头立时低俯……"转见《中日战争》(一)第65页

萧一山《清代通史》第1199页载:

"吉野追如故,时有水手王国成者,甚怒,而力素弱,问:'何人助我运子?'另一水手李仕茂挺身相助,乃将十五生的尾炮连发四出,三出命中,日舰乃退……"

戚其章:《北洋舰队》第82页载:

"眼看就要追及……济远舰的广大水兵目睹管带方伯谦的无耻表演,早就憋了一肚子气……决心不顾方伯谦的命令,拼将一死,反击敌寇,水手王国成挺身而出,奔向尾炮,水手李仕茂从旁协助,用15公分尾炮对准吉野连发4炮……"

戚其章《甲午战争史》第60页载:

"吉野逼近距济远两千公尺处,以右舷炮猛击,共发6弹,济远航速才十五节,而吉野航速则近二十三节,势将追及,在此紧要关头,水手王国成挺身而出,反击敌寇……他激于爱国热情,奔向舰尾炮位,另一水手李仕茂从旁协助,用十五公分口径尾炮对准吉野连发4炮……"

张墨、程嘉禾《中国近代海军史略》第253页载:

"济远水兵怨恨满腔,不顾方伯谦的指令,决心狠揍日舰,煞其锐气,爱国水兵王国成奋起操纵15厘米尾炮,李仕茂挺身相助,搬运炮弹,两人协同,突然连发尾炮轰击吉野……第一炮击中吉野指挥台,第二发击中舰首……"

吴杰章、苏小东、程志发《中国近代海军史》第215页载:

"水手王国成激于义愤挺身而出,操纵尾炮射击,王国成力素弱,水手李仕茂主动为其搬运炮弹……四发炮弹中,第一发击中吉野舵楼,第二发亦中,第三发走线,第四发击中吉野要害……"

姜鸣《龙旗飘扬的舰队》第321页载:

"济远水手王国成、李仕茂用后主炮仔细瞄准,猝发4炮。首发命中'吉野'桅楼,第二发也命中,第三发打偏,第4发击中要害。"

持不同意见的:

《冤海述闻》见《中日战争》(六)第85页载(甲午当年最早记载):

"方倭之分船赶高升也,济远乘间,迅督收拾前炮台,挪尸而出,诚运前炮,复振后炮,方管带顾济远船受炮甚多,均非要害,知倭船放秒(瞄)不准,因即发令,如倭船复来,我须看直秒(瞄)准,方许开炮,宁死而待,不准轻放,……转瞬间,倭督船吉野至矣……我船转左,彼亦左,我船转右,彼亦右……追隔三千余码,方管带发令将船前转看秒(瞄)准,猝发后炮,一发中其望台下……再发中其船头……又发中船身……"

池仲祐《海军实纪·述战篇》中《甲午战事纪》载(民初记载):

"济远……乃乘间迁移积尸,修缮前后炮台,再谋攻敌,其前台已伤,后台尚能转动…俄而旗舰吉野亦来相距约三千余码,方伯谦令船前转,猝发后炮,中之……"(转见《清末海军史料》第318页。)

郑天杰、赵梅卿《中日甲午战争与李鸿章》第18页载:

"方管带顾济远船虽受炮甚多,均非要害,于是又加速西驶,因即发令,如倭船复来,我须看其秒准,方许发炮,宁死而待,不准轻放。……追隔三千余码,方管带发令,将船前转,看秒准,猝发后炮一发,中其望台下,再发……"又第136页载:

"按:舰上炮位,如射手、装弹手等均有既定之部署……

而对王姓水手特加渲染似系依丁电而'演义'者,殆欲藉此以衬托方伯谦之无能,但反过来,却反映姚氏(指姚锡光文)对舰队实况之欠明了也。"

林濂藩《中日甲午海战百年祭》第34~35页载:

"每门炮依规定各由枪炮科士官兵6人组成一个炮班……一员为炮长,负责指挥全炮;一员为旋回手,负责炮之左右旋回转动,使在射击时炮管能正对目标;一员为俯仰手,负责炮之上下俯仰移动,使在发射时炮管能正确指向目标,故亦兼为瞄准手;二人为装填手,负责以人力将炮弹装进炮管,推入炮膛并管紧炮闩;余一人为预备手,负责协同或代替其他炮手,执行射击任务,除此6人外,其他水手未受专业训练,于法禁止操纵运用各火炮,更不得从事实施射击;……海上遇敌必须开炮射击敌人时,必须由各舰管带发令行之,或在特殊状况下,如目标业已选定,并经管带核可,亦可授权枪炮官代为发令射击……""在此情形下,尾炮完好,炮班完整,试问所谓水手王国成、李仕茂两人愤而自动发炮、击退敌舰之说,能是事实乎?有此可能乎?"

"既称为水手,自非炮手,可见非炮班中人,未曾接受枪炮专业训练,且其力素弱,又只有两人,一人运炮,一人装弹,如果能够达成射击任务,则炮班六人编组岂非多余?于此可见此说之荒诞无稽,不能取信。"

程伟国《百年冤案今评说》(《方伯谦研讨集》第119页):

"素与方伯谦不睦的北洋水师实力派在向上报捷时故意将方伯谦撇在一边,却将李、王两名水手说成了功臣,北洋水师提督丁汝昌7月30日在给李鸿章的电报中称:'济远停炮诈敌,彼驶近,拟擒我船,济运猝发后炮……昌已传令为首李、王赏一千两……'"

赵捷民《三论方伯谦冤案问题》(《方伯谦问题研讨集》第25页):

"济远以少敌多舰,结果被伤,这能说不战而逃么?显然不是。但在激战中,由王国成等水手发了后炮,打伤日本巨舰吉野,一般记载是水手之功,其实不是,当时'军令如山'管带方伯谦不同意发后炮,水手是不能自由行动的,应肯定是方管带同意水手做法的,丁汝昌也电李鸿章,承认'济远停炮诈敌',即'猝发后炮'而成功,即大奖水手。而李鸿章的崇拜者……替李鸿章宣扬的。"

陈道章《甲午战败的替罪羔羊——论方伯谦之死》(《方伯谦研讨集》第142～143页):

"材料出自黄钟瑛传,来源于民国初期的国史馆:'济远奉令……护运赴牙山……时钟瑛,济远一舰员耳(按系济远枪炮官-编者)……既而济远中炮,台前积尸几满……钟瑛益怒奋,竟佐舰长回击敌舰'浪速'伤之,旋又击中敌舰'吉野'……以孤军无援不穷追……这段记黄钟瑛佐舰长(指方伯谦)回击敌舰,如果方伯谦怕得躲起来,用不着'佐'他,把战绩写在黄钟瑛名下就是。"

王民《方伯谦问题研究述评》(《方伯谦研讨集》第500页):

"据《北洋海军章程》规定,水手与炮弁有严格区别,两者各司其职,水手平时未有上炮训练的机会,如当时水手不经指挥,几乎不可能四炮三中的,而且方伯谦如确系贪生怕死,立意投降的话,他应当会想到如击不退日舰等待济远的将是什么后果。我们不能反以济远水手受到丁汝昌的奖赏而排斥方伯谦的指挥之功,就跟同时不能仅以清廷反传旨嘉奖方伯谦而埋没操炮者之劳一样,否则便难还历史以本来面目。"

张荫麟《甲午中国海军战迹考》(《张荫麟文集》第175页载):

作者参证各方资料并根据济远管轮德人哈富门之述,加以分析,认为"方氏既无避匿,则水手愤而自动发炮退敌之说,殊不可信"。

三、关于"济远"挂白旗问题

姚锡光《东方兵事记略》(见《中日战争》(一)第65页):

"济远之奔,倭吉野追甚急,吉野为新式快船每4刻能行23海里,势将及,管带方伯谦乃树白旗,继又树日本旗,倭追如故……"

日本海军军令部编《廿七八年海战史》上卷第91～94页:

"(日舰)加速追击济远,济远挂出一面白旗,但仍全速疾驶……至相距3000米时,又以舰首炮猛击,济远又升起一面日本海军旗,至相距2700米时,浪速发信号命令济远'立即停轮,否则炮击',并向旗舰吉野报告:敌舰降服,已发出令其停轮信号,准备与它接近……适高升号从浪速右舷通过……济远趁此机会,又开足马力继续西撤……"

戚其章《北洋舰队》第81页载:

"日舰吉野和浪速从后面鱼贯追来,方伯谦则无耻地下令挂起白旗,以表示放弃抵抗,……一面加挂日本海军旗,以表示投降……"

戚其章《甲午战争史》第59～60页载:

"浪速超越吉野,猛追济远,济远乃悬白旗,然犹疾驶不已,浪速追至相距三千公尺时……济远在白旗之下加悬日本海军旗……"

张墨、程嘉禾《中国近代海军史略》第253页载:

"待日舰快要追上时,方伯谦竟惊恐万状,不顾民族气节,无耻地下令挂起白旗,同时规避吉野炮弹,继续奔逃。"

吴杰章、苏小东、程志发《中国近代海军史》第215页载:

"吉野开足马力全速追赶,很快即接近济远……方伯谦惊恐万分,竟下令悬挂白旗,表示投降,不久又命令悬挂日本旗"

《冤海述闻》"牙山战事记实"(见《中日战争》(六)第85页):

"济远故停炮不放,倭疑我炮坏子药尽,愈驶愈近……追隔三千余码,方管带发令,将船前转,看秒准,猝发后炮……"

(台湾)三军大学编著《中国历代战争史》第17册第184页:

"济远舰拒战甚力,其了望台中敌弹,大副沈寿昌裂脑殉职。方管带初与并立,脑浆血沾其衣,继而前炮台亦被击毁,二副何建章洞胸阵亡,实习学生黄承勋为臂断,时为二十三日已刻,伯谦见力不能支乃佯悬白旗以计遁。"

林濂藩《中日甲午海战百年祭》页37载:

"丰岛遇敌时,众寡悬殊,孤军应战,以一敌三,断无胜算,乃不得不使用欺敌手法,悬白旗及日旗诈降,以求死里逃生,全师而归……此种作为,固非正当,不足为法,但兵法有云'兵不厌诈',在全船生死存亡决于俄顷之际,不得已偶一为之,亦殊未可加以非议。"

程伟国《百年冤案今评说》(《方伯谦问题研讨集》第120~121页):

"如方伯谦真欲投降,他完全应该减速停船,决不会仍全速行驶;而当敌舰迫近之时,他又怎敢发炮还击,在敌我力量十分悬殊的情况下,要想保舰返回,方伯谦只得采用这种悬旗诈降的方法,而当敌舰麻痹大意进入济远舰射程之内时,方伯谦又不失时机下令开火,给吉野以沉重的打击……由此可见,济远舰投降是假,保舰歼敌是真,就连故意贬低方伯谦的北洋水师提督丁汝昌在电告李鸿章时,也不得不承认济远'停炮诈敌'这一事实。"

姜鸣《龙旗飘扬的舰队》第321页载:

"悬白旗又不停船,且用尾炮退敌,使军舰脱险……有人解释这是方伯谦'诈敌'。但是,在中国人的战争观和道德观中,悬白旗便是投降,是无可宽恕的失节,因此无人敢说方的战绩加上前述匿避船舱的说法,方伯谦被当作臭名昭著的懦夫,钉上历史的耻辱柱。"

戚其章《全面评价方伯谦的问题》(见《历史教学》1991年2期):

"在丰岛海战中,他(指方伯谦——引者注)所率济远官兵以弱抵强鏖战一个多小时,并击伤日舰吉野,应该予以肯定,济远在力竭西驶时虽挂了白旗和日本海军旗,然并未停驶,且兵不厌诈,不应过于苛求……"

(按:作者改变了原有的说法。)

戴学稷《在"甲午海战中之方伯谦问题研讨会"上的小结发言》:

"……关于丰岛海战,与会论者几乎都是一致肯定方伯谦在敌我力量悬殊的不利条件下,采取'兵不厌诈'如挂白旗的诈降手段,以寡敌众,保全了兵舰,击退了敌人是种机警行动,而摒弃了过去有的认为挂白旗就是投降的片面观点……"

四、清政府对丰岛海战的结论

下电系丁汝昌给李鸿章,李又寄译署,承认"济远"是"停炮诈敌",并给水手李仕茂、王国成赏银一千两,余众共一千两。

越数日军机处又电谕李鸿章对方伯谦"传旨嘉奖"。

军机处电寄李鸿章谕旨二(光绪二十年七月十一日电寄档):

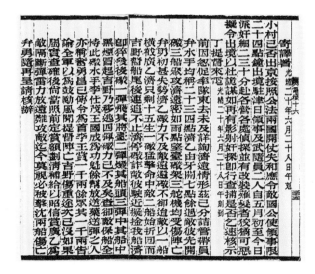

"行军纪律,赏罚为先,畏葸者不可姑容,奋勇者亦须奖励,即如管带济远之方伯谦,于牙山接仗时,鏖战甚久,炮伤敌船,尚属得力,著李鸿章传旨嘉奖……"(见《清光绪朝中日交涉史料》卷16第22页)

(注:旧版《李鸿章全集》无此电,新版则有收入。)

（二）黄海海战争论的主要内容

一、关于方伯谦牵乱队伍问题

这是丁汝昌上报清政府关于方伯谦的三条罪状之一。

认为如实反映的，见下列记载：

戚其章《方伯谦被杀是一桩冤案吗？》（见《历史研究》1981年第6期）：

"济远首先逃跑，牵乱队伍，广甲随逃，这也是如实反映。"

持不同意见的，见下列记载：

《卢氏甲午前后杂记》第13页载：

"督船旗帜为全军耳目所关，督旗一折，全军尽乱，耳目尽失，彼此不能相顾，各军其军，毫无纪律。"

《冤海述闻》记述（见《中日战争》〔六〕第88页）：

"……督船仅于开仗时升一旗令，此后遂无号令……督旗不升，各船耳目无所系属，督船忽左忽右亦无旗令，而阵势益散漫……"

郑天杰、赵梅卿《中日甲午战争与李鸿章》第305页载：

"按队伍之乱，事实上是在十三时十分左右，因日队越过中国舰队之后，形成夹击，队伍之乱，固不能诿罪于济远也。"

林濂藩《中日甲午海战百年祭》第163页载：

"北洋阵形之散乱，绝非因济远退阵而牵乱，因此指责济远首先驶离牵乱阵伍，是不实际欲加其罪之说词，不足构作杀方伯谦之罪名。"

《日清海战史》（转见《清末海军史料》第874页载）：

"支那舰队本无次序，至此更全无纪律，各舰皆如鸟之陷簇，情状可怜，而其散漫无纪，又可叹也。"又同书第880页载：

"支那舰队块团相簇集……既无序列，又无一定计划，而并无指挥……定远之前檣击断，而不得揭信号，各舰遂得各自运动，而纪律荡然。"

（台湾）三军大学编著《中国历代战争史》第17册第209页载：

"清旗舰仅于开仗升一旗令，此后遂无号令，因最初半小时之炮火丛集，已悉毁清舰上檣桅及绳索，信号无从悬出，即帅旗亦被击落，以后遂不复升，待日舰本队绕至背后时，清军阵列始乱，此后即不能复整矣。"

孙克复《方伯谦被杀案考析》（《方伯谦问题研讨集》第32页）：

"北洋舰队船伍从午后2时起即开始混乱，至3时顷混乱益甚，但济远退避是在3时30分致远沉没之后，这时北洋舰队船伍早已混乱，因此所谓济远退避'将船伍牵乱'的罪名是莫须有的，是不能成立的。"

林庆元《关于"方伯谦冤案"》（《方伯谦问题研讨集》第49—50页）：

"关于方'将船伍牵乱'这一指责并无根据，只见于丁汝昌的主观指责，仅负责一船指挥的方伯谦能有多大力量去影响大局，'将船伍牵乱'？相反，事实是负责海战全局的丁汝昌将阵形牵乱。"

"由于指挥者举棋不定……'中国舰队，自其开始交绥，即列成凌乱之半月形'……"

姜鸣《龙旗飘扬的舰队》第335页载：

"……当舰队逼近敌舰时，呈现的竟是一个散漫的单横编队……"

"……12时50分，中日舰队相距5300米，这时，定远……首先发出了……第一炮……丁汝昌从舰桥上跌落负伤，而他在战前又没有明确谁是自己的代理人，因此中国舰队从一开始便失去了统一指挥。"

吴杰章、苏小东、程志发《中国近代海军史》第232页载：

"战斗刚刚开始，丁汝昌即负伤，失去了指挥能力，定远舰指挥信号亦中断，由于事前没有规定接替指挥的旗舰，战时也未能立即采取果断、有效的补助措施，使北洋舰队在长达数小时的战斗中完全失去指挥，分散应敌，直至战斗将结束,才由靖远升旗集队,在这样一场大规模的近代海战中完全丧失指挥所造成的损失是难以估量的。"

《日清海战史》(转见《清末海军史料》第871页载):

"方其战时,支那舰队浮沉于汪洋巨漫中,若离若合,一似全无纪律者。"又同书第879页载:

"定远始因射断前樯信号桁,不得发信号,以至于败。"

姜鸣《龙旗飘扬的舰队》第336页载:

"1时,……日舰摧毁了定远的信号装置,破坏了中国旗舰同其他军舰的联络手段。"又同书第338页载:

"中国军舰……缺乏统一指挥,只是以两铁甲舰为核心,相邻诸舰自行协调,各自为战。"又同书第342页载:

"海战失利原因……一是丁汝昌指挥无能……完全不懂海战指挥和在海战开始后中断了对舰队的控制,使得舰队失去统一协调,完全处于各自为战的状态,最后陷入一片混乱。"

吴杰章苏小东程志发《中国近代海军史》第225页载:

"(日舰)直扑北洋舰队右翼之超勇、扬威……超勇、扬威……相继中弹起火,与此同时,旗舰定远望台被敌炮击毁……无法指挥,旗舰上的信号装置亦毁于敌炮,舰队失去了指挥和联络。"

《日清海战史》转见《清末海军史料》第875页载:

"支那舰队之位置,其横阵化为全无纪律之团块。"

戚其章《北洋舰队》第112页载:

"由于海战开始不久,定远的信号装置即被敌舰的排炮所摧毁,指挥失灵……诸舰只能各自为战,伴随日舰之回转而回转。"又同书第210页载:

"定远舰旗杆中弹断落,致远舰长邓世昌以为丁军门阵亡,当即升起提督旗来振奋全军,日舰炮火随即集中于致远。"

(按:此据来远炮手谷玉霖口述,有错。致远未升起提督旗。)

二、关于撞坏"扬威"问题

这是丁汝昌上报清政府关于方伯谦的三条罪状之二。

肯定有此罪状的见以下记载:

姚锡光《东方兵事纪略》(见《中日战争》〔一〕第67页载):

"济远见致远沉,大惧,转柁将逃,撞扬威舵叶,扬威行愈滞,敌弹入机舱,立沉于海。"

蔡尔康等编《中东战纪本末·大东沟海战》(见《中日战争》〔一〕第168页载):

"致、经两船,与日船苦战,方伯谦置而不顾,茫茫如丧家之犬,遂误至水浅处,适遇扬威铁甲船,又以为彼能驶避,当捩舵离浅之顷,直向扬威,不知扬威先已搁浅,不能转动,济远撞之,裂一大穴,水渐汩汩而入……济远既不能救之使脱于沙,反撞之使入于水,是诚何心哉。"

浅野正恭《日清海战史》(见《清末海军史料》第330页载):

"超勇之火先损其舵机,扬威亦火,而复受济远之冲突,以搁于浅滩。"

戚其章《北洋舰队》第115页:

"方伯谦本是一个贪生怕死的胆小鬼……他竟置他舰于不顾,转舵逃跑……误至水浅处,适遇扬威铁甲船,又以为彼能驶避,当捩舵离浅之顷,直向扬威,不知扬威先已搁浅,不能转动,济远撞之,裂一大穴,水渐汩汩而入。扬威立沉于海。"

张墨、程嘉禾《中国近代海军史略》第269～270页载:

"致远沉没,丰岛海战当过逃兵的济远管带方伯谦再次临阵脱逃,急忙下令转舵遁跑,慌乱之间,误与搁浅之扬威相撞,致使扬威沉没。……方伯谦更加惊骇,遂鼓快车驶回旅顺口……"

吴杰章、苏小东程志发《中国近代海军史》第227页载:

"济远管带方伯谦见致远被击沉……急令转舵逃跑……竟将已搁浅之扬威撞沉……"

萧一山《清代通史》卷一第212页载:

"济远管带方伯谦见致远沉没,首先图逃,时扬威先已搁浅,不能转动,济远撞之,裂一大洞,遂以沉没……伯谦惊骇欲绝,飞遁入旅顺口……"

持否定此说的记载有：

郑天杰、赵梅卿《中日甲午战争与李鸿章》第163页载：

"萧先生说扬威已搁浅，而济远撞之，不知系何所据？查济远吨位为2355吨，吃水15英尺又8英寸，而扬威吨位为1350吨，吃水未详，但必较济远为浅，扬威"既已搁浅，比扬威约大一倍的济远，又如何能于扬威搁浅而不能动之处撞及之？其后又能不搁浅而飞遁？显与事实不符。"又同书第164页载：

"一般甲午海战史者，多未对海战实况加以研讨，亦不察李鸿章对方伯谦之责难是否别有用心，对'军中冤之'，则以'书出海军手'认为'颇多迴护'。视为当然之先入评述，查史实应不同于小说，不能凭空虚构，除方伯谦本人之亲供或记述外，吾人诚不知萧先生何以据而判断方伯谦首先图逃，又何以据而得知其惊骇欲绝？，岂非为'欲加之罪'？至伯谦之未加审讯即行正法，则不加考证作公平之叙述，却认定'军中冤之'为迴护，未免近于轻言。"

林濂藩《中日甲午海战百年祭》第163页载：

"(扬威)起火焚烧，既离战阵驶往大鹿岛附近搁浅待援，其时间约在当日午后1至2时……(济远)脱离战场，驶向旅顺时，其航向应向西南转西，故无论如何不可能在大鹿岛附近与扬威相撞……济远排水量2300吨，扬威为1350吨，济远舰重较扬威多达一倍，其吃水深亦较扬威为大，如果扬威当时已是搁浅，则吃水较深之济远舰，如何能够驶近扬威并予以撞毁？因此此一罪名，只是……无中生有妄加罗织之罪名，不足以服人也。"

王琰《大东沟海战与方伯谦冤案》(《方伯谦研讨集》第94页)：

"作者(指《北洋舰队》作者戚其章)重复丁汝昌等人关于济远撞击扬威的说法，而且夸大其辞，说是'撞沉搁浅之扬威'，作者可能忘了，搁浅的舰船是不会沉没的，而且吃水仅13英尺的扬威搁浅的海域，吃水达25.67英尺的济远是根本无法进入的，进入即搁浅，更无法退走的，精通海事的方伯谦岂能重蹈扬威之覆辙！扬威排水量达1350吨，济远达2355吨，

济远既开足马力逃走而与扬威相撞，扬威沉没(依作者说)，济远岂能不受重伤？又如何还能'鼓轮如飞，遁入旅顺'？"

孙克复《方伯谦被杀案考析》(《方伯谦问题研讨集》第33页)：

"时间上矛盾……扬威……离开阵列，于一时二三十分左右……而济远却是在3时30分致远沉没后离战场的，距扬威离开战场时间已达两小时之久，两舰又何能在战场深水处相撞？……扬威搁浅地点为东经120°40′9″、北纬39°39′处，此位置在战场西北的大鹿岛附近，济远的逃避方向则是战场西南的旅顺口……两舰方向相反距离遥远，安能相撞？……济远排水量几乎是扬威的一倍，吃水也较扬威深得多，不待撞及扬威，本身就已搁浅，焉有吨位小、吃水浅的船搁浅，而吨位大、吃水深的船，不仅没有搁浅，反而在撞坏吨位小的船之后，捩舵离浅飞驶而去之理？"

王琰《大东沟海战与方伯谦冤案》(《方伯谦研讨集》第96页)：

"十分显然，第一游击队在大鹿岛作战一事纯属《北洋舰队》的作者的虚构，虚构的目的是为了避免与终止海战时的情况发生矛盾，所谓济远见致远沉恐惧逃走，撞沉扬威一事则是丁汝昌等北洋实力派和数十年来坚执此说的学者们(包括《北洋舰队》作者)的共同创造。人为因素说所基于的'事实'矛盾百出，纯粹是一派谎言。"

未说是撞沉的记载有：

(台湾)三军大学编著《中国历代战争史》第17册，第209页载：

"超勇本在扬威之左，日军本队压清军右翼时，扬威已重伤离阵，超勇乃当其冲，亦中弹着火。当日军本队绕至清军阵后时，又与之遇，遂在炮火丛集下沉没，时同日(十八)下午二时二十三分也。"

军事科学院《中国近代战争史》第二册第155页载：

"17日12时50分，双方舰队相距约五千七八百米，定远首先发主炮攻击……约三千米时，日第一游击队四舰猛轰扬威、超勇。13时5分……日舰以低弹道向超勇、扬威实施抵近射击，二舰相继起火，退出战斗。约13时30分，超勇沉没。"第161页又载："扬威、超勇被击没。"

包遵彭《中国海军史》下册第958页载：

"1时5分……双方炮战益烈，我扬威、超勇相继起火，超勇未几沉没……扬威亦搁浅不能动。"

戚其章《甲午战争史》第148页载：

"下午一点二十分，超勇、扬威已中弹甚多……到二时二十三分，超勇渐难支持，右舷倾斜，海水淹没甲板。……扬威受伤后……只得驶离战场施救，又复搁浅。"

（按：作者已修改《北洋舰队》一书的说法。）

姜鸣《龙旗飘扬的舰队》第336页载：

"第一游击队……包抄中国舰队右翼薄弱的超勇、扬威……终于燃起熊熊大火，超勇舰体渐渐向右舷倾斜……至1时30分沉没……扬威……火势蔓延，接着军舰开始下沉……向北面大鹿岛方向撤退，后来搁浅在近岸海边。"

持怀疑的记载有：

苏小东《方伯谦案质疑》（《方伯谦研讨集》第72页）：

"据哈富门记述：'进港（旅顺口港——编者）途中，我们与另一艘船发生了碰撞，那艘船沉了，从济远舰尾被撞坏的情况看，我想是那艘船撞了我们……'……已足以证实'撞船'确有其事……济远与扬威相撞的可能性就依然存在。诚然，这也是一种推论。"

（按：扬威搁浅是在大鹿岛附近近岸海边，而哈富门记述是在进入旅顺港口港途中。）

三、关于首先逃跑问题

这是丁汝昌给清政府上报的方伯谦三条罪状之三。

(1)说"济远"首先逃跑的记载

李鸿章光绪二十年八月二十三日酉刻寄译署电：

"前饬丁汝昌查明海军接仗详细情形，顷据电称：十八与日开战……自致远冲锋击沉后，济远管带方伯谦首先逃回……"

姚锡光《东方兵事纪略》（《中日战争》〔一〕第67～68页）：

"济远见致远沉，大惧，转舵将逃，撞扬威舵叶……济远既逃，广甲随之……"

包遵彭《中国海军史》下册第959页载：

"致远弹药尽……遂鼓快车，疾驶以突吉野，吉野即驶避，而致远中其鱼雷……须臾沉没，时约为午后三时半。"

"济远见致远沉，大惧，转舵逃向旅顺，广甲随之。"

"靖远、经远、来远不能支，亦驶出阵地逃避……靖远、来远避至大鹿岛侧而经远管带并大副二副先阵亡，船行无主，四时半被击沉。"

戚其章《北洋舰队》第115页载：

"济远管带方伯谦看到致远沉没，却吓得大惊失色，方伯谦本是一个贪生怕死的胆小鬼，在丰岛海战中即曾作过可耻的逃兵，其为人狡诈阴险，水手们给他起了个绰号叫'黄鼠狼'。海战开始后，他无心作战，只是四处乱窜，躲避敌弹，各舰水手目睹方伯谦的丑恶表演，无不恨之入骨，皆切齿骂道：'满海跑的黄鼠狼'……既见致远中弹炸沉……转舵逃跑……遂误至水浅处，适遇扬威铁甲船，又以为彼能驶避……不知扬威先已搁浅，不能转动，济远撞之，裂一大穴…扬威立沉于海。"

吴杰章、苏小东、程志发《中国近代海军史》第232页载：

"方伯谦、吴敬荣……先后率济远、广甲逃出战场，并将扬威舰撞沉，广甲也搁浅，济远、广甲的逃跑在很大程度上削弱了北洋舰队的作战实力，……使其得以集中攻击经远等舰，济远、广甲的逃跑对于全军士气无疑也是一个极坏的影响。"

戚其章《甲午战争史》第155页载：

"致远沉没后……济远、广甲二舰远离本队，处境孤危，开战后济远累中敌炮，二副守备杨齐洛阵亡，共伤亡十余人，济远管带方伯谦'先挂本舰已受重伤之旗'，及见致远之沉，遂转舵西驶，于下半夜二时许遁回旅顺，广甲管带吴敬荣见济远西驶，也随之而逃，夜半时，驶至大连湾三山岛外……触礁进水，不能驶出，遂致搁浅，吴敬荣纵火登岸。"

姜鸣《龙旗飘扬的舰队》第340页载：

"济远管带方伯谦见致远沉没，大惊失色，便驾舰退出战场，向旅顺口方向逸去，广甲管带吴敬荣见状仿效，这时，靖远、经远、来远也负弹累累，火势蔓延，便随之而去，4时16分，平远、广丙也因负伤，退出战场。"

孙克复《方伯谦被杀案考析》（见《方伯谦问题研讨集》第36页）：

"……丁汝昌'济远首先逃避'广甲随逃'的电禀，是符合事实的……广甲退逃于午后一点多钟，触礁于当夜11时（子刻）许，从退逃到触礁历10余小时，考海战战场距旅顺口约130海里，广甲触礁地点距旅顺口17海里，从战场至触礁地点相距约103海里，……以时速13海里计算，则10余小时必到达旅顺口，不会在子刻（午夜11时至1时）方驶至大连湾外，相反，只有广甲于3时30分后随济远退逃，行至三山岛约需8个小时，因而于子刻触礁，这在时间上方为合理。"

（按：广甲触礁地点距旅顺口应27海里，从战场至触礁地点相距103海里，以13海里时速计，需8个多小时，则午夜11时倒计8个多小时，即下午约3时前，济远是3时30分致远沉后退离，则广甲似应比济远早离。）

王琰《大东沟海战与方伯谦冤案》（《方伯谦研讨集》第93~94页）

"《北洋舰队·黄海海战》可称得上是篇奇文……作者说致远于下午3时沉没，济远惧而逃走，广甲随逃，日本第一游击队尾追不舍，终因相距过远折回……第一游击队既在下午3时以后追击济远，又是'尾追不舍'，又怎么能在下午3时以前折回来，越过定远、镇远去攻击经远，并且在下午3时把它击沉呢？……作者描述的海战经过在时间上显示出了矛盾和混乱，这是由于不真实所致。"

(2)说"广甲"首先逃跑的记载

《冤海述闻》（《中日战争》〔六〕第88~89页）：

"济远、来远、经远亦被围着火……广乙（应广甲）则已遁逃出围矣……广甲自午开仗，约一点钟时，即离队，夜十一点钟至大连湾三山岛外……触石进水。"

《卢氏甲午前后杂记》第27页：

"致远既覆，超、扬既火，广甲尤胆落，急返棹而逃……济远当敌之冲，迎击既久，炮多炸裂倾倒，无以应敌，于是亦逃。"

郑天杰，赵梅卿《中日甲午海战与李鸿章》第305页载：

"战报发于廿三日，距十八日作战已有五天，既所谓'难以分清，逐细查明'，又怎能妄断'方伯谦首先逃回'，而'扬威……又为济远拦腰碰坏……'等等，均非事实。"又同书第139~140页载："查：所谓丁汝昌战报有'济远首先退避……广甲随逃……'之语，其实，广甲先已离队，且未受伤，广甲速率较"济远为慢，其搁在大连湾外三山岛之时间乃在济远抵旅顺之前，可为真正先离之确证，三山岛距旅顺约27里，广甲搁浅三山岛之时间较济远到达旅顺之时间早三~五小时。"

王琰《大东沟海战与方伯谦冤案》（《方伯谦研讨集》第104~105页）：

"广甲是9月17日夜11点多（中国标准时）……搁礁的……战场距三山岛130海里……此时航速约12.5海里……逃至三山岛约需10个多小时，那么离开战场时间应是9月17日午后1点左右……如果午后2时30分以后才随逃当夜11时它不可能行驶到三山岛一带海域。"

戚其章《中日甲午战争研究四十年》（见《历史教学》（天津）1991年2月）：

"卢氏所记仍不能使人无疑，因方伯谦自称，济远于下午3时以后驶离作战海域时，只见'致远被沉'，包括经远在内的'余船仍在交战'。而卢氏所记，广甲逃时经远则已受重伤，与方氏所说是矛盾的，这只能解释为广甲逃在济远之后。"

季平子《论陷害方伯谦的三项罪名全部出于捏造》（见《方伯谦研讨集》第20页）：

"仔细阅读《杂记》全文，把广甲逃时战场情况和济远撤退时的战场情况相对照就可以断定谁先谁后了。《卢氏甲午前后杂记》说：'致远既覆超、扬既火，广甲尤胆落，急返掉而逃……济远当敌之冲，迎击既久，炮多炸裂倾倒，无以应敌，于是亦逃，斯时也，超、扬已沉，经远管带林钟钦(卿)阵亡，其将弁已阵亡殆尽，遂退于山边，在队者仅镇、定、靖、平四艘。'广甲逃跑时超勇尚在着火，济远撤退时超勇已沉没，谁先谁后，这个记载最清楚不过了，济远撤退时，经远已退山边，平远仍在作战，可见方伯谦所谓'余船'包括平远，不包括经远。"

英水师提督斐利曼特而语录(《中日战争》[七]第551页)：

"广甲因先逃之故驶近大连湾浅滩遂致自行毁失。(斐军门指广甲而不及济远，知方伯谦之罪尚可从末减也……"

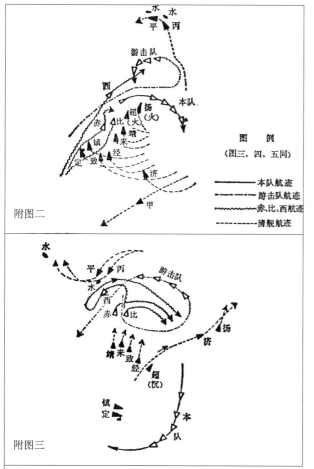

据《日清海战史》附图二，广甲已先离战场；附图三，济远尚在战场，而广甲已不在。亦可证明广甲确比济远先离战场(转见张侠、杨志本等编《清末海军史料》第946页)。

(3)"扬威"先逃的记载

张荫麟《甲午中国海军战迹考》(见《张荫麟文集》第188页)：

"是役也，扬威实最先离阵，而奏报讳言之，因欲成方氏'首先驶逃之罪也'，奏报又谓扬威为济远触坏后'驶出，至浅水而沉'，一若济远退时，扬威尚在战场中者，实则即使奏报所言，济远逃在致远甫沉之后，时已三时三十分，距开战已两小时半，而扬威之退，实在开战之初，此时安得与济远在阵地相撞？"

(台湾)三军大学编著《中国历代战争史》(第17册)第211页载：

"济远与广甲之战绩，传说大异其辞，李鸿章之奏报谓济远先逃，广甲继退，济远舰长方伯谦且于战后一周正法。然据济远中洋员哈富门之报告，则谓该舰诸炮，因继续发射过久受损，其机械不能运动，方管带始命退出云。日本海战阵势图，亦谓济远之退在经远沉没之后。按鸿章之报告，系以刘步蟾之陈述为根据(战后丁汝昌因伤养病，刘代提督)，刘之有意陷害方氏，殆无可疑。是役也，扬威实首先离阵，而奏报讳言之，因欲成方氏'首先驶逃'之罚耳。"又同书第209页载：

"日游击队拂清军右翼时，扬威首当其冲，中弹起火，旋驶出战线外，至海洋岛附近，陷焉，管带林履中蹈海死。"又同书第211页载：

"是役也，扬威实首先离阵，而奏报讳言之，因欲成方氏'首先驶逃'之罚耳。奏报中又谓扬威为济远触坏后，'驶出，至浅水而沉'，尤为谎谬不确。"

程伟国《百年冤案今评说》(《方伯谦问题研讨集》第124页)：

"李鸿章为刘步蟾所拟电报欺骗，认为是济远首先逃离，因此一开始曾为致远管带邓世昌……以及扬威管带林履中请恤。后来在方伯谦被杀之后，当他了解到扬威首先逃走的事实后，就去除了林履中和扬威舰官兵，只为邓世昌、林永升、黄建勋和致远、经远、超勇3舰官兵请恤，甚至还请求处分扬威帮带大副郑文超，由此可见'首先逃走'的不是激战3小时之久的济远，而是扬威，其次，在济远和广甲两舰中又是谁'首先逃走'的呢?据……《中东战纪本末》记载:广甲因先逃之故,驶近大连湾浅滩,遂致自行毁失。……《卢氏甲午前后杂记》中更有详细记载……可见广甲先于济远而逃,广甲未中一弹而济远伤痕累累是有力的佐证;而且从退出战场的原因和性质来看,济远和广甲有着本质的不同……方伯谦并非临阵脱逃……更不存在'济远首先退避''广甲随逃'的问题。"

(4)"济远"非逃的记载

季平子《论陷害方伯谦的三项罪名全都出于捏造》(见《方伯谦研讨集》第19页):

"济远系因船炮在战斗中受损无以应敌而撤退,则是否首先,可以不论,因为它既是受损伤无以应敌而退,不论它先他船而退,还是后他船而退,都同样是无罪的。……那个捏造济远首先逃跑的电文……竟可作为'首先'二字系出于捏造的证据……该电文把所有事件的时间一概略去不提,首先从致远沉,济远逃写起,只有略去所有时间,才可以从致远沉、济远逃写起,才能加'首先'逃跑罪名于方伯谦,可见电文中略去所有事件的时间,正是该电捏造方伯谦'首先'逃跑的证据。"

赵捷民《三论方伯谦冤案问题》(《方伯谦问题研讨集》第25页):

"黄海大战时,首先是丁汝昌、刘步蟾指挥错误,初战,中国军舰即处于不利地位,多舰被伤,致远、经远沉没,济远也被重伤……回旅顺较早,为的休整,不算先逃。"

林濂藩《中日甲午海战百年祭》第60页载:

"济远初为浪速、秋津洲所追击,乃运用技巧,包括蛇行运动及直线间歇快慢运行技术,交叉运用……且战且走,然此时济远中弹已多,舱面炮械近于全毁;追经远被击沉之后,吉野、高千德转舵回航,加入浪速、秋津洲追击行列,共击济远,济远以一敌四,处境甚为危殆。所幸为时甚暂,日先锋队即被日本队号令召回归队,济远之威胁乃获解除,故终黄海之战,济远始终在阵,既无逃遁,亦未离阵,只是其作战战场,被迫与主战场隔离,不在一处而已,旋即返回旅顺,于

翌晨丑刻抵达。"

王琰《大东沟海战与方伯谦冤案》(《方伯谦研讨集》第101页):

"济远先于大队5小时回旅,并不奇怪。济远……实际航速13.5海里/小时行驶……距旅顺约130多海里,10小时左右可返回基地,济远是9月17日午后近4时(中国时间)西撤、翌日晨2点多进港、时间吻合,海战在午后4时30分结束,午后5时30分以后北洋大队才得以西撤,西撤地点距旅顺约150海里,航速约11海里/小时,翌日晨7时多返港,时间亦吻合。故返港时间有差是十分自然的,丝毫不能说明济远战阵先逃。"

林濂藩《中日甲午海战百年祭》第160页载:

"济远在日先锋队被召回队之同时,自行离开战场返回,确系事实,但它不是未战先回,也不是不战而回,自当日下午12时50分始,直至3时30分致远……被击中沉没为止……济远始终都在阵中,与敌浴血奋战,未曾稍懈。在鏖战中,济远中炮70余处,官兵死亡7人,伤者14人,战况惨烈,船头受伤漏水,炮械损坏,无力再战。若论退离战场之先后,则济远绝非最先,最先退离者,应是超勇与扬威。"

徐彻《方伯谦被杀一案考析》(《辽宁师范学院学报》社科版1981年3月):

"济远的退避是主动的战术退却,根本不是仓皇逃走,一艘兵舰,当已失去战斗力时,是主动退却、保护有生力量为上策呢?还是不顾一切、不计后果,生打硬拼为上策呢?还是无计可施、被动挨打为上策呢?我认为,似应以主动退却、保护有生力量为上策,济远舰正是如此。"

程伟国《百年冤案今评说》(《方伯谦问题研讨集》第123~124页):

"近来,更有人以邓世昌来苛求方伯谦。他们认为:即使是炮打不响了……也应采用撞击战术……邓世昌撞舰的壮举,确实令后人称颂,但却很难奏效……试想在炮打不响的情况下,慢速的我舰又怎能撞沉装备精良的高速日舰?日舰即可早早规避,又能以鱼雷或炮火从容击沉我舰,因此,在

战舰失去战斗力之时,主动撤离,保舰而归应是可取的。"

(5)提出一个疑问

北京师范大学历史系龚书铎教授发言(见《方伯谦研讨论集》第610页):

"……说济远舰牵乱队伍,实际上是不存在的,因为队伍乱的比较早,主要是由于指挥失误,包括后来旗舰的舰旗被日舰打落造成的,所以不存在济远离阵导致队伍牵乱的问题,这一点大概是不成问题的,另外说济远逃跑中撞沉了扬威,从研究结果来看,这也不是事实,现在主要一个问题是方伯谦到底是不是逃跑?……新发现的《卢氏甲午前后杂记》非常有价值,但也有一点疑问……两处讲到济远舰,说它'迎击既久,炮多炸裂倾倒,无以应敌,于是亦逃',后面还有一个地方也讲到'先是济远以炮械炸裂、掀翻,不能用,无以应敌,故自大东沟逃归旅顺'两个地方都用了'逃'字……为什么卢毓英用了两个'逃'字,这一点我有疑问……'逃'字有点贬义,为什么这样写?"

(6)济远撤离战场的原因

(1)认为是贪生怕死的记载有:

戚其章《北洋舰队》第215~216页载:

(按:系根据来远水手陈学海口述记录整理——编者)

"济远打得不行,济远船主姓黄(按:即方伯谦,黄方音近)是个熊蛋包,贪生怕死,光想躲避炮弹,满海乱窜,各船弟兄看了,没有不气愤的,都狠狠地骂:'满海跑的黄鼠狼'……致远船主邓半吊子(按:即邓世昌)真是好样的,他见定远上的提督旗被打落,全军失去指挥,队形乱了,就自动挂起统领的督旗,……舰队回到旅顺,济远已经先到,黄(方)船主等候在码头上,他向丁统领请过安后,就跪下请罪,丁统领冷笑说:快起来,快起来!不敢当,不敢当!黄(方)管带腿好快啊,当时就把黄船主押到海军公所,八月二十二日,天刚蒙蒙亮,黄船主就被押到黄金山下大坞西面刑场上……"

(2)否定是贪生怕死的记载有:

刘志坚《"济远"撞坏"扬威"之说辨析》(《方伯谦问题研讨集》第191~193页):

"陈学海的口述……漏洞百出,除了把方伯谦的姓名记错外,还有第一,把致远沉济远退的顺序颠倒了……丁汝昌亦称济远在致远沉后逃走,第二,把北洋舰队回到旅顺的时间弄错了,黄海海战到傍晚才结束,根本不可能在傍晚六点回到旅顺,这是不证自明的事实,第三,按陈的说法,丁汝昌一到旅顺就……把方伯谦关押起来……很明显这是陈学海自编的。第四,方伯谦被杀不是八月二十二日。陈学海是来远舰水手……引用的这段话,谬误百出……很难具有历史资料的价值。"

王民《方伯谦问题研究述评》(《方伯谦研讨集》第502页):

"再检否定方氏的史料,除原'来远'舰水手陈学海的口述对方伯谦在离开战场前的表现有所描绘外,其他均未见涉猎,陈学海的口述是60多年后的回忆,其中漏洞百出,显然难当信史。"

(按:自动挂起督旗的不是"致远",而是后来的"靖远"。)

林濂藩《中日甲午海战百年祭》第160页载:

"牙山之役以一敌三尚无怯惧,黄海之战舰船云集,讥其畏战图逃,似乎不合逻辑……方伯谦聪颖过人,不会不知军中纪律定逃军之罪刑罚如何,亦不至知逃军之后个人声誉损失又将如何,故作者认为方伯谦不是生性怕死之人,在黄海海战中不可能有不战而逃之想法,更不敢有不战而逃之存心。"

(3)认为是炮械俱坏无以为战的记载有:

《冤海述闻》记述(见《中日战争》〔六〕第88~89页):

"……初敌分4船截击经远、济远、迨经远沉,遂并力击济远……济远被倭4船截断在西,且船中炮械全无可战,只得保船西驶,倭船鉴于牙山之役,恐我诱敌,不敢穷追,不然示齑粉矣。"

《卢氏甲午前后杂记》记述(见《方伯谦研讨集》第551页):

"当余附搭济远归旅时,曾巡视其船,受炮之处大小不下数十,前后大炮以及边炮皆毁倒卧舱面,非妄言也。"

《冤海述闻》(《中日战争》〔六〕第88页):

"济远……炮座因放炮不停,炮针及螺钉俱震动溃裂,致炮不能旋转前大炮放至数十出,炮盘熔化,钢饼钢环坏不堪用,全船各处通语管亦被击坏……船中炮械全坏,无可战,只得保船西驶。"

哈富门("济远"舰洋员)述其身历所见情形如下(见Johnl.Rawlinsor著《中国清朝发展海军之努力》第194页):

"那是我所能梦想中最猛烈的战斗,方管带勇敢而能干的指挥济远作战,舰上已阵亡七、八人,我们尽力所及持续快速炮击,直到下午二、三时,其时我们受伤惨重,必须脱离战场,我们舰尾十七生克虏伯大炮被击坏,舰首两炮钢环齿轮亦被击毁,致不能用,事实上,济远已无可战,所以方管带乃决定脱离战场……我从不能想像那些说方管带惧逃的话能得到支持,他指挥济远作战一直至战无可战。"

(4)认为炮械系巨锤击毁(自己破坏)的有:

泰莱《甲午中日海战见闻记》(《中日战争》六第51页):

"济远各炮为巨锤击坏,以作临阵先逃之藉口……"

戚其章《方伯谦被杀是一桩冤案吗?》(见《中日甲午战争史论丛》第158页):

"据《冤海述闻》说,济远'大炮放至数十余出后,或炮针及螺丁俱震动溃裂'或'炮盘熔化',皆'坏不可用。'有这样的奇事吗?如果照此说法,那么为什么丰岛海战时'连发后炮四十余出'却没有出现这种情况?岂非相矛盾!又为什么其他战舰打得时间更长,也没有发生这种情况?这该当如何解释?"

苏小东《"方伯谦案"质疑》(《方伯谦问题研讨集》第68页):

"越是表面上看来不可能是真实的,往往越有可能是事实……洋员泰莱本是海军出身……如果他有意陷害方伯谦,为什么要捏造一个'不攻自破'的罪名?况且,当时舰上配备'巨锤'并非是不可能的事。"

(5)否定炮械系巨锤击毁的记载有:

郑守正《方伯谦是被陷害致死》(《方伯谦问题研讨集》第134页):

"济远号大炮口径为20厘米,炮械全是纯钢制成,且砸毁舰上炮械军器,军律罪可至死,谁敢为之?谁能为之?泰莱这种'巨锤击坏……'荒谬可笑的记述是'落井投石'的诬

害,世人怎能相信!"

孙克复《方伯谦被杀案考析》(见《方伯谦问题研讨集》第40页):

"从以上两名海战参加者(指卢氏及洋员哈富门)的记叙看,济远炮械毁损确实相当严重,但其毁损既非如泰莱所说的'巨锤击坏',也非如《冤海述闻》所记因'发炮不停'以致'炮盘熔化'炮针及螺丁俱震动溃裂,而是被敌炮所击毁,倒卧舱面,这是合理的,可信的,这说明,济远确实是在经过两个多小时的激战之后,在人员伤亡和炮械损毁相当严重的情况下而中途退避的,并非方伯谦先将各炮以'巨锤击坏以作临阵先逃之借口',事实上数吨重的舰上大炮何能以锤击坏?且战场破坏武器,罪行重大,即使方伯谦有意破坏,何人敢冒杀头之罪甘当此任?"

林谦藩《中日甲午海战百年祭》第161页载:

"所谓'巨锤击坏'系出自泰莱之个人说词,并无事实根据……请问所谓'巨锤'究竟有多巨?济远……炮械亦系德制,纯由精钢所制成,岂是一般铁锤所能击毁……纵使果有此巨锤,又是何人出手锤击?……舰上炮械系属军器与公器,任何官兵,如任意加以毁损或破坏,在军中罪可至死……谁又敢予负责执行?……若(方伯谦)授意……罪在不赦,何以……士兵竟然不加以拒止?事后又不加以举发?只此一项罪名,已足置方伯谦于死地而有余,更何劳李鸿章千方百计找寻借口……由此可知,此事纯是泰莱与方伯谦平素不睦,乃趁此机会,挟嫌诬蔑,对方伯谦落井下石作为报复。"

"又(在济远担任总伴之洋员)哈富门战后回旅报谓'该舰诸炮因继续放射过久受损,其机械不能运转,方管带始命退出',似属可信,而张荫麟先生亦认为哈富门不见得有为方伯谦完谎之必要。……济远战时作战受损,船炮均有损坏,非虚构之词。"

(6)持怀疑者的说法:

北京师范大学历史系龚书铎教授发言(见《方伯谦研讨集》第611页):

"方伯谦舰上的船械和大炮是日舰击毁的还是铁锤击坏的……泰莱说是铁锤击坏的…《卢氏甲午前后杂记》和

《冤海述闻》都是说被日舰击毁……泰莱……如果是假报告,有什么东西证明他是假报告?而卢氏当时为广甲管轮,又曾搭乘济远舰也是亲眼所见,那么两个当事人说法不一,到底哪一个可信?……"

(按:"泰莱"不是"济远"舰洋员,而卢氏虽是"广甲"管轮,但亲自搭乘"济远"舰,是个亲眼所见的人,而洋员哈富门却是"济远"舰总伃,始终在舰上,哪个可信,不判自明。)

(7)"济远"撤离战场的时间

(1)一说在"致远"沉之后:

李鸿章光绪二十年八月二十三日酉刻寄译署电:

"自致远冲锋击沉后,济远管带方伯谦首先逃回……"

(按:济远撤离战场,一般多持此说,请见前面记载,致远沉没的时间:下午3时30分。)

(台湾)三军大学编著《中国历代战争史》(第17册)第210页载:

"(游击队)既至,拟将清致、济、经三舰驱出阵外、致远久战之后,船伤弹尽,管带邓世昌,念己舰不能全,当与敌共碎……逐鼓轮向吉野猛冲,未至,过定远前,适撞敌方射攻定远之鱼雷……顷刻沉没,时同日(十八日)下午三时卅分。"

季平子《论陷害方伯谦的三项罪名全都出于捏造》(见《方伯谦研讨集》第17页):

"济远于致远沉(下午3时30分)后撤离战场……'从战场至旅顺约130海里,济远原航速为每小时15海里,实际航速为12.5海里'(按:原注是据戚其章《方伯谦被杀是一桩冤案?》,并指出该文计算误为'十一个多小时'——编者),时速为12.5海里的济远,航行130海里,需时10.4小时,即10小时又24分,从十九日上午2时济远到达旅顺(按龚照玙报告'丑刻到旅'计算,不按《冤海述闻》等书'四点二刻'到旅计算),上推10小时24分,为十八日下午3时36分,这便是济远撤离战场的时间。"

(按:"济远"丑刻回旅大队卯刻回旅丑刻系1～3时,卯刻系5～7时,其相距时间最短2小时(即济远3时回,大队5时回),其相距时间最长为6小时(即济远1时回,大队7时回)。其他相距3、4、5小时亦在丑刻与卯刻范围内均可,但此均主观

推测,都不符事实。只有《冤海述闻》记载4点2刻到旅,但又系孤证。供参考。)

林濂藩《中日甲午海战百年祭》第59页载:

"15:30(日先锋队)将我致、经、济3舰划出阵外(致远)受伤倾侧,炮弹将尽,管带邓世昌念已舰既不能全,亦当与敌共碎……不意撞及敌方射击定远之鱼雷……顷刻沉没,时为15时30分。"

姜鸣《龙旗飘扬的舰队》第343页载:

"3点30分,致远沉没,济远、广甲相继逃离战场,接着靖远、经远、来远、平远、广丙也陆续退出,使得正面海战场上仅剩定、镇两舰,顶住5艘日舰的轮番进攻。"

(2)一说在"经远"沉之后:

(台湾)三军大学编著《中日历代战争史》第17册第211页:

"……日本海战阵势图,亦谓济远之退在经远沉没之后。"

林濂藩《中国甲午海战百年祭》第60页载:

"16:00日第一游击队分头向……经远、济远实施追击。经远往东、日吉野、高千穗追之往东;济远往西、日浪速、秋津洲两舰追之西去,吉野、高千穗……夹击经远,经远舰中火起,舰体向左倾斜,至16时40分沉没,……追经远被击沉没之后,高千穗、吉野转舵回航,加入浪速秋津洲行列,共击济远,济远以一敌四,处境甚为危殆,所幸为时甚暂,日先锋队即被日本队号令召回归队,济远之威胁乃获解除,故终黄海之战,济远始终在阵,既无逃遁,亦未离阵,只是其作战战场,被迫与主战场隔离,不在一处而已,旋即返回旅顺,于翌晨丑刻抵达。"

(经远沉没的时间:下午4时40分之后)

《日清海战史》转见《清末海军史料》第875页载:

"至四点四十八分,经远左舷倾斜,火起,舰底现出水面。"

军事科学院《中国近代战争史》第二册页158载:

"'致远'沉没后,'济远'管带方伯谦和'广甲'管带吴敬荣,贪生怕死,临阵脱逃。日第一游击队尾追不及,又折回猛攻已受伤的'经远'。约17时左右,'经远'沉没。"

姜鸣《龙旗飘扬的舰队》第340页载：

"第一游击队4舰追击靖、经、来至大鹿岛一带,首先集中攻击经远……至5时30分,(经远)从左舷翻倒海中,不久沉没。"

戚其章《甲午战争史》第156页载：

"济远、广甲之遁,日舰第一游击队曾随后追击,因相距过远而折回,转而绕攻经远……在激战中,林永升不幸中弹身亡……在'船行无主'的情况下……士兵……决不后退一步……(后)在烈焰中沉没。"

(按:"经远"之沉,戚书未言沉没时间,但归海战的第二阶段,即从下午两点半到3点20分,而与"致远"同时被沉,值得商讨、质疑。)

(3)一说战到底：

《冤海述闻》记述(见《中日战争》〔六〕第89页)：

"……及天昏黑,犹望见倭船在该处打灯号,放火箭,招呼击济远之4船收队也。"

林濂藩《中日甲午海战百年祭》第60页载：

"17:30海战完全终止,日舰队除比睿、赤诚、西京丸3艘已先离阵返回基地外,先锋队因追击经远、济远而远离队,至是乃以号令召回,于18时返回归队。"

王琰《大东沟海战与方伯谦冤案》(《方伯谦研讨集》第97~98页)：

"(日方记载)经远是被高千穗和吉野追上夹击打沉的,这与中方的一些记载相合……那么第一游击队的浪速和秋津洲二舰这一期间在原战场与谁交战呢?……回答只能是方伯谦管驾下的济远号,当时广甲早逃致远沉没,经远避往大鹿岛方向,西战场只可能尚存济远一舰……致远沉后,日舰高千穗、吉野向大鹿岛方向追击经远,浪速、秋津洲夹攻济远……综合中、日和西方的记载,可以有力地证明致远沉没后,济远非但没有马上逃走,反而是唯一留在西战场死战不退不避的中国战舰。"

(4)持不同意见的说法：

姜鸣《龙旗飘扬的舰队》第340~341页载：

"由于经远与敌相持,使得靖远、来远得以扑灭火焰……当日舰见经远即将沉没,掉头前来攻击时,二舰背倚浅滩,沉着应战,直到战斗尾声…此时只剩定镇两舰,日本舰队本队5舰环绕定镇继续猛攻。"又同书第341页载：

"5时45分……伊东……于是下令升信号旗招唤第一游击队归队,一起驶回临时锚地……靖远、来远见日舰退去,便往定、镇两舰方向驶去。……靖远管带叶祖珪,知道定远桅楼被毁,主动升旗,招集其他军舰集中……尾随日本联合舰队撤退方向追击了一阵,便转舵返回旅顺口。"

戚其章《甲午战争史》第164~165页载：

"下午五时许'靖远、来远修竣归队'……都恢复了战斗力……叶祖珪……代替旗舰升起收队旗,于是,来远、平远、广丙……也出港会合……定远、镇远…又有诸舰复来助战,北洋舰队的声势益振……"

"到下午五点半,日舰本队各舰多已受伤,无力再战,伊东祐亨见北洋舰队集合各舰……遂发出'停止战斗'的信号,但是,他又不等第一游击队驶来会合,便下令向南驶逃。北洋舰队'定、镇、靖、来、平、丙六舰相距各八九嗹鱼贯东行',尾追数海里……便转舵驶向旅顺。……直到下午六点第一游击队才赶上本队。"

(按:①此时与"定远"、"镇远"作战是日本本队各舰。

②不等第一游击队驶来会合,便下令向南驶逃,可见这时第一游击队不和本队舰队在一起与定、镇交战。

③这时定、镇、靖、来、平、丙等舰都在战场,第一游击队则与何舰交战?超、扬、致、经早已沉没,由此推断第一游击队只能在追赶"济远",所以不在主战场。)

另据日本海军有终会编《近世帝国海军史要》第五篇,第七章第二节《日清战役》(转见《清末海军史料》第861页)载：

"日暮渐薄,伊东司令长官命令第一游击队与主队会合,追击逃敌的第一游击队是在击沉经远号之后又继续追击残敌时收到与主队会合命令的。"由此可知,第一游击队是在击沉经远号之后又继续追击残敌,这个残敌显然是济远无疑,因为没有其他清舰了。"

《冤海述闻》记述(见《中日战争》〔六〕第89页)：

"按是役,战阅三时,定远、镇远两船共中大小弹二百余处,阵亡共十余人;靖远中弹数十处,阵亡二人;来远中弹百余处……阵亡十余人;平远中弹二十余处,广丙中弹数处;济远中弹七十余处,阵亡七人,伤者十三人,炮械全坏,以被倭船4艘截击,不得与各船会队,以夜四点二刻到旅顺,各船以6点钟亦到,相隔仅片时也。"

(8)日旗舰"松岛"究竟为"定远"还是为"镇远"舰击伤问题

(1)认为被"定远"击伤的记载有:

戚其章《甲午战争史》第162页载:

"战至下午三点半钟,当定远与日本旗舰松岛相距大约两千公尺时,由枪炮大副沈寿堃指挥'发出之三十公分半大炮炮弹,命中松岛'……"

张墨、程嘉禾《中国近代海军史略》第274页载:

"15时30分,定远发射的30.5厘米大炮,命中日联合舰队旗舰松岛……舰体倾斜……司令伊东海军中将被迫在16时10分发出信号……"

吴杰章、苏小东、程志发《中国近代海军史》第228页载

"3时30分,当定远与日本旗舰松岛相距约2000公尺时,定远舰发出之三十公分半大炮命中松岛……"

(2)认为被"镇远"击伤的记载有:

泰莱《甲午中日海战见闻记》(《中日战争》(六)第49页):

"我方十吋炮之三巨弹,其一射入日舰松岛之腹内,轰之,惟未沉之,称此弹之功者,镇远舰之赫克曼氏也。"

麦吉芬《鸭绿江之战》(转见《中日甲午战争与李鸿章》第102页):

"约在三时左右,松岛与镇远相距约1700公尺,我们对他攻击……日旗舰被击中……这一弹使日方的13吋径大炮失灵……官兵49人死亡……"

英斐利曼特而(水师提督)论述《鸭绿江之战》(转见《中日甲午战争与李鸿章》第116页):

"松岛督船正与镇定二舰酣战之际……不料镇远舰一大弹,遽打入船……死伤人数不下五十众……"

张荫麟《甲午中日海军战迹考》(转见《方伯谦研讨集》第307页):

"方镇远掩蔽定远时,松岛近之,为其十吋口炮之开花巨弹所轰……伟哉镇远一弹之力,称其功者洋员赫克曼也(李鸿章之奏报,以此弹为定远所发,其误据刘步蟾冒功之报告无疑也)……"

(台湾)三军大学编著《中国历代战争史》(第17册)第211页载:

"日旗舰松岛为我镇远十吋二大炮开花击中……炮毁不能再战,遂退出阵外,镇远中弹亦夥……战后李鸿章奏报,谓此弹乃定远所发,此乃据刘步蟾之冒功报告也。"又同书页213载(17册):"(刘步蟾)战后利用职权(代理提督)冒他人之功(镇远巨弹击中吉野(应松岛)而报为己舰定远所发)谎造军情,自己居首功,而得记名提督之偿,无耻之极。"

(9)丁汝昌伤重与非重问题

丁汝昌电(见《李文忠公全集·电稿十七》第24页)载:

"十八日与日接仗,昌上望台督战,为日船排炮将定远望台打坏……昌右边头面以及头顶皆被烧伤……现在头脚皆肿,而手流血水,两眼不能睁开,口流黄水,脚日见肿,皮肉发黑,疼痛异常,言语稍多,心即摇摆不宁,无以自主……"

泰莱《甲午中日海战见闻记》(见《张荫麟文集》第563页)载:

"……提督堕在何处,予亦不悉,彼腿部压伤,深受挫折,或欲昇入内舱内,提督拒之,坐于上层结构之甲板内,以观士兵作战,并使士兵见之。"

郑天杰、赵梅卿《中日甲午战争与李鸿章》第306页载:

"奏稿后段,且谓'提督丁汝昌,统率全军,身当前敌,受伤后犹复舆疾往来,未尝少休,激励将士,同心效命……'查丁伤后,根本无'舆疾往来'之事……李之妄报,一面加强丁之功勋,而一面衬以方伯谦之罪过,似此才功过分明,而大东沟败战,始可诿之于方氏矣。"

龚照玙电(见《李文忠公全集·电稿十七》第21页)载:

"顷晤丁提督,见其右臂半边被药烧烂,左臂为弹炸望台木板击伤,幸不甚重。"

(三)方伯谦是冤非冤的问题

一、认为是李鸿章、丁汝昌为转移朝野舆论的攻击,寻找的替罪羔羊

(1)丰岛(牙山)海战后李、丁之处境

郑天杰、赵梅卿《中日甲午战争与李鸿章》第300页载:

"由于丁提督之未往接应,招致牙山海战之败绩,乃引起朝野同声斥责丁汝昌之畏葸,而力促撤换,此事之责任原在李鸿章,而不在丁汝昌,丁汝昌亦有口难言,无法辩白,只好诿过于原有嫌隙之方伯谦,且不惜散布谣言,谓方伯谦不战而逃,而借用汉纳根或泰莱之语以实之。"

〔按:丰岛海战后,丁汝昌屡遭奏参并涉及李鸿章,参文见《中日战争》(三)第39~79页,不另摘要。〕

李鸿章为保丁,电寄丁汝昌,嘱其纠参林泰曾、方伯谦,否则"祸将不测,吾为汝危之",原电如右《寄丁提督》。

大东沟海战当日,即光绪二十年八月十八日,李鸿章受到清政府"著拔去三眼花翎,递去黄马褂"的处分,上谕如下:

军机处会拟之上谕一"光绪二十年八月十八日内阁奉上谕……北洋大臣李鸿章总统师干,通筹全局,是其专责;乃未能迅赴戎机,以致日久无功,殊负委任;著拔去三眼花翎,递去黄马褂,以示薄惩……钦此。"(见《中日战争》(三)第101页)。〕

(见《中日战争》(四)P269)

(2)黄海海战后的处境

林庆元《关于"方伯谦冤案"》(《方伯谦问题研讨集》第53页):

"北洋海军在大东沟战役中的失利传出后,举国哗然,纷纷要求追究主持者的责任……他们不抛出方伯谦,也就很难保住自己……在丰岛战后,李鸿章就有惩处方伯谦,以为丁汝昌开脱,否则'祸将不测,吾为汝危之'。抛卒救车,这是封建统治者的惯用手法。……李鸿章八月十九日申刻寄丁汝昌,称'接电此战甚恶,何以方伯谦先回?'这无疑暗示

必须追究方伯谦……任何一次战败,清政府都要找几个替罪羊,这次清政府也不会例外。"

陈道章《甲午战败的替罪羔羊——论方伯谦之死》(《研讨集》第153页):

"黄海大战失败了,不处分主将,何以服三军而安人心?李鸿章不保丁汝昌,自身也就难保了,北洋舰队是他苦心经营的,丁汝昌是他亲信,丢失北洋舰队指挥权,也就丢了他的政治资本,在一片弹劾声中,不找个替死鬼,怎能自保呢?于是串通一气,找到方伯谦,不问情由,立即军前正法。……'不察情形,不经审讯,强加罪名,置于死地'。这几句话应是符合客观情况的。"

郑守正《再论方伯谦被杀是冤案》(见《历史档案》1997年3月第82页):

"黄海战败,北洋海军的最高指挥者李鸿章是难辞其咎,舰队提督丁汝昌也是罪责难逃的,为了脱罪,他们千方百计找替罪羊,于是演出了丁汝昌金蝉脱壳,由刘步蟾代提督的把戏。李鸿章于廿一日以丁汝昌督战受伤,请旨准刘步蟾代提督,廿二日旨下,但事实上丁汝昌"伤幸不重'(龚电),并没离职,仍处理军务,廿四日斩方旨下,有了替罪羊,丁汝昌就出头露面,不再躲避……刘只暂代一日,因为丁汝昌如不称伤病退居幕后,仍担任提督而斩方伯谦,则全国上下势必对李、丁大加谴责,诬方三条罪名的二十三日电,就是这样出笼的。"

(3)伪改战报 关于大东沟(黄海)海战有以下4个战报:

寄译署

(第一电) 光绪二十年八月十九日辰刻

旅顺龚照玙效卯急电:丑刻。"济远"回旅,据称,昨上午十一点钟,我军十一舰在大东沟外遇日船十二只,彼此开炮,先将彼队冲散,战至下午三点钟,我队转被彼船冲散,但见击沉敌船四只,我军"定远"头樯折,"致远"被沉,"来远"、"平远"、"超勇"、"扬威"四舰时已不见。该轮阵亡七人,伤亡甚多,船头裂漏水,炮均不能施放,驶回修理,余船仍在交战等语,刻下胜负不知,候有确闻再续禀云鸿。

寄译署

(第二电) 光绪二十年八月十九日申刻

丁汝昌旅顺效已电:昨日在大东沟外,十二点与日船开

仗，五点半停战。我军"致远"沉，"经远"火，或"超勇"或"扬威"一火一驶山边，烟雾中望不分明。刻督"定远"、"镇远"、"靖远"、"来远"、"平远"、"广甲"、"广丙"、"镇中"、"镇南"并两雷艇回旅，尚有两艇未回，"济远"亦回旅。当战时，我军先十船，因"平"、"丙"、"中"、"南"四船在港沪运，未赶上，后该船均到助战。日军十一船，各员均见击沉彼三船。日船快，炮亦快，且多，对阵时，彼或夹攻，或围绕，其失火被沉者，皆由敌炮轰毁。我军各船伤亡并各船受伤轻重速查再电禀云。鸿查此战甚恶，饬将各船被击伤损处赶紧入坞修理，并防日船深入。未回者设法寻觅。请代奏。

〔按：第一电、第二电均无提出方伯谦先回问题。

"广甲"实未回旅（搁礁三山岛），第二电却说回旅，显系有意袒护。〕

寄旅顺丁提督

（第三电）　　　　光绪二十年八月十九日申刻

接电，此战甚恶，何以方伯谦先回？各船损伤处，赶紧入坞修理，防日船复扰。北洋运兵船，在东沟恐日往拿，如"高升"故事，深为危虑。"左一"应暂留护，但不足御大敌，伤亡弁兵若干？并念。鸿。

（按：第三电系李鸿章提示丁汝昌"何以方伯谦先回？"）

寄译署

（第四电）　　　　光绪二十年八月二十三日酉刻

前饬丁汝昌查明海军接仗详细情形，顷据电称：十八与日开战，尔时炮烟迷漫，各船难以分清。现逐细查明，当酣战时，自"致远"冲锋击沉后，"济远"管带方伯谦首先逃回，各船观望星散，日船分队追赶"济远"不及，折回将"经远"拦截击沉，余船复回归队。"超勇"舱内被敌炮击入火起，驶至浅处焚没。"扬威"舱内火起，又为"济远"拦腰碰坏，亦驶至浅处焚没。查战时"定远"、"镇远"舱内亦为敌弹炸烧，一面救火，一面抵敌，皆无失事。"超"、"扬"若不驶至浅处，火即可救。"经远"同"致远"一样奋勇摧敌，闻自该管带等中炮阵亡，船方离队，如仍紧随不散，火亦可救。"广甲"管带吴敬荣随"济远"逃至三山岛东阁礁，连日派船往拖，难以出险，现用驳船先取炮位，再不浮起，只得用药轰毁。窃自日寇起衅以来，昌屡次传令，谆谆告诫，谓日人船炮皆快，我军必须整

队攻击，万不可离，免被敌人所算。此次，"来远"、"靖远"如不归队，"定"、"镇"亦难保全。乃"济远"首先退避，将队伍牵乱，"广甲"随逃，若不严行参办，将来无以警效尤而期振作。余船请暂免参。"定远"、"镇远"异常苦战，自昌受伤后，刘镇步蟾尤为出力，所有员弁兵勇及各船阵亡受伤者，容查明禀请奏加奖恤，先此电禀等语。查，十九丑刻，"济远"先回旅，据称船头轰裂漏水，炮均不能施放，情有可疑。兹据丁汝昌查明，"致远"击沉后，该管带方伯谦即先逃走，实属临阵退缩，应请旨将该副将即行正法，以肃军纪。"广甲"管带澄海营守备吴敬荣，亦随"济远"逃，至中途搁礁，咎有应得，惟人尚明白可造，可否革职留营，以观后效。乞代奏。鸿。

（按：第四电则系丁汝昌接奉李鸿章第三电提示后所改之战报。）

（4）对战报的评论

郑天杰、赵梅卿《中日甲午战争与李鸿章》第302～303页载：

"（一）电系据龚照玙转据济远报告接战情形及炮均不能施放驶回修理之事；（二）电系据丁汝昌所报接战情形，及督各舰并广甲在内回旅，尚有两艇未回旅，济远亦回旅之事，两电所报战况与济远回旅修理，均相符合，两电均未有此战甚恶报告，亦未提方伯谦姓名；（四）电则系丁汝昌接奉李相（三）电：'接电此战甚恶，何以方伯谦先回'提示后，所改作之战报，其与（二）电所报最显明之不同处在于'济远管带方伯谦首先逃回……广甲管带吴敬荣随济远逃至三山岛东搁礁，而非（二）电所报'督广甲回旅……济远亦回旅'，继乃将舰船沉伤均归咎于'济远将队伍牵乱'而请严行参办。"

姜鸣《龙旗飘扬的舰队》第346页载：

"这份报告，有意打乱时间顺序，回避问题要害，真真假假，虚虚实实，把整个海战失败的原因全推到方伯谦一人身上，甚至造成超、扬沉没在济远逃跑之后的印象，又为丁汝昌整队集中的战术摆好，似乎超勇扬威、经远只要不离旗舰，火灾便能扑灭，而船不致沉没。报告末尾，还为刘步蟾单独添上"尤为出力"的考语，而整个战斗究竟如何进行，却没有实事求是地说明。"

郑天杰、赵梅卿《中日甲午战争与李鸿章》第306页载：

"总之，李鸿章之饬改战报，盖早已先有透过之居心，故有'临阵退缩'之'定论'，所以不加审问，不予详察，只谋罗织罪状，制造罪名，欺君欺世，使方氏蒙冤千古！"

林谦藩《中日甲午海战百年祭》第164页载：

"基于上述之论辩，足证方伯谦冤案之形成，是先有杀方代罪的决策，然后订定杀方之计划与步骤，再来罗织杀方之罪名，用以欺瞒世人，以方顶罪，为己卸责。"

姜鸣《龙旗飘扬的舰队》第345页载：

"战败原因显而易见，却不能如实上报，丁汝昌要给自己洗刷要为舰队变阵失误解脱，又不能得罪张士珩，说来说去，只有济远、广甲的临阵脱逃，可做一篇参奏的材料，但广甲管带吴敬荣，又是丁汝昌的小同乡，也要曲意回护，恰好李鸿章……回电查询：'此战甚恶，何以方伯谦先回？'于是丁汝昌顺水推舟，把方伯谦抛出去做替罪羊。"

(5)内中冤情

《冤海述闻》记述（《见《中日战争》(六)第89~90页）：

"十九日，丁提督并副提督飞电报伤……我军致、经沉、超、扬焚、定、镇、靖、来、丙、中、南并二雷艇回旅，济远先逃，济远得信，屡请至船察看炮坏船伤情形，丁提督不允所请。"原注云："丁提督以济远为先逃，方管带屡请验船不允，往见刘步蟾，亦不答，方管带云，军无令，队不整，是谁之过，刘恐摘其短，故与丁密商谋诬陷，先下毒手云。"

"且恐济远在旅顺尚须剖释，遂于二十早遣往大连湾，拖广甲船，济远总侪洋员哈富门以炮俱坏，无所御敌，力争于汉纳根，不听，遂辞总侪之职，不与行。"

《冤海述闻》见《中日战争》(六)第90页载：

"嗟乎！济远船回时，不察情形，不经审讯，强加罪名，置之死地，独不思济远受伤大小七十余处，炮械坏不堪用，阵亡者七人，伤者十三人，皆有案可稽耶！且各船得回旅顺者，其阵亡受伤尚不及济远多，济远非逃，不辩自明，况当超勇、扬威焚，致远、经远犹在阵攻击，众目共睹，而督船为全军耳目所属，既无号令，又去其旗，牵动大局，果谁致之"。

《冤海述闻》记述(见《中日战争》(六)第90页)：

"特以丁提督挟起盖铺屋之嫌，汉纳根修筑造炮台之怨，刘步蟾恐发私电文之覆，必欲杀之以灭口，于是没其战绩，诬之先逃，置之死地以泄私愤，此全军将士所以同深悲悼也。"

(按：原注说明："自设海军，丁于刘公岛起盖铺屋，收其租值，各将领多赁其屋，下至妓馆酒寮，亦租处焉，方厌嚣杂，于山上构房住眷，同寅多效之，管带中遂无赁丁屋者，由是衔之。"

又据《牙山战事纪实》中，有载"洋员德人汉纳根，以旅顺筑炮台事，与方管带宿有嫌隙"其下注云："甲申法人肇衅，方时带威远练船，在旅顺防守，请于险要处，建造炮台，既成，名曰威远炮台，为费仅数千两，先是旅顺炮台多汉纳根所造，每台开费万两，至是相形见绌，衔之，后此汉纳根复筑炮台，开费亦降"。汉纳根贪墨，可能恨方伯谦败坏其私。)

《卢氏甲午前后杂记》(转见《方伯谦研讨集》第551页)：

"先是济远以炮械炸裂掀翻不能用，无以应敌，故自大东沟逃归旅顺，既至往见船坞总办龚观察……竟不详陈其船如何情况，并炮械如何炸裂，亦不请其到船验视，此方所以取死之道，至于沉冤莫白也。"

"丁至是乃密电李相，谗方临阵先逃……并口口自己陷阵受伤深重，请假医伤，请饬右翼总兵刘步蟾代理等语，发电之后，故遣济远往救广甲，驱之远出，使其无从置辩，丁之手亦辣矣。"

王琰《大东沟海战与方伯谦冤案》(《方伯谦研讨集》第102页)：

"济远额定功率只有2800马力……，排水量与济远相仿的靖远功率为5500马力，排水量比它大500吨的来远功率为5000马力，靖、来二舰不仅功率强大，且武备可恃，丁、刘、汉纳根等人不派靖、来去拖广甲、专让无所御敌，功率最小的济远去已发现有敌舰出没的大连湾三山岛海域拖它本拖不动的搁礁的广甲，其阴险用心连外国人也看得明明白白。"

郑天杰、赵梅卿《中日甲午战争与李鸿章》第310页载：

"而方伯谦却未经审问，前后不过三日，即仓皇予以正法，若谓此举并非预谋诿过诬陷，其谁信之！""叶昌炽《缘督庐日记钞》，甲午八月二十四日记载有'又闻海军提督丁汝昌捏伤，请以左翼总兵刘步蟾暂代护理，因循贻误于前，诿卸于后，天良澌灭至此，虽寸磔不足谢天下也。"

《平倭后议》(见《中日战争》(五)第468页载(作者张玛)：

"牙山之役，与倭战者济远也，畏倭遁逃者广乙也。为统帅者察其颠末，不存私意，不存偏心，有功必尝，有罪必诛，如是足以报众，足以示威……乃战胜之方伯谦未闻有论其功者，遁逃之林国祥未闻有加之罪者，功罪不明，士卒遂无斗志，海军之败，实基于此。卒至东沟之役，济远……虽战而不尽力，亦祇可案而不断，令其戴罪立功，以责后效，乃临战自杀其将，以致偾事覆师，是犹与人争斗，而自断其手足也，不败何待?"

孙克复《方伯谦被杀案考析》(见《方伯谦问题研讨集》第43页):

"对方伯谦的处分……处以军前正法极刑,显系轻罪重罚,罚不当罪,失之公允从这个意义上说,方伯谦被杀确是一桩错案。"

二、认为《冤海述闻》不足为方伯谦翻案之据

戚其章《方伯谦被杀是一桩冤案吗?》(《历史研究》1981年第6期):

"《冤海述闻》并不足为方伯谦翻案之据……其一,张冠李戴,颠倒事实,《东方兵事纪略》称:……;其二,捕风捉影,无中生有。据《东方兵事纪略》载:……;其三,添枝加叶,极力美化,《东方兵事纪略》写道……;其四,含沙射影,混淆视听……"

持不同意见者的记述:

林庆元《关于"方伯谦冤案"》(《方伯谦问题研讨集》第51~52页):

"戚其章先生……认为《冤海述闻》不足为方伯谦翻案之据,事实上,戚先生利用《东方兵事纪略》一书来否定《冤海述闻》的记载,也未必就是证据充足,该文作者系驻日领事,未参加战役何以证明其记载较《冤海述闻》一书可靠?相反……《卢氏甲午前后杂记》手稿本,十分详细记载作者以广甲管轮的身分参加黄海战役前前后后的见闻和经过,这一发现,使《冤海述闻》关于海战事实的记述,得到有力的印证。……《东方兵事记略》……作者系驻日公使,未亲身参加战役,材料来自间接,而对方伯谦的看法,自然也得沿袭政府官方文件……其可靠性当然不如亲自参战者的记述。"

郑天杰、赵梅卿《中日甲午海战与李鸿章》第141页载:

"姚著海军篇……以先入为主的笔调而为大臣脱罪?因为吾人遍读全文,却未见其评议当时身膺重寄专责督办海军,且实际在指挥海军的李鸿章……查姚略(按:指姚锡光《东方兵事纪略》——编者),发表时期,李鸿章仍为朝中重臣,故旧仍多,所以姚文对甲午海战失败之真正责任,不敢沾及李相,似有以海军为封疆大吏脱罪,而以闽籍之海军将领充作丁汝昌代罪羔羊之用心。"又同书第153页载:

"姚著(指《东方兵事纪略》)、罗著(指《中日兵事本末》、与《威海糟师记》)如出一辙,均是不开罪于当政,而聚怨于死者,以海军作为李鸿章之代罪羔羊,以闽人作为丁汝昌之代罪羔羊。死者含冤莫辩,生者信口雌黄,徒令读史者啼笑皆非!"

陈道章《甲午战败的替罪羔羊——论方伯谦之死》(《方伯谦研讨集》第149页):

"有些史学工作者认为《冤海述闻》出自方氏同僚之手,不足采信,不过想一想,置方伯谦于死地的材料不也是出自同僚之手?"

"方伯谦既已'明正典刑'……谁还会去偏袒他?即使是亲友故旧,这时也都噤若寒蝉,敢于冒险挺身替他说话(对个人来说得不到丝毫好处)必定有很大的不平,'物不平则鸣'才会激发人们起来说话。"

"为方伯谦喊冤的被列为'闽党'或'海军同僚'的回护,可是最近海内外出现许多为方伯谦昭雪的文章,作者都是出生在方伯谦死后数十年的学人,他们中大多数不是闽人,也不是海军人员,有不少是大专院校的教师,近几年刊载为方伯谦叫屈文章的学报,大多数不是闽人办的。"又同书第146页载:

"戚先生……文中也有'想当然出发'。比如方念祖于20世纪30年代初,曾在《黄海潮报》上为方伯谦鸣冤,戚文即肯定:'方念祖乃方伯谦之嫡孙,其名"念祖"者,念念不忘其祖也。'这个结论不但福州方家后人'觉得啼笑皆非',连远在鞍山政协的郑守正先生都加以反对,据原东北海军舰长张凤仁先生提供资料说明方念祖广东籍,在东北海军时曾率舰南下,袭击闽系军舰,可见二'方'不但非亲非故,也不是'同一派系',但这个草率的结论,影响却不小。《中国海军之谜》一书,曾据以确定:'本世纪30年代初,方伯谦之孙方念祖曾撰专文为其祖被杀一事鸣冤翻案。'以讹传讹……论证粗心,就会失之毫厘,谬以千里难免会降低结论的可信度。"

三、认为对方伯谦的指谪并非皆沿袭清王朝、李鸿章等人

戚其章《方伯谦被杀是一桩冤案吗?》(《历史研究》1981年第6期):

"其次,对方伯谦的指摘也并非皆'沿袭'清王朝、李鸿章等人。早在方被杀的前一天,严复即曾指出:'同学诸友,除方益堂一人外,无不见危授命。'……"

持不同意见者的记述

陈道章《甲午战败的替罪羔羊——论方伯谦之死》(《方伯谦研讨集》第145页):

"(严复)在写给陈宝琛的一封信中说道:'同学诸友,除方益堂(伯谦字)一人外,无不见危授命'……严复在战乱中听到一些话,作出不满方伯谦的反应,这是正常的。但到了1918年池仲祐《海军大事记》刊出前,严复的思想早有了转变,这时他主持海军史志的编纂工作,他为《海军大事记》写弁言,指出'蒐讨翔实'。《海军大事记》说:'济远管带方伯谦被谗以逃军,军前正法,军中冤之。'严复如不同意,这句话不可能写进去,时距甲午已24年,严复总纂海军史,必定接触到大量原始材料,看法才有转变,不但严复一人如此,广大海军官兵对方伯谦被杀多有意见,民国早期至抗日战争前,上海吕班路海军俱乐部中有一陈列室,高挂方伯谦在海战中穿的军衣,血迹斑斑,讲解人员都说方伯谦被冤杀,至今还有不少听讲的人健在。"

赵捷民《三论方伯谦冤案问题》(《方伯谦问题研讨集》第27页):

"李鸿章作为清大臣,当时是权倾朝野的,当时全国人民要为方伯谦平反虽写出《冤海述闻》长篇,广为社会流传,哪个敢写出实名,怕是遭杀身之祸,只有到民国之后,张荫麟先生为人正派,忠于学术,才用真名实姓,为方翻案。"

陈道章《甲午战败的替罪羔羊—论方伯谦之死》(《方伯谦研讨集》第114页):

"军中冤之,《通史》的作者认为是'盖书出海军手,颇多回护也',不知当时指责方伯谦,列方伯谦罪状的人,如丁汝昌、林国祥等也是出自海军,这些人如何不回护了?写史最忌以先入之见,写'想当然耳'……"

郑天杰、赵梅卿《中日甲午战争与李鸿章》第300页载:

"就以上所录之况状与诬陷情形而言'军中冤之',殆为必然者,部分史家认为《冤海述闻》出自方氏同僚之手,不足采信,殊不知正因其系身历者所作,其史料价值更高。"

四、其他一些不同的说法

苏小东《"方伯谦案"质疑》(《方伯谦问题研讨集》第74页):

"李鸿章在9月28日电告丁汝昌:'有此恶战,中外咸知,前此谤议顿消。'……传闻中的北洋海军'战绩',确实暂时平息了朝野对丁汝昌的责难,追究其海战失败责任之事更

是无从谈起,既然如此,丁汝昌当时又有何罪需要嫁祸于方伯谦?李鸿章既无失'车'之危险,又何来丢卒保车?事实证明,所谓方伯谦是做为丁汝昌的'替罪羊'被冤杀的说法,实际上是站不住脚的。"

〔按:李鸿章9月28日(八月二十九日)此电是在方伯谦被杀之后3天给丁催其接统海军,此时方已作替罪羊被杀,对丁自然谤议顿消,更无失车之险了,请注意电文时间,原电如下:寄旅顺丁提督并刘镇(光绪二十年八月二十九日辰刻)

禹亭伤痕渐愈。前虽据情奏令刘镇代理,不过代拆代行之式,旨令伤愈仍行接统。有此恶战,中外咸知。前此谤议顿消,望仍勉力视事,督催修理各船早竣,以后专在北洋各要口巡击,倭犹有忌惮也。鸿。

南通张季直先生于光绪二十年奏参李鸿章之折,亦为方氏叫屈有:"……而以并非淮人之方伯谦、孙显寅、江自康聊申军法……"之语。(见《张謇的生平》第31页)〕

姜鸣《龙旗飘扬的舰队》第346页载:

"方伯谦临阵脱逃,罪无可绾,成了祭杞死难将士的一具牺牲。"

孙克复《论甲午黄海海战方伯谦先逃问题》(在山东威海"甲午战争一百周年国际学术讨论会"第七分场宣读的论文)第12页:

"方伯谦并非遇敌即逃,而是在迎战许久,炮伤械损的形势下退离战场的,因此,把他斥之为'临阵退缩'的战场逃兵或说他独立地开辟了'西战场',坚持战斗到海战结束,都不符合事实,应根据方氏中途退避的具体情节,给予实事求是的公允评论,还历史以本来面目。"

孙克复、焦润明《甲午战争启示录》第51页:

"近年来,由于新史料的发现和研究的深入,证明清政府加给方氏的三项罪名中,有些是莫须有的,虽然目前对方氏的评价尚有分歧,但方氏不是逃兵而是一名有爱国心的海军将领则已得到多数人的共识。"

戚其章:《全面评价方伯谦的问题》(见《历史教学》1991年第2期):

"方伯谦是中国近代最早的海军人才之一,具有爱国之心,这是没有问题的。"

杜德舆的《哀辽东赋》,对李鸿章假公济私,以临阵先逃罪,斩方伯谦一事,有不平之鸣,赋中云:

"……伯谦为将,雄略豪宕,战具整齐,舟师勇壮,挽承矩之刀鱼,乘丰稷之海浪,神勇奋于澹台,老谋深于陆抗,只手孤撑,两翼先丧,釜灶俱沈,帆樯无恙,秦岂乏人,鲁未可量,乃藉公以行私,敢欺公而罔上,指三字而成冤,坏长城两失傍……"(见《中日甲午战争》上册,第67页,广文书局)

五、研讨会的小结发言及其他

戴学稷《在"甲午海战中之方伯谦问题研讨会"上的小结发言》：

"对黄海海战，许多论者利用新发现的《卢氏甲午前后杂记》等史料说明方伯谦是在激战3小时后，由于舰身受敌重创已丧失战斗力而不得不撤离战场。而不是如同清政府和李鸿章、丁汝昌、刘步蟾给他所安上首先逃跑、'临阵退缩'的罪名那样，应该说这次战斗中方伯谦是在奋勇力战而后撤离战场的，方伯谦之所以撤离战场是在他的兵舰失去战斗力且处在4艘日舰截击围攻情况下，为了保护兵舰的实力而采取的必要措施……以求再战而主动撤离的行动。对此，与会者也有人提出疑问，认为有些重要的情节还有待于更多的史料加以核实，至于其他罪名，如'牵乱船伍'或撞裂扬威舰等，……认为都是莫须有，都是站不住脚的。"（《方伯谦问题研讨集》第582～583页）

《福州百科全书》，中国百科全书出版社1994年出版。

该书对方伯谦在丰岛和黄海两海战中的简介："丰岛日舰挑衅，率舰以一敌三，清廷传旨嘉奖。黄海海战中被4日舰截断在西，鏖战至日舰收队，以炮毁船坏，无法归队而返航。被清廷诬为'先逃、乱阵、撞扬威'，被杀于旅顺。"

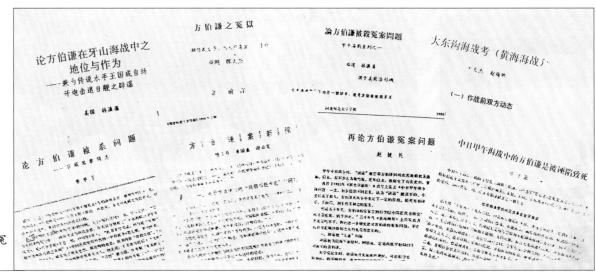

为方伯谦鸣冤的部分论文。

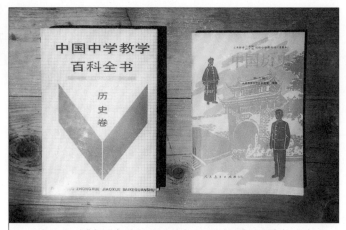

新出版的《中国中学教学百科全书·历史卷》以及中学历史书，都作了修改，不把方伯谦作为反面人物教育青少年。

原国务院副总理、国防部长张爱萍将军题赠之"方伯谦故居"、"海军世家"两匾于1997年9月25日悬挂于方伯谦故居，由福州市鼓楼区人民政府、市文物管理局、省文物管委会办公室等单位主办揭匾典礼。

福州市鼓楼区人民政府于1996年10月把方伯谦故居作为区级文物保护单位，立碑纪念被诬杀的海军将领。

海军工程学院原政委邓培受张爱萍将军委托为"方伯谦故居"和"海军世家"揭匾并致词，参加揭匾的有中国人民解放军军事科学院、海军司令部、海军指挥学院、海军工程学院、福州军区和南昌陆军学院等将校级领导16人，还有政界、学术界、新闻界来宾百余人。

张爱萍将军为方伯谦故居二进厅上题的匾。

由军内研究员王宜林著的《甲午海将方伯谦》一书,已由海潮（原海军）出版社出版。图为该书封面及封底。王研究员著有许多有关海军的书,如《啊！第六舰队》、《炮击金门》、《目标——一江山岛》等书。

《甲午海将方伯谦》一书,于1997年9月25日在福建省西湖宾馆举行首发式。图为中国人民解放军军事科学院政委、第八届全国人大常委张序三将军在讲话。

还方伯谦历史真面目

本报讯 一个历史悲剧人物终于洗去了百年来蒙加在他身上的"污垢"。原海军司令员、国防部长张爱萍将军亲笔题写的"方伯谦故居"和"海军世家"匾额,9月25日上午堂堂正正地挂在福州市鼓楼区朱紫坊48号的大门和厅堂上;福州市人民政府已将这座古老的大院列入重点文物保护单位,并树碑以示世人。原海军学院研究员王彦所署的"还方伯谦之历史真面目"的《甲午海将方伯谦》一书同时在福州首发。

方伯谦,1853年生于福州;后入福建船政后学堂、英国皇家海军学院学习,毕业回国后任北洋舰队"济远"舰管带。1894年,参加著名的甲午海战,战后被诬陷"逃跑",并被清廷正法。一个世纪以来,方伯谦一直成为历史书刊、文艺作品的"反面人物",受到"口诛笔伐"。此番为方伯谦"树碑立传",可以说是为这位沉冤百年的历史人物"平反昭雪"。 （本报记者）

清末闽籍海军将领

方伯谦洗雪百年耻

《福建日报》1997年9月26日和《海峡都市报》1997年9月28日报道。

首发式后的不同反响(主要摘自《南方周末报》1997年12月5日)。

对翟明磊《方伯谦是民族英雄?》一文来函摘要。

"方伯谦是民族英雄,这句话实际上没有人这么说,起码在福州、山东、北京的三大会议上没有人这么说,《方伯谦问题研讨集》在福州、北京的首发式上也没有人这么说,黄海海战在福州召开的座谈会上也没有人这么说,就连我这里收集到的113篇70位学者的评价、辩冤文章中也没有人这么说过。因此,我认为这句话大会小会中没有人说过,公开发表的文章也没有人这么说,方氏后裔中更没有人这么说。纵使社会上有人这样说,也只能代表说这句话个人的认识问题,不会影响广大历史学界重新评价方伯谦,方伯谦也不会因此更蒙一重冤。"

——方镛(高级工程师)1998年5月25日

翟明磊《方伯谦是民族英雄?》(《南方周末》1997年1月25日):

"海军提督丁汝昌赏赐两名水手每人500两银子,其他所有官兵总共1000两银子,并没有为方伯谦计功。"

(按:越数日即光绪二十年七月十一日,军机处电寄李鸿章谕旨对方伯谦"传旨嘉奖",这就是计功。)

翟明磊《方伯谦是民族英雄?》(《南方周末》1997年1月25日):

"方伯谦被斩的三条罪名……一是牵乱队形,二是撞沉'扬威',三是首先逃跑。目前史学界基本达成共识,前两条可以基本排除,报告有回避问题要害,把战败原因推到方伯谦一人身上之嫌,这也可以说史学界近年来对甲午海战的认识,但是第三条却是无法否定的。"

(按:三条罪名,两条既可排除,其第三条是否可信,难免令人生疑,若非捏造,则仅此一条即可将方处死,大可放在头条。)

翟明磊《方伯谦是民族英雄?》(南方周末》1997年1月25日):

"为方伯谦翻案的代表学者福建师范大学陈贞青(应作寿,以下同——编者)教授认为:'济远'舰当时舰首漏水,炮火损坏,又挂出重伤,而那时北洋舰队的旗舰'定远'信号装置被破坏,丁汝昌受伤,又没有第二艘军舰代替旗舰的位置,所以是群龙无首,失去指挥,而且按照最新发现的'广甲'管轮卢毓英写的《卢氏甲午杂记》所说,应该是'广甲'先逃。在失去旗舰的情况下,'济远'为了自救先离开战场,这是无可厚非的,日本也有一些舰在起火后离开战场自救。"

(按:据陈教授说他没有说"逃跑无可厚非",这句话是翟明磊自拟并加上的小标题。显然不符内容。)

翟明磊《方伯谦是民族英雄?》(《南方周末》1997年1月25日):

"研究清朝海军史的青年学者姜鸣认为:大清的法律非常严格,文官守城,城在人在;舰队作战,舰亡人亡。临阵脱逃,按照大清律立斩,所以在甲午海战中所有沉没的舰只,舰长都拒绝救援与船同亡。方伯谦不仅没有与舰共存亡,还首先逃跑,按大清法律无论什么理由,罪无可恕,立斩。至于李鸿章利用方伯谦的逃跑转嫁战争失败的罪过,这是官场斗争,不存在是非问题。方伯谦的冤案做了整个战争的替罪羊,而不是他不该杀。"

(按:方伯谦是否临阵脱逃?是否首先逃跑?这是前提。前提若不能成立,便是冤案或错案。既承认是冤案,就存在有是非问题,就有该不该杀的问题,不能说官场斗争不存在是非问题。)

翟明磊《方伯谦是民族英雄?》(《南方周末》1997年1月25日):

"传统史学界研究甲午海战的权威戚其章先生认为:几乎大部分翻案文章的史料都来自于两篇文章:何广成《冤海

杂闻》(应作《冤海述闻》——编者)、卢毓英《卢氏甲午杂记》。卢氏杂记是"广甲"管轮卢毓英作的。卢毓英当时是"广甲"轮机管理官，海战时始终在舱底，并没有亲眼看到战斗场面，卢氏杂记是事后根据传闻写的，这从卢氏杂记原文即可知道。卢对整个战争的全局并不了解，例如对一部分舰名都有写错。队形怎么排，也分错了。至于何广成《冤海述注》(应作《冤海述闻》——编者)中连方伯谦挂白旗的事都没有写，反而写日舰挂了白旗，显然是偏袒之词。"

(按：管轮是管汽(锅炉)、管机(轮机)、管电、管灭火、管堵塞漏水等，不全在舱底，而且管轮是官不是兵，具体操作是弁(班长)、目(兵)。据《北洋水师章程》[转见《清末海军史料》第472～478页]载，一般舰上设总管轮一员、大管轮、二管轮、三管轮各二三员，还专设舱面管轮，因此并非全挤在舱底。《杂记》中卢氏曾亲自上舱面观战的记载，可资证明。至于说一部分舰名和队形都写错等等，惜未举出。)

翟明磊《方伯谦是民族英雄?》(《南方周末》1997年1月25日)：

"中国甲午战争博物馆馆长戚俊杰认为：战争道德观会影响后人。

"研究除了学术方面，还要对以后的战争观教育负责任，清代的规定是"人在舰在"，规定对不对是一回事，但在如此危急的情况下先离开战场不能算是爱国主义的行动。对于方伯谦的问题史学界争论是正常的，但什么是应弘扬的事，什么不应弘扬，应该有个标准。"

翟明磊《方伯谦是民族英雄?》(《南方周末》1997年1月25日)：

"(翟问)在丰岛海战中，方伯谦挂了白旗，两位水兵看不下去，擅自发炮，击伤日舰，这是流行说法，在你书中却写方伯谦登了指挥台……向后主炮下达命令……请问哪段史料有这样的记载?

(王答)史料我还掉了，给陈贞青教授了，他清楚。

笔者事后电话采访了陈贞青教授，陈说这只是从民国时期上海海军联欢社上传出来的消息，只是传言，谁说的不知道。

(按：陈教授说电话采访原话记载不完整。这是民国初期海军部在上海海军联欢社展出方伯谦血衣时讲解员说的。讲解员姓名不知道。他是代表海军部意见的。

至于说哪段史料有这样记载，请见《中日战争》(六)第85页、《冤海述闻》及《清末海军史料》第318页、池仲祐《海军实纪·述战篇》中《甲午战事纪》均有此记载。时任"济远"枪炮官、民初首任海军部长黄钟瑛，死后国史馆曾为其立传《黄钟瑛传》，内有："黄钟瑛佐舰长(指方伯谦)回击敌舰"的记载。国史馆写着："'济远'奉令……护送赴牙山……时钟瑛'济远'一舰员耳……既而'济远'中炮，台前积尸几满……钟瑛益怒奋，竟佐舰长回击敌舰'浪速'伤之，旋又击中敌舰'吉野'……以孤军无援不穷追……"王宜林著不是没有根据。)

姜鸣(《南方周末》1997年12月5日)：

"北洋水师发炮手即水手，北洋海军招募的壮丁叫练勇，练勇就必须学会发炮，然后再考水手，从三等水手考到一等水手，一等水手考上去可做炮弁。林将军(指林濂藩将军)按照现在军队的规定来写，王宜林也照抄……"

(按：据戚其章《北洋舰队》第213页载："水手上面还有水手头：正水手头每月拿十四两银子，副水手头每月拿十二两银子，炮手的月银还要高：一等炮手十八两；二等炮手十六两。这是说中国炮手，洋炮手……每月能拿到二三百两银子。"可见有水手和炮手之别。另据《北洋水师章程》转见《清末海军史料》第485页载："正炮弁，其缺为把总职，由副炮弁或一等炮目考充"；"凡副炮弁，其缺为经制外委职，由二等炮目专精枪炮操法者擢升"。因此，一等水手考上去不能当炮弁，但可当水手副头目、正头目而至水手总头目，炮弁必须由副炮弁或一等炮目考充，"各归各途，论资扑转，界限极严，不相挽越"。)

海军司令部《近代中国海军》(北京海潮出版社)第495页载：

"报告中只字未提'致远'沉没以前的战况，从而完全回避北洋舰队阵法、战法的失误和指挥中断等重大情节，将黄海海战所以失利的原因首先都推到方伯谦身上。"

人 名 索 引

船 名 索 引

一、海军自造船名

二、海军购买船名

三、海军舰船名

四、个别船名(按首字笔画为序)

征引、参考书目举要

《越绝书》杂记、札记

《吴越春秋》

《通典》

《尔雅》

《文献通考》兵志

《北堂书钞》137卷

李筌:《太白阴经》水战具篇

曾公亮:《武经总要》

李昉等:《太平御览》舟部

茅元仪:《武备志》

宋应星:《天工开物》舟车部

《古今图书集成》舟楫部记事

唐志拔:《中国舰船史》,海军出版社出版

席龙飞、杨昉:《中国造船发展史》

《中国军事史》《兵器》,解放军出版社出版

《桅灯》月刊

《海军期刊》

《海军杂志》

《海军部成立一周年纪念特刊》

《海军部成立二周年纪念特刊》

《海军公报》

《海军建设》

《海校校刊》

《海军大事记》(未刊稿),福建省政协

《海军学校影集》倪行祺主编(台湾)

《海事》

《四海》半月刊

《黄埔》

《开国八十年文化》(日本)

《国闻周报》

《东方杂志》

《申报月刊》

《时事月报》

《盛京时报》

《新中华》

《复兴月刊》

《抗战》三日刊

《国防月刊》

《国防新报》

《国防部公报》

《军事杂志》

《军事画报》

《新中国画报》

《东北年鉴》

《人言》周刊

《历史》月刊,台湾《历史月刊》杂志社

《中国海军》(原名《新海军》)

《黄埔港史》

《广州文物与古迹》

《广州史话》

《广州历史文化名城》

《故宫旧藏人物照片》

《环华百科全书》

《清光绪朝中法交涉史料》

《清光绪朝中日交涉史料》

《海防档》,1956年台湾版

《船政奏议汇编》

《益闻报》

曾纪泽著:《出使英法俄国日记》

《回顾八十年史》(日本)

《福建海防史》驻闽海军军事编纂室周贵祖、宿芝明等编,
　　厦门大学出版社1990年出版

蒋纬国:《国民革命战史》第一部《建立民国》,台湾黎明文
　　化事业公司发行

蒋纬国:《抗日战争指导》,台湾远流出版公司出版

张墨:《中国古代海战水战史话》,海洋出版社出版

王家俭著:《中国近代海军史论集》,台湾文史哲出版社
　　1984年出版

《船舶知识》,中国造船工程学会编辑出版

刑志忠编、刘四海绘:《中国古船史画》

石健主编:《中国近代舰艇工业史料集》,上海人民出版

社出版

爱德华·刘易斯等合著:《船》生活科学文库,荷兰时代—生活丛书出版社出版

原著青木荣－山田迪生、译者郑执信:《船》世界科技发展全集8,台湾自然科学文化事业公司出版

岩下光易著、季则智译:《海洋》世界科技发展全集6,台湾自然科学文化事业公司1979年4月出版

上野喜一郎著、吴继蓉译:《交通工具》世界科技发展全集5,台湾自然科学文化事业公司1979年4月出版

金秋鹏:《中国古代的造船和航海》

张海鹏:《简明中国近代史图集》,长城出版社出版

张海鹏:《中国近代史稿地图集》,地图出版社出版

《中国古代科技成就》,1978年出版

王志毅:《战国游艇遗迹》,《中国造船》,1981年2月出版

王志毅:《中国近代造船史》,海洋出版社出版

高时良:《中国近代教育史资料汇编－洋务运动时期教育》,上海教育出版社出版

文尚光:《中国风帆出现的时代》,武汉水运工程学院学报

李瀛洲:《帝国主义从海上入侵中国大事记》,海军出版社1986年出版

李惠贤:《谈徐寿所造"黄鹄"号及其贡献》,长江舰运史编辑室,1985年出版

上野喜一郎:《世界造船史》,日本舵社1980年出版

李新、董谦:《图说近代中国》,光明日报出版社出版

朱龙华编:《古代世界史参考图集》,人民教育出版社出版

《世界历史教学参考图片集》,上海教育出版社出版

姜鸣:《中国近代海军史事日志》(1860—1911),三联书店出版

《旧中国掠影》,中国画报出版社1994年10月出版

戴月芳、梁永安主编:《20世纪中国全记录》(1990A.D—1990A.D),台湾绵绣出版事业股份有限公司出版

戴月芳主编:《20世纪全记录》(1900A.D—1989A.D),载月芳主编台湾绵绣出版事业股份有限公司出版

戴月芳主编:《中国全记录》(约3000000B.C—1911A.D),台湾绵锈出版事业股份有限公司出版

《台湾全记录》(约15000B.C—1989A.D),台湾绵锈出版事业股份有限公司出版

谢敏聪:《中华历史图鉴》,台湾联经出版事业公司出版

关山情、黄天缙主编:《台湾三百年》(乡土系列B②),台湾户外生活杂志出版

《中国近百年历史图集》(1840年—1975),香港七十年代杂志社出版

黄大受总编纂:《风云中华珍本》,台湾新晨出版社有限公司出版

李抗和编:《血泪抗日五十年》,台湾乡村出版社1980年出版

秦孝仪:《革命文献》,台湾出版

钟汉波:《驻外武官的使命———一位海军军官的回忆》,台湾出版

台湾三军大学编:《中国历代战争史》(1983年10月),军事译文出版社翻印

关捷刘志超:《沉沦与抗争－甲午中日战争》,文物出版社1991年8月出版

吴守成主编:《海军军官学校校史》,(台湾)海军军官学校印行(1997年10月)

包遵彭:《中国海军史》,台湾中华丛书编委会,1970年5月出版

《海军抗战事迹》,台湾海总编译处1944年3月影印

柳永琦编:《海军抗日战史》(中华民国海军近代战史第一部),台湾海军总司令部,1994年6月出版

《中法战争镇海之役史料》,光明出版社1988年出版

《程璧光殉国记》

杨克林、曹红:《中国抗日战争图志》,广东旅游出版社1995年出版

郑振铎:《中国历史参考图谱》24册

李凤苞:《艇雷纪要》

吴天顺:《甲午战前钓鱼岛列屿归属考——兼质日本奥原敏雄诸教授》,社会科学文献出版社1994年8月出版

北京历史博物馆主编:《中国近代史参考图片集》(上、中、下),教育图片出版社1958年5月出版

中国历史博物馆编:《中国古代史参考图录》,上海教育出版社1991年出版

《北支那大观》大正元年三月版

吴少秋、陈方远:《20世纪中国全纪录》(1900A.D—1994A.D),广州文化传播事务所,北岳文艺出版社1995年出版

陈胜粦厅伟章、李才垚著:《对西方挑战的首次回应—鸦片战争》,文物出版社出版

《日本帝国主义在闽罪行录》(1931~1945)

名取代一等著:《决战下的列国海军》,日本文化研究社出版

《大陆战史》日本陆军省报导部编

牧野喜久男主编:《一亿人的昭和史·日本海军史》,日本每日新闻社出版

石丸藤太等主编:日本《国防画报·海军篇》,日本春秋社出版

《冲绳大百科事典》,冲绳夕仏ス社1983年4月出版

又吉真三编著:《琉球历史综合年表》,那霸出版社1988年7月出版

徐恭生著西里吉行上里贤一合译:《中国.琉球交流史》,びると社1991年出版

谢必震:《中国与琉球》,厦门大学出版社出版

《世界の舰船》(日本)

村上正二著:《图说中国の历史》6《游牧民族国家·元》,日本讲谈社出版

《明治二十七八年日清战史》

《日本近代军事史》

郑学稼:《日本史》(五册) 台湾黎明文化事业股份有限公司1977年1月出版

许秋明编:《日本海军装备》,国防工业出版社1985年出版

日意格:Notliece Sur L'avsenal de Fou—Tcheou

张侠等编:《清末海军史料》,海洋出版社1982年出版

杨志本主编:《中华民国海军史料》,海洋出版社1986年出版

《简氏战舰》(Jame's Fighting ships)有关年份

翁玉荣:《中国革命史图集》,吉林美术出版社出版

梁华璜:《马关和会中李鸿章遇刺事件》,台湾《历史》月刊第77期,1994年6月出版

刘耿生:《甲午战争期间日本的间谍活动》,台湾《历史》月刊第77期,1994年6月出版

刘育岑:《镜头的甲午战争剪影》,台湾《历史》月刊第77期,1994年6月出版

《徐福》日本和歌山县新宫市政府刊物

张维华、潘群:《郑和下西洋》,人民交通出版社出版

彭德清主编《中国船谱》,经济出版有限公司,人民交通出版社出版

《国民党军起义投诚·海军》,解放军出版社出版

陈振夫主编:《海军军官学校二十八年班同学入学五十周年纪念特刊》,1986年台北出版

李准:《广东水师国防要塞图说》

马幼垣:《海军与抗战》,台湾《联合文学》9卷9期,1993年7月出版

倪行祺:《抗战岁月的回忆》《抗战胜利五十周年纪念特刊》,台湾《海军学术月刊》第29卷12期,1995年12月出版

谢瑞业:《中日甲午海战之评述》,台湾《海军学术月刊》26卷10期,1992年10月出版

柳永琦:《海军在松沪抗战中所负的作战任务》,台湾《海军学术月刊》29卷12期,1995年12月出版

《良友》画刊,上海良友图书印刷公司出版

武月星主编:《中国抗日战争史地图集》,中国地图出版社出版1995年8月出版

(日)中岛富三:《国会议员要览》,平成三年八月版

袁伟、周岩主编:《黄河在咆哮》,中国军事博物馆编,沈阳出版社1989年8月出版

《黄河在咆哮》,中国军事博物馆编,沈阳出版社出版

《中国历史图说》,台湾世新出版社1984年版

毛佩琦、李泽奉编撰:《岁月河山－图说中国历史》,上海古籍出版社1989年8月出版

孙克复、关捷著:《甲午中日海战史》,黑龙江人民出版社1981年出版

张炜编:《甲午海战与中国近代海军》,中国社会科学出版社1990年出版

林萱治主编:《福州马尾港图志》

陈道章:《船政大事记》

(日)藤村道生著:《日清战争》,上海译文出版社1981年出版

(日)外山三郎著:《日本海军史》,解放军出版社1988年出版

齐国华、季平子著:《甲午中日战争》(盛宣怀档案资料之三),上海人民出版社出版

郑廉:《国民党海军舰艇起义》,《军史资料》1987年第2期

《民国三军秘录》,团结出版社出版

《百国历史画册》,山西人民出版社出版

朱龙华:《古代世界史参考图集》,人民教育出版社出版

〔加〕葛松著:《李泰国与中英关系》,厦门大学出版社1991年出版

辛元欧、胡步洲主编:《"重庆"舰纪念专刊》,《船史研究》第15期

《世界历史》《光复彩色百科大典》,台北光复书局股份有限公司出版

郑震孙主编:《日本侵华图片史料集》,新华通讯社摄影部编,新华出版社1984年3月出版

军事科学院编写组:《中国近代战争史》,军事科学出版社出版

胡志川编著:《中国百年摄影图录》,福建美术出版社出版

布鲁斯·斯旺森著:《龙号第八次航行记》

麦卡西维·亨利著:《黑旗军在越南》

《日清战争实纪》明治27—29年东京博文馆出版,北大图书馆藏

许华:《北洋舰队的建立与覆灭》,台湾《历史》月刊第77期,1994年6月出版

王德琦:《诺曼第登陆与巴尔干争霸》,台湾《历史》月刊第77期,1994年6月出版

张之杰:《环华百科全书》,台北环华出版股份有限公司1982年5月出版

卡尔诺著黎烈文译:《法军侵台始末》

罗蚩·高文著:《法国人在福州》

《海军史》,解放军出版社1989年出版

《当代中国海军》,中国社会科学院出版社1987年出版

《解放军画报》1952年—1963年各期

《人民画报》、《人民海军》报有关年份

《中国人民解放军历史资料图集》,长城出版社1981年出版

《中国人民解放军历史图片选集》,长城出版社1987年出版

《一代元戎》,解放军出版社1991年出版

《萧劲光回忆录》,解放军出版社1987年出版

《张爱萍与海军》,海潮出版社1991年出版

《将帅名录》,解放军出版社出版

黄彦平:《辉煌的启航——新中国第一支人民海军创建纪实》,海潮出版社2001年出版

《大海的骄傲——人民海军记事之一》,海洋出版社1983年出版

王彦著:《啊第六舰队》,海潮出版社出版

郑昌淦著:《中日甲午战争》,中国青年出版社1957年出版

(日)海军有终社编:《近世帝国海军史要》,东京原书房1970年出版

《日清战争写真贴·伯爵龟井兹明の日记》,东京都柏书房1992年出版

《海军》编集委员会编纂:《海军》第二卷《帝国海军で日清战争》,日本东京诚文图书株式会社1981年出版

(日)藤村道生《日清战争》,上海译文出版社1981年出版

罗林森:"李泰国——阿思本舰队",载《中国论文集》、第四期,哈佛大学东亚研究中心1950年出版

罗林森:《中国发展海军的努力》(1839-1895),哈佛大学1967年出版

阿思本:《中英关系的过去与将来》,爱丁堡1960年出版

《关于解散阿思本统领的欧洲中国舰队的来往信件》1864年

罗亚尔《孤拔舰队》(法文)

《福建文博》,1985年第1期

陆其明:《长治号在长江口起义》,《上海滩》1999年第10期

左舜生:《中国近百年资料续编》,台湾中华出局出版

东其田著:《林则徐》

陈其田著:《左宗棠》

陈季同著:The Chinese Painted By Themelves

《沈文肃公政书》

(清)施琅撰、王铎全校注:《靖海纪事》,福建人民出版社1983年出版

孟昭信著:《康熙大帝全传》,吉林文史出版社1987年出版

曾阅　李灿煌编:《晋江历史人物传》,海峡文艺出版社出版

《吴光禄奏稿》《裴光禄遗集》

《百年潮》,中国共产党史学会,1997年第2期、第4期

卢毓英:《卢氏甲午前后杂记》,福建师大图书馆特藏

方伯谦:《益堂年谱》

林伟功、黄国盛主编《方伯谦问题研讨集》,知识出版社1993年出版

林庆元:《福建船政局史稿》

姜鸣:《龙旗飘扬的舰队》,上海交大出版社1991年出版

戚其章:《北洋舰队》,山东人民出版社1981年出版

戚其章:《甲午战争史》,人民出版社1990年出版

陈其章:《甲午战争史》,人民出版社1990年出版

陈务笃:《国民党海防第二舰队南京起义亲历记》,南京《史料选辑》第一辑

高晓星、时平:《民国海军的兴衰》,《江苏文史资料》第三十二集

《崩溃的前夜》,《江苏文史资料》第三十辑

吴杰章、苏小东、程志发:《中国近代海军史》,解放军出版社1989年出版

张墨、程嘉禾:《中国近代海军史略》,海军出版社1989年出版

张铁牛、高晓星:《中国古代海军史》,八一出版社1993年出版

林声:《甲午战争图志》,辽宁人民出版社1994年出版

郑天杰、赵梅卿:《中日甲午海战与李鸿章》,台湾华欣文事业中心1979年印行

林濂藩:《中日甲午海战百年祭》,中国社会科学出版社1994年出版

辛元欧主编:《船史研究》第10期,《马尾造船厂建厂一百三十周年(1866-1966)纪念专刊》

海军司令部编辑部著:《近代中国海军》,海潮出版社1994年8月出版

《中华民国海军通史》,海潮出版社1993年2月出版

《甲午战争与中国海防》,解放军出版社1995年出版

长风社主编:"重庆"、"灵甫"接舰专刊,1948年11月10日初版

任桂淳:《清明八旗驻防兴衰史》,三联书店1993年3月出版

新柱等撰:《福州驻防志》

王魁喜等:《近代东北史》,黑龙江人民出版社1984年出版

魏行运等:《中国现代史稿》(1919—1949),黑龙江人民出版社1981年10月出版

智建中:《中国近百年史》(1840—1949),黑龙江人民出版社出版

《海军大事记》,(福建省政协未刊稿)

《福建文史资料》第八辑,(海军史料专辑)

《福建文史资料》第十五辑,(船政史料专辑)

《福建文史资料选 辑》第三辑,(甲申马江战役专辑)

(台湾)《海军各学校历届毕业生姓名录第一辑》

福建社科院历史所编:《中法战争史学术讨论会论文集——纪念马江战役一百周年》,1984年出版

张凤仁:《东北海军的建立与壮大》,辽宁省《文史资料选辑》第三辑,1984年7月出版

张凤仁:《东北海军的分裂与两舰归还建制》,辽宁省《文史资料选辑》第四辑,1984年7月出版

胡文溶、袁方乔:《从护法舰队到渤海舰队的经过》,山东省《文史资料选辑》第一辑,1983年出版

王时泽:《东北江防舰队－东北海军史略之一》,《辽宁文史资料》第七辑,1983年出版

范杰:《回忆东北海军二三事》,福建省政协未刊稿

范杰:《东北海军大事的回忆》,福建省政协未刊稿

尹之:《东北海军史料》

严寿华等:《海军南下护法和"夺舰事件"》,《福建文史资料》第三辑,1964年出版

温野整理:《伪满洲国江上军》,《哈尔滨文史资料》第五辑,1984年出版

江淦三:《海圻等三舰反沈投粤及离粤投宁经过》

李世甲:《我在旧海军经历记》(一),《福建文史资料》第一辑、第八辑

黄雄、高鸿藩:《辛亥革命后广东海军概况》,广东《文史资料选辑》第七辑

李达荣:《抗日时期的广东海军》,广东《文史资料选辑》第七辑

黄文田:《广东海军的拥陈(济棠)反陈(济棠)》,广东《文史资料选辑》等

关公捷:《广东海军学校概况》,广东《文史资料选辑》第七辑

许耀震:《陈济棠统治时期的广东海军》,《广州文史资料》第15辑

陈景芗:《旧中国海军的教育与训练》,《福建文史资料》第八辑

全国政协、福建、福州、山东、青岛、辽宁、哈尔滨、广东、广州、天津、上海、南京、武汉等省市政协出版和未出版的《文史资料选辑》中有关海军方面资料,和其它报刊、画报、图书、杂志等恕不一一详列。

后　记

　　中国是世界古代海军的发源地之一,历史悠久,曾创造了光辉灿烂的海洋文化,对世界文明做出了伟大的贡献。

　　1951年我在厦门大学毕业后,随恩师熊德基教授到福州大学(今福建师大)任教并兼教务处秘书之职。熊老师原是厦门大学副教务长、历史系教授、中共厦门地下临工委书记,调到福大后仍任副教务长、历史系教授。熊老师经常对我和处里的同志说:"福建人要研究海军史。"1956年底,他调到北京,任中科院历史研究所副所长,临行前再次对我说"福建人要研究海军史"、"你要沉住气,搞点中国海军史系列的研究"。但此后一个运动接着一个运动,我经历了风风雨雨,生活道路坎坎坷坷,当然谈不上研究,更谈不上涉及海军史的研究。平时虽然积累了许多有关海军的资料和图片,但到"文化大革命",又不得不忍痛付之一炬。党的十一届三中全会之后不久,我被起用为福建师大科研处处长,在制定科研计划和选题时,曾动员一些专攻文史的老师研究海军史,但选题仍寥若晨星。为牢记恩师的教导,在教学、行政繁忙之余,我不得不勉为其难,毅然填报了"中国海军史研究"这个课题。福州是海军人才荟萃的地方。我从调查海军后裔,搜集海军人物的活资料入手,重点研究船政创办人沈葆桢和历经四个历史时期的海军元老萨镇冰,以及民国前期的刘冠雄和后期的陈绍宽,参阅国民政府国防部撤离大陆时在福州来不及运往台湾的图书杂志,对中国近现代海军有了概括的认识。在这期间,我先后发表了《沈葆桢与福建船政》以及《沈葆桢》、《萨镇冰》、《陈绍宽》、《刘冠雄》、《杨树庄》、《李世甲》、《蒋拯》、《方伯谦》等人物传记和《甲午百年祭——马关割台与台湾军民反割台斗争》、《林亨元与海防第二舰队起义》等有关海军论文数十篇。1992年由海潮(原海军)出版社出版了由我执笔的第一部专著《中华民国海军通史》。另与刘传标合作完成《中国近代海军人物传》(约300余人)以及与戚其章合作完成《中国近代海军史》两部著作,后均因经费问题暂搁出版。但这总算初步圆了我的中国海军史研究之梦,也不负恩师熊德基教授对我的一番教导。随着研究的不断深入,我深深地感到海军史这个研究课题前景广阔,有待开发。诸如《海军教育史》、《海军造船史》、《海军战史》、《海军职官年表》、《海军大事记》等,这一系列专门史,都有待于做深入的研究。其次,福建与海军的关系源远流长,三国孙吴时期优秀的海军人才,多出于闽中;到了明代,郑和舰队驻泊福州长乐太平港,维修造船,等待季节风;晚清及近代海军更是以福州马尾为发源地,并由此辐射到广州、天津、南京、烟台、威海等地。至此,我才深刻理解熊德基教授的"福建人要研究海军史"的真知灼见。

　　为适应信息时代的需要,我尝试编著这部《图说中国海军史》(古代～1955),以"图"展现海军历史的形象,以"文"叙述海军历史的事实,图说结合,互为补充,使读者能从直观的形象领略胜景,更以阅读最少的文字,在最短的时间内获得了解旧中国海军的诞生、发展与衰落,以及新中国人民海军的诞生与壮大的过程,以史为鉴,居安思危,表明广大炎黄子孙对祖国拥有一支强大海军的期望,使万里海疆成为祖国的屏障,不使被侵略被压迫的历史重演,振兴中华,再创辉煌。

本书于1996年脱稿,承蒙中国科学院原院长、全国政协副主席卢嘉锡院士题词;承蒙原海军副司令员兼参谋长、军事科学院政委、海军中将张序三研究员,原海军指挥学院院长、海军中将李鼎文教授和原海军工程学院政委、海军政治工作研究委员会常委邓培将军,以及我的恩师、原福建省研究院社会科学研究所所长、厦门大学教务长、全国政协委员章振乾教授等人审阅了提纲或部分章节或全书,提出宝贵意见,并分别为本书题词或作序。著名经济学家、全国政协委员、中国《资本论》研究会副会长、福建师范大学原校长、博士生导师陈征教授获知拙著即将印行,特惠赐题词,在此表示衷心的感谢。福建教育出版社阙国虬社长兼总编辑、副总编黄旭独具慧眼,黄旭同志并亲临寒舍审阅原稿,签订出版合同,使本书得以问世,感激之情,不言自明。

在编写过程中,承蒙吴厚璋、蒋秀颖、徐学海、倪行祺、姚开阳、王大润、方璇、方永年,(美国)方俪祥、周文藻、刘宇,(英国)王台生,(日本)李达,(香港)细垣、张雪彬,诸先生提供资料;王晶、刘贞琼老师协助外文翻译;程晓雁、林金水、黄海平、谢周兴协助摄影;以及高孔荣、陈道章、方铺、王彦、刘友鹏、戚其章、姜鸣、刘传标、高晓星、史滇生、苏小东、范志泓、陈嘉震、卢振乾、王琰、汤锐祥、李春潮、潘惟忠、吴修秉、陈龙、林勋贻、黄政、高时良、黄国盛、徐恭生、谢必震、王民、萨本珪、林萱治、曾意丹、郑子端、林果、朱滨、苏从愿、林樱尧、张寒松、叶延华、林步宸、杨在琦、黄丽贤、陈允权、周国强、赵铎民、陆石生、孟怡瑞、郑豫广、方品光、郑辉、许连玫、李明山、周国忠、李延贵、叶红、洪毅林、李娟娟、陈碧如、林京榕等同志大力支持,热情帮助,在此一并致谢。

由于作者水平所限,书中难免存在许多疏漏和错误,特别是图片部分因时空跨度大,少数同一照片,两处说明不一,一时未能核对,望识者予以批评指正。有的图片辗转多用,作者姓名未详,无法事先征得同意,为此,谨向持有者致以衷心的谢忱及歉意,并请联系,批评指正。

在本书出版之时,惜恩师熊德基教授及在台湾的高级海军将领后裔、我的表姐蒋秀颖已不幸溘逝,不及见本书之刊行。为缅怀逝者,在此谨致深深的悼念。

陈贞寿

2002年10月1日

总 策 划　黄　旭

特约编辑　陈宗沅

特约编审　李端良

责任编辑　谢从荣　林小平

封面设计　从容

版式设计　张旭良

图书在版编目（CIP）数据

图说中国海军史：古代～1955/陈贞寿著．－福州：福建教育出版社，2002.9

ISBN 7－5334－3536－2

Ⅰ.图...　Ⅱ.陈...　Ⅲ.①海军－军事史－中国－古代～1949－图集②海军－中国人民解放军军史－1949～1955－图集　Ⅳ.E29－64

中国版本图书馆 CIP 数据核字（2002）第 073265 号

图说中国海军史

古代～1955

（上、中、下）

陈贞寿　著

福建教育出版社出版发行

（福州梦山路 27 号　邮编：350001

电话：0591－3728552 7811283

传真：3726980　网址：www.fep.com.cn）

深圳华新彩印制版有限公司印刷

（深圳八卦岭工业区 615 幢 7－8 层　邮编：518029）

开本：889×1194 毫米　1/16　印张 69.25　插页 12

2002 年 9 月第一版　2002 年 9 月第一次印刷

印数：0001－1000

ISBN 7－5334－3536－2/E·2　定价：1800.00 元